Schriftenreihe Geschichte

Martin Habicht

Zuchthaus Waldheim
1933 –1945

Haftbedingungen
und antifaschistischer Kampf

Dietz Verlag Berlin 1988

Bildnachweis

ADN, Zentralbild (5); Bezirkskomitee der Antifaschistischen Widerstandskämpfer Leipzig (7); Bezirksleitung Rostock der SED, Bezirksparteiarchiv (1); Dietz Verlag Berlin, Bildarchiv (2); Institut für Marxismus-Leninismus beim ZK der SED, Zentrales Parteiarchiv (1); Walther Kirsten, Berlin (1); Kreisleitung Döbeln der SED (3); Hilde Lange, Karl-Marx-Stadt (1); Hans Lauter, Karl-Marx-Stadt (5); Eva Lippold, Kallinchen (1); Museum für Geschichte der Stadt Leipzig (2); Stadtarchiv Waldheim (1).

Reproduktionsaufnahmen
Dietz Verlag Berlin./Renate und Horst Ewald (16)

Habicht, Martin: Zuchthaus Waldheim 1933–1945 :
Haftbedingungen u. antifaschistischer Kampf / Martin Habicht. —
Berlin : Dietz Verl., 1988. — 215 S. : 41 Abb.
(Schriftenreihe Geschichte)

ISBN 3-320-01204-5

Mit 41 Abbildungen
© Dietz Verlag Berlin 1988
Lizenznummer 1 · LSV 0289
Redaktionelle Bearbeitung: Lieselotte Gruner
Reihenentwurf: Gerhard Schmidt
Umschlag: Sepp Zeisz
unter Verwendung eines Fotos (Bezirkskomitee
der Antifaschistischen Widerstandskämpfer Leipzig)
Printed in the German Democratic Republic
Fotosatz: (140) Druckerei Neues Deutschland, Berlin
Druck und Bindearbeit:
LVZ-Druckerei »Hermann Duncker«, Leipzig
Best.-Nr. 738 538 2

00520

Vorbemerkung

In den zurückliegenden Jahren sind etliche Publikationen erschienen, die die verschiedensten Seiten des Kampfes gegen die faschistische Diktatur zum Inhalt haben. Weniger erforscht ist bislang die Geschichte des Kampfes politischer Gefangener in den Gefängnissen und Zuchthäusern Nazi-Deutschlands.

Tausende aufrechter Antifaschisten mußten während der Zeit der Nazibarbarei Haftstrafen in faschistischen Strafvollzugsanstalten verbüßen. Sie waren großen seelischen und körperlichen Belastungen ausgesetzt. Unerschrocken setzten sie dem faschistischen Terror- und Unterdrückungsapparat ihre politische Überzeugung und Standhaftigkeit, ihre moralische Reife und wahre humanistische Gesinnung entgegen. Das befähigte sie, all die Qualen und Leiden zu überstehen, den Schwächeren zu helfen und immer wieder den Glauben an eine bessere Zukunft wachzuhalten.

Auch die politischen Gefangenen des Zuchthauses Waldheim – in der Mehrheit Kommunisten – führten diesen mutigen Kampf gegen das faschistische Zuchthausregime. Einige von ihnen haben diesen Kampf mit dem Leben bezahlt. Ihnen und ihren Mitkämpfern ist die vorliegende Schrift gewidmet. Möge sie dazu beitragen, das Andenken an alle Antifaschisten zu bewahren, die am Widerstand gegen die Handlanger der faschistischen Justiz im Zuchthaus Waldheim beteiligt waren.

Für die wertvolle Hilfe und Unterstützung bei der Erarbeitung dieser Darstellung danke ich besonders den Genossen des Bezirkskomitees der Antifaschistischen Widerstandskämpfer Leipzig sowie Prof. Dr. Hans Lauter und Prof. Dr. Hans Jürgen Friederici.

Leipzig, im August 1987   Martin Habicht

Klassenjustiz bleibt
Klassenjustiz

Nicht erst seit der Errichtung der faschistischen Diktatur im Januar 1933 benutzte die herrschende Monopolbourgeoisie den Strafvollzug zur Unterdrückung ihrer politischen Gegner. Es war also keineswegs etwas grundsätzlich Neues, wenn revolutionäre Arbeiter durch die bürgerliche Justiz abgeurteilt und in die Gefängnisse und Zuchthäuser geworfen wurden. Bereits unmittelbar nach der Novemberrevolution wurden Ausnahme- und Sondergerichte gebildet, deren Hauptaufgabe darin bestand, Angehörige der revolutionären Arbeiterbewegung und ihrer Vorhut – der KPD – sowie andere demokratische und progressive Kräfte auszuschalten.

Die Justiz der Weimarer Republik blieb bürgerliche Klassenjustiz, auch wenn es viele Versuche gab, den Strafvollzug zu liberalisieren. Kommunisten blieb die Ausübung richterlicher Funktionen grundsätzlich untersagt. Auf der anderen Seite war nicht zu übersehen, daß eine Vielzahl von Staatsbeamten, Richtern, Staatsanwälten usw. mehr und mehr mit den Kräften sympathisierte, die maßgeblich an der Aushöhlung des bürgerlich-parlamentarischen Systems beteiligt waren. Auf dem rechten Auge war die Weimarer Justiz blind. Das zeigte sich Mitte der zwanziger Jahre bei einer Reihe von äußerst milden Urteilen gegenüber führenden Faschisten wie

Hitler und Goebbels. Andererseits richtete sich die politische Verfolgung immer mehr gegen revolutionäre Kräfte, die vorwiegend aus den Reihen der KPD kamen oder dieser Partei zumindest nahestanden.

Es verwundert unter diesen Umständen kaum, daß auch im Bereich der Justiz Stimmen laut wurden, die einigen liberalen Zügen des Strafvollzuges der Weimarer Republik den Kampf ansagten. Zu diesen liberalen Elementen gehörte unter anderem der sogenannte Stufenstrafvollzug, der in Sachsen per Regierungsverordnung vom 21. Juni 1924 eingeführt wurde.[1]

Hauptinhalt des Stufenstrafvollzugs war die Unterteilung der Haftzeit in drei Zeitabschnitte: die Unter-, Mittel- und Oberstufe. Mittel- und Oberstufe waren mit geringen Vergünstigungen verbunden. So konnten Häftlinge dieser Stufen zum Beispiel eine Tageszeitung halten oder zusätzlich Nahrungsmittel kaufen. Um in die Mittelstufe zu gelangen, mußte der Gefangene mindestens ein Drittel seiner Haftzeit verbüßt haben. Dann wurde geprüft, ob der Gefangene »würdig« sei, in die Mittelstufe aufgenommen zu werden. Voraussetzung dafür war laut Vorschrift »einwandfreie Führung« und »Arbeitsfleiß« des Strafgefangenen. Nach Verbüßung eines weiteren Drittels der Strafe konnte »geprüft« werden, ob der Gefangene in die Oberstufe aufrücken durfte. Dabei wurden strenge Maßstäbe angewandt.

Zu den Vergünstigungen, die den Gefangenen in der Oberstufe gewährt werden konnten, gehörten unter anderem besser ausgestattete Haftträume, verlängerte Beleuchtung der Hafträume, weitgehende Verfügung des Hausgeldes (zur Verwendung freigegebener Teil des Arbeitsverdienstes – M. H.), Heranziehung zu bevorzugten Arbeiten, Erlaubnis zum Aufenthalt in besonderen Gemeinschaftsräumen an Sonn- und Feiertagen und an einigen Wochentagen, doppelte Freizeit, Erlaubnis zur Beschaffung von Büchern und Schriften und einer Tageszeitung, gelegentliches Rundfunkhören, kürzere Abstände von Besuchen sowie kürzere Abstände für Briefschreiberlaubnis und Briefempfang.[2] Diese Vergünstigungen waren gesetzlich fixiert, ihre Umsetzung aber stand auf einem anderen Blatt.

1928 gab die Rote Hilfe Deutschlands eine Broschüre mit dem Titel »Gefangen« heraus. 30 politische Juli-Amnestierte berichteten über ihre Erlebnisse in deutschen Zuchthäusern. Sie schilderten unter anderem, in welch hohem Maße das System des Strafvollzuges zu Denunziantentum führte und die Herausbildung einer Atmosphäre der Lüge und Heuchelei begünstigte.[3] Vor allem kriminelle Elemente waren bestrebt, politische Gefangene bei Beamten anzuschwärzen, um dadurch persönliche Vorteile zu erlangen. Außerdem nutzte das Wachpersonal die Entscheidung zur Höherstufung als Mittel des Druckes gegenüber den Gefangenen. Und obwohl natürlich der Strafgefangene prinzipiell der Willkür des Strafvollzugsbeamten ausgesetzt war, denn dieser legte die geltenden Bestimmungen stets nach Gutdünken aus, rühmte sich die Weimarer Klassenjustiz ihres »humanen Strafvollzugs«.

Faschistisch orientierte Juristen nutzten die Situation geschickt aus, um nachzuweisen, daß man mit der Überbetonung der Erziehungsfunktion im Strafvollzug endlich Schluß machen müsse. Nach faschistischer Einschätzung waren die Strafanstalten der Weimarer Republik zu Sanatorien geworden.[4] Trotz dieser vordergründig demagogisch angelegten Kritik fiel es den Faschisten schließlich nicht schwer, die Weimarer Justiz und ihre Einrichtungen für ihre verbrecherischen Ziele umzuformen und auszunutzen. Galt es doch als unumstritten, »daß die Mehrzahl der Strafrichter in der Weimarer Republik ihrem Staate, der sie besoldete, feindlich gegenüberstand ... Ihrer sozialen Stellung und Herkunft nach gehörten die meisten Richter, besonders der oberen Gerichte, den Rechtsparteien an, die die Weimarer Republik ablehnten. Wie in der Reichswehr gab die Weimarer Republik in der Strafjustiz ihr Schicksal in die Hand von Männern, die ihr feindlich oder zumindest ablehnend gegenüberstanden.«[5]

Strafvollzug –
Element faschistischer Terror-
und Unterdrückungspolitik

Mit der Errichtung der faschistischen Diktatur wurde das bürgerlich-parlamentarische System der Weimarer Republik durch ein terroristisches Regime ersetzt, das die offene Gewaltanwendung gegenüber politischen Gegnern zum Prinzip der Staatspolitik erhob. Dabei stützte es sich auf alle Einrichtungen des Staates, einschließlich der Justiz und des Strafvollzuges.

Die Faschisten waren tatsächlich der festen Überzeugung, daß es ihnen gelingen würde, durch Einkerkerung, Isolierung, Folterung und Mord die politischen Gegner niederzuhalten und jeglichen Widerstand gegen ihr Terrorregime zu brechen. Diese Überzeugung hatten sie schon vor dem 30. Januar 1933 mehrfach zum Ausdruck gebracht. Nach ihrem Machtantritt begannen die Faschisten sofort mit der Verwirklichung des Vernichtungsfeldzuges gegen die revolutionäre Bewegung und alle anderen Hitlergegner. Die Prinzipien des Vorgehens kennzeichnete Göring am 3. März 1933 in Frankfurt (Main): »Volksgenossen, meine Maßnahmen werden nicht angekränkelt sein durch irgendwelche juristische Bedenken. Meine Maßnahmen werden nicht angekränkelt sein durch irgendeine Bürokratie. Hier habe ich keine Gerechtigkeit zu üben, hier habe ich nur zu vernichten und auszurotten, weiter nichts! Dieser Kampf, Volksgenossen, wird ein Kampf gegen das Chaos sein, und solch einen Kampf führe ich nicht mit polizeilichen Machtmitteln. Das mag ein bürgerlicher Staat getan haben. Gewiß, ich werde die staatlichen und polizeilichen Machtmittel bis zum äußersten auch dazu benutzen, meine Herren Kommunisten, damit Sie hier nicht falsche Schlüsse ziehen, aber den Todeskampf, in dem ich Euch die Faust in den Nacken setze, führe ich mit denen da unten, das sind die Braunhemden.«[6]

In der Tat, der braune Mob raste gemäß dieser verkündeten Drohung. Zehntausende wurden verhaftet. Die Verhaftungslisten waren in den meisten Fällen schon von der Politischen Polizei der Weimarer Republik zusammengestellt worden. SA (Sturmabteilung), Polizei und Gestapo (Geheime Staatspolizei) brauchten nur noch zuzufassen. Schlagartig wurde sichtbar, welch günstigen Nährboden die Faschisten vorfanden. Die ausgehöhlte Weimarer Demokratie hatte keinen Widerstand mehr entgegenzusetzen.

Rasch füllten sich die Gefängnisse, Zuchthäuser und die Konzentrationslager, die wie Pilze aus dem Boden schossen, mit politischen Gefangenen. Somit wurde die Justiz mit dem Strafvollzug unverzüglich in den Dienst der Unterdrückungspolitik gestellt, was nach außen nicht unmittelbar deutlich wurde. Aber Schritt für Schritt entfernte man die antifaschistischen und liberalen Elemente aus dem Strafvollzug. Das geschah mittels einer Reihe von Verfügungen und Anweisungen der Justizminister der Länder.

Unter offenem Bruch der Weimarer Verfassung entstanden ständige Einrichtungen zur Unterdrückung politischer Gegner des Regimes; dazu gehörten die Schutzhaft, die Sondergerichte, der Volksgerichtshof und die berüchtigten Konzentrationslager. Neben den neu geschaffenen Institutionen zur politischen Verfolgung und Unterdrückung nutzten die Faschisten die bereits vorhandenen Institutionen der Justiz und des Strafvollzugs für ihre Bestrebungen aus. Dazu gesellte sich der rasche Ausbau des außergerichtlichen Terrors. SA, SS (Schutzstaffel), Gestapo und Sicherheitsdienst (SD) konnten schalten und walten, ohne durch Polizei und Justiz daran gehindert zu werden. Der Mord am politischen Gegner war straffrei, und Rache- und Mordgelüste wurden durch offizielle staatliche Stellen sogar noch angestachelt.[7] Zusehends verschmolzen die traditionellen Institutionen bürgerlicher Staatsgewalt mit denen der NSDAP. Es bildete sich ein einheitlicher Terror- und Unterdrückungsapparat heraus. Mit Hilfe der Gestapo und des Sicherheitsdienstes wurde ein gigantisches Bespitzelungssystem aufgebaut, durch das jede politische Opposition im Keim erstickt werden sollte.

Die faschistischen Machthaber waren bestrebt, ihre politische und rechtliche Willkür juristisch zu bemänteln und zu rechtfertigen. Grundlage dafür war die am 28. Februar 1933 erlassene sogenannte »Verordnung des Reichspräsidenten zum Schutze von Volk und Staat«, die für »Hochverrat« die Todesstrafe androhte und den politischen Ausnahmezustand verkündete. Selbstverständlich wirkte sich dieser Ausnahmezustand auch auf das Strafvollzugssystem, auf die Situation in Zuchthäusern und Gefängnissen aus.

Die einsetzende Verhaftungswelle führte zu einem raschen Anwachsen der Zahl politischer Gefangener, was die faschistische Justiz vor neue Probleme stellte. Diese Kategorie Gefangener unterschied sich doch erheblich von den Gefangenen, die wegen krimineller Delikte inhaftiert worden waren. Politische Gefangene waren sich keiner Schuld bewußt. Sie hatten feste Überzeugungen, und viele von ihnen waren ihren Bewachern geistig überlegen. Das war ein Grund für die Beamten, mit den Politischen besonders hart umzugehen. Nicht von ungefähr kam die Festlegung des faschistischen Strafvollzugs, politische Gefangene zu isolieren, sie von ihren Überzeugungen abzubringen und nach faschistischer Auffassung zu »würdigen Gliedern der Volksgemeinschaft« zu machen. »Vor allem verfolgt der Vollzug das Ziel, durch den Eindruck überhaupt und durch die Gewöhnung an harte, nützliche Arbeit und an Zucht und Ordnung auf die Gefangenen zu wirken und dadurch Gefangene, die besserungsfähig sind, so zu ertüchtigen, daß sie sich bei der Rückkehr in die Freiheit als brauchbare Glieder in die Volksgemeinschaft einfügen«,[8] hieß es dazu in der Strafvollzugsordnung.

Der Strafvollzug war der Reichsjustizverwaltung direkt unterstellt und hatte so den Anstrich gesetzlicher Strafverfolgung. Die Faschisten waren darauf bedacht, daß dieses juristische Mäntelchen erhalten blieb. Faschistische Terrorjustiz sollte offiziell als rechtmäßig erscheinen. In Wahrheit fielen jedoch sofort nach der faschistischen Machtübernahme alle gesetzlichen Schranken und Hindernisse für einen zügellosen Terror gegenüber allen politischen Gegnern des Regimes. Diese »Erneuerung« der Justiz kleidete der berüchtigte Roland Freisler, später Präsident des sogenannten Volksgerichtshofes, in die Worte: »Alsbald nach der Machtergreifung hat der Nationalsozialismus die von ihm leidenschaftlich geforderte Rechtserneuerung kraftvoll und zielbewußt in die Wege geleitet.«[9]

Rechtserneuerung in faschistischem Stil, das waren Massenverhaftungen, Drangsalierungen, Folterungen, Mord und Errichtung von Konzentrationslagern. Willkürlich wurden Verhaftungen vorgenommen, meist unter dem Vorwand, daß der Betreffende eine Gefahr für den Bestand des Deutschen Reiches darstellte. In dieser Beziehung sorgten die Faschisten für die nötigen »Tatbestände«. Beweis dafür war eine ganze Serie von Gesetzen und Verordnungen, die nach dem 30. Januar 1933 erlassen wurden, unter anderem die berüchtigte »Heimtückeverordnung« vom 21. März 1933 und die »Volksschädlingsverordnung« vom 5. September 1939.[10] Diese und eine Reihe anderer Verordnungen ließen den Faschisten bei der politischen Verfolgung freie Hand. Der geringste Verdacht reichte aus, um in die Fänge der faschistischen Polizei und Justiz zu geraten. Das galt auch in den Fällen, wo es gar keine rechtliche Handhabe dazu gab. Die Faschisten handelten nach dem Grundsatz, daß man auch dort strafen könne, wo »das gesunde Volksempfinden in Übereinstimmung mit dem Grundgedanken eines Strafgesetzes für eine Tat Strafe verlangt«.[11] Zur langen Kette der faschistischen Verordnungen und Gesetze gehörte auch das im April 1934 beschlossene

Gesetz zur Änderung von Vorschriften des Strafrechts und des Strafverfahrens, das die Justiz völlig zum Repressivmittel der faschistischen Diktatur machte.

Um schnell und ohne juristische Hindernisse politische Gegner verhaften zu können, führten die faschistische Justiz und die Polizeiorgane die sogenannte Schutzhaft ein. Der Öffentlichkeit gaukelte man vor, sie werde vor den Volksfeinden geschützt. In Wahrheit diente die Schutzhaft dazu, willkürlich Verhaftungen vorzunehmen und ebenso willkürlich politische Gegner lange Zeit festzuhalten. Dabei arbeiteten Gestapo, SA und Polizei sehr eng zusammen und hatten völlige Handlungsfreiheit. Auf dem Vordruck der Schutzhaftbefehle fand sich immer der gleiche Text: »Er/Sie gefährdet nach dem Ergebnis der staatspolizeilichen Feststellungen durch sein Verhalten den Bestand und die Sicherheit des Volkes und des Staates.«[12] Ob tatsächlich eine staatspolizeiliche Untersuchung vorgenommen worden war, war nicht von Bedeutung.

Tausende Antifaschisten wurden unter dem oben skizzierten Vorwand verhaftet, in Konzentrationslager geworfen, gefoltert, geschlagen und in vielen Fällen zu Tode gequält. Dies geschah ohne Gerichtsurteil und ohne daß die Beschuldigten die Möglichkeit hatten, sich zu verteidigen. Ausnahme- und Sondergerichte, die im März 1933 in jedem Gerichtsbezirk gebildet wurden, verurteilten Antifaschisten wegen sogenannter Verstöße gegen die Verordnung vom 28. Februar 1933. Keiner der Angeklagten hatte die Möglichkeit, das gefällte Urteil anzufechten.

Diese Maßnahmen wurden von Ergänzungsverordnungen im Strafvollzug flankiert, die zum Ziel hatten, letzte liberale Elemente zu beseitigen. So erließ der sächsische Justizminister am 20. April 1933 eine Verordnung, die die Aufhebung der Fürsorge, die Auflösung der Gefangenenbeiräte, die Abschaffung der Spaziergänge außerhalb der Anstalt und der Ruhetagsfeiern und die Änderung der Vorschriften über den Unterricht, die Bücherei, eigene Bücher sowie andere Druckschriften, über das Halten von Zeitungen und Zeitschriften, über Gefangenenbeschwerden und Schriftverkehr zum Inhalt hatte.[13] Analog gab es solche Verordnungen auch in anderen Ländern des Deutschen Reiches. Der Gefangene wurde jeder Möglichkeit beraubt, sich gegen die Willkür der Beamten zur Wehr zu setzen. Formell konnte er sich zwar beschweren, letztlich entschied aber der Anstaltsvorstand darüber, ob die Beschwerde zulässig sei oder nicht.[14] Blieb der Gefangene beharrlich bei seiner Meinung, dann konnte man ihn schließlich mit einer sogenannten Hausstrafe belegen und ihn damit zum Schweigen bringen.

Der Stufenstrafvollzug in Sachsen, von den Faschisten offiziell nicht abgeschafft, erhielt unter faschistischen Machtverhältnissen einen anderen Charakter. Politische Gefangene hatten es besonders schwer, in eine höhere Stufe zu gelangen. Mittels der Höherstufung, insbesondere aber ihrer Verweigerung, versuchten faschistische Beamte, die Gefangenen psychologisch unter Druck zu setzen und einzuschüchtern.

Wenn das faschistische Regime auch bemüht war, den Strafvollzug mehr und mehr zu vereinheitlichen, so blieben einige Unterschiede in den einzelnen Ländern dennoch erhalten, so beim Stufenstrafvollzug, bei der Unterbringung und Ernährung der Gefangenen. Von erheblicher Bedeutung war das Alter der jeweiligen Haftanstalt. Existierte diese schon vor der Errichtung der faschistischen Diktatur, dann war es sehr wahrscheinlich, daß Grundelemente des bürgerlichen Strafvollzuges zunächst noch erhalten blieben, so wie es im Zuchthaus Waldheim der Fall war. Zum Beispiel konnte man nicht sofort alle älteren Beamten aus dem Dienst entfernen. Handelte es sich aber um eine neue Haftanstalt, wie das Zuchthaus Brandenburg-Görden, dann wurde sie ausschließlich mit faschistischen Beamten besetzt, und die Lage für politische Gefangene war dort besonders schlecht.

Hatte ein politischer Gefangener seine Haftstrafe verbüßt, so war das nicht gleichbedeutend mit einem Ende der politischen Verfolgung durch die Faschisten. Im faschistischen Deutschland war es übliche Praxis, diese Personen nach Haftentlassung wieder in »Schutzhaft« zu nehmen, das heißt in ein Konzentrationslager einzuliefern. Man kann mit Sicherheit davon ausgehen, daß für die meisten Antifaschisten der Strafvollzug nur eine Zwischenstation im Gesamtgefüge ihrer politischen Verfolgung durch die Faschisten war. Auch gingen direkt aus den Zuchthäusern in regelmäßigen Abständen Transporte in die Konzentrationslager. Das betraf besonders Gefangene, die zu sehr langen Haftstrafen verurteilt waren.

Der Strafvollzug fügte sich nahtlos in das Gesamtsystem des Terror- und Unterdrückungsapparates ein. Systematisch war das Strafrecht in faschistischem Geiste umgestaltet worden, was besonders für die politischen Gefangenen Haftverschärfungen und größere Willkür durch die Strafvollzugsbeamten bedeutete. Als Zielstellung faschistischen Strafrechts wurde definiert: »Das neue Deutschland sieht die natürliche Aufgabe des Strafrechts darin, Unrecht zu vergelten, Sühne für eine Schuld aufzuerlegen, durch sein Wirken abzuschrecken und so die Volksgemeinschaft gegen diejenigen ihrer Glieder, die sich durch ihr Verhalten als Schädlinge erweisen, zu verteidigen und vor ihnen zu schützen. Für den Vollzug der Freiheitsstrafen wird daraus die Schlußfolgerung gezogen, daß es für die Gefangenen ein empfindliches Übel sein und nachhaltige Hemmungen gegen die Versuchung erzeugen muß, später neue strafbare Handlungen zu begehen.«[15]

Schließlich hielt in den Zuchthäusern des Dritten Reiches auch der Henker Einzug. Auf Verfügung des Reichsjustizministers vom 19. Februar 1939 wurden 19 Strafanstalten zu »Vollstreckungsorten für Hinrichtungen« erklärt. Fallbeile wurden unter anderem in den Zuchthäusern Brandenburg-Görden und Berlin-Plötzensee errichtet. Das Zuchthaus Waldheim war von dieser Maßnahme nicht betroffen. Allein in Brandenburg-Görden starben vom 1. August 1940 bis zum 20. April 1945 2743 Menschen unter dem Fallbeil.[16] Die Hinrichtungsstätten wurden zu Institutionen des geplanten Mordens. Drastischer konnte kaum sichtbar werden, wie sehr die Strafjustiz zu einem Instrument des Terrors, der schrankenlosen Unterdrückung politischer Gegner geworden war. Vom Volksgerichtshof angefangen, bis zum kleinsten faschistischen Zuchthausbeamten wurden alle Ebenen des Justizapparates in die Aufgabe einbezogen, die politischen Gegner des Regimes mundtot zu machen. Die gewaltige Zahl von Verhaftungen, Verurteilungen und Hinrichtungen während der faschistischen Diktatur zeugt davon, mit welcher Grausamkeit jede oppositionelle Regung im Keime erstickt wurde. Selbst der kleinste Versuch, sich in dieser Situation gegen die Bestimmungen des faschistischen Zuchthausregimes zur Wehr zu setzen, gehört zu den unauslöschlichen, mutigen Taten im komplizierten antifaschistischen Kampf.

Eine nicht unerhebliche Rolle spielten die Zuchthäuser als profitable Produktionsstätten der faschistischen Wirtschaft. Die Gefangenen waren einer skrupellosen Arbeitshetze und verschärfter Ausbeutung ausgeliefert. Zahlreiche Firmen und der faschistische Staat bereicherten sich an der Gefangenenarbeit, die oftmals unter unmenschlichen Bedingungen ausgeführt werden mußte. Die Gefangenen bildeten eine nicht zu unterschätzende Arbeitskraftreserve, die besonders stark nach dem Ausbruch des zweiten Weltkrieges in Anspruch genommen wurde.

Während der faschistischen Herrschaft wurden die Zuchthäuser zu einem bedeutenden Instrument des Justizterrors gegen alle Antifaschisten. Aber gleichzeitig sind sie durch den heldenhaften Kampf eingekerkerter Antifaschisten zu Stätten des Mutes, der Kampfentschlossenheit, der politischen Überzeugung, zu Stätten wahrhafter Solidarität geworden.

Das Zuchthaus Waldheim –
größte Haftanstalt Sachsens

Die Stadt Waldheim liegt in einer landschaftlich schönen Gegend, im reizvollen Zschopautal. Eingebettet in dieses Tal, zeigt sich Waldheim als eine typische deutsche Kleinstadt. Beim ersten Blick auf den Ort würde man kaum vermuten, daß sich hier eine der ältesten und größten Haftanstalten Sachsens befand. Dennoch prägte das Zuchthaus über Jahrhunderte das Bild der Stadt. Die hohe Umfassungsmauer, die Wachtürme und die Vielzahl von Gebäuden sind augenfälliges Zeugnis.

Die Geschichte des Zuchthauses reicht bis in das 18. Jahrhundert zurück. Im Zuge der Bekämpfung der um sich greifenden Armut versuchte der feudalabsolutistische Staat mit der Schaffung von sogenannten Zucht- und Armenhäusern die gewaltigen gesellschaftlichen Probleme zu lösen. 1709 wurde beschlossen, in Waldheim ein »Armen-, Zucht- und Waisenhaus« zu errichten. Dafür stellte der Kurfürst August der Starke das Waldheimer Jagdschloß zur Verfügung, das er schon seit langem nicht mehr bewohnte. Nach einigen Umbauten, in die man zahlreiche Nebengebäude und Ställe einbezog, wurde 1716 das erste sächsische staatliche »Armen-, Zucht- und Waisenhaus« in Waldheim eröffnet. Diese Bedeutung behielt es bis in die ersten Jahrzehnte des 19. Jahrhunderts, danach war es Zuchthaus und diente nicht nur der Inhaftierung von kriminellen Straftätern, sondern auch zur Unterdrückung politischer Gegner der kapitalistischen Gesellschaft.

Der alte Gebäudebestand blieb im wesentlichen erhalten. Das hatte großen Einfluß auf den Gesamtzustand der Einrichtungen des Zuchthauses, insbesondere auf die Größe und Ausstattung der Crafträume, der Arbeitssäle und des gesamten Zuchthausgeländes. Das Zuchthaus bestand aus dem alten Schloßgebäude, einer Reihe kleinerer Nebengebäude, einer Anstaltskirche und der Anstaltsgärtnerei. 1886 kam das Neue Zellenhaus hinzu.

In den einzelnen Gebäuden befanden sich sowohl Crafträume als auch Arbeitssäle. Die Gefangenen wurden in einzelnen Belegschaften zusammengefaßt. Im Neuen Zellenhaus befanden sich die 11., 12., 13. und 14. Belegschaft. Im alten Schloß waren die 1., 2., 3., im Mittelbau die 4., 5., 6., 7., 8. und die 16. Belegschaft untergebracht. In einer Baracke am alten Zellenhaus befand sich die 17. Belegschaft und im alten Zellenhaus selbst die 18. und 19. Belegschaft. Die 21. Abteilung war eine Außenabteilung, und in einem Gebäude neben dem alten Zellenhaus war die 22. Belegschaft untergebracht. Diese dezentralisierte Unterbringung erschwerte die Herstellung von Kontakten unter den Häftlingen. Das alte Zellenhaus diente vorwiegend der Unterbringung der sogenannten Zu- und Abgänge.

Alles in allem – das Zuchthaus Waldheim verkörperte die lange Geschichte vorkapitalistischer und kapitalistischer Klassenjustiz. Während des Faschismus gehörte es zu der Vielzahl von Haftanstalten Deutschlands, in denen politische Gegner des Regimes inhaftiert wurden.

Leben im Zuchthaus

Die Einlieferung in ein faschistisches Zuchthaus stellte für jeden Widerstandskämpfer einen tiefen Einschnitt in seinem Leben dar. Vom Augenblick seiner Aufnahme bis zur Entlassung war er dem Justizapparat direkt unterworfen, unterlag er den Bestimmungen des faschistischen Strafvollzuges. Obwohl viele Antifaschisten bereits eine längere Untersuchungshaft hinter sich hatten, barg das Zuchthaus viel Bitteres für die Ankommenden in sich. Friedrich Schlotterbeck hat diese Situation so beschrieben: »Dort, wo man ankommt, kennt man nichts. Kann Glück haben, aber auch Pech. Eine gute oder schlechte Zelle erwischen. Und wird durch den Empfangsapparat gejagt. Nach dem Grundsatz: Der erste Eindruck ist der nachhaltigste.«[17]

Die Erfahrungen der Antifaschisten, die ihre Haftzeit antreten mußten, waren sehr unterschiedlich. Mancher von ihnen machte das erstemal mit einem Zuchthaus Bekanntschaft, andere wieder wechselten nur das Zuchthaus oder kamen aus Gefängnissen nach Waldheim. Zu den Stationen der Aufnahme der Häftlinge gehörten im wesentlichen das Einkleiden in der Kleiderkammer der Hausvaterei, das Duschen und die anschließende Untersuchung beim Arzt. Der Gefangene erhielt eine Bekleidungsnummer, die seinen Namen während der Haftzeit völlig ersetzte. Danach wurde er zum Gespräch mit dem Leiter des Zuchthauses gebracht. Die Wirkung des Aufnahmeverfahrens auf den Gefangenen schildert Fritz Selbmann: »Spätestens während dieser Prozedur vollzieht der Zuchthausnovize die für sein ferneres Leben entscheidende Wandlung. Er sieht Stück für Stück seiner Kleidung und Wäsche von sich abfallen, und er fühlt zugleich, wie sich die äußeren Persönlichkeitsmerkmale Stück für Stück von ihm lösen. Zuletzt steht er hüllenlos in dem unfreundlichen Raum, wird von allen Seiten besichtigt wie ein Pferd auf dem Roßmarkt, wird untersucht, umgestülpt und hin und her gewendet wie ein totes Objekt, wie eine bloße Sache, und mit einemmal geht mit ihm selbst eine Verwandlung vor sich: Er ist aus dem Menschen mit einem Namen und anderen Zivilisationsattributen zur Nummer im Zuchthausbuch des Hausvaters geworden.«[18] Vielen Gefangenen fiel es schwer, die psychologischen Auswirkungen dieser Art von Behandlung rasch zu überwinden. Der sofort einsetzende Zuchthausalltag ließ allerdings gar keine andere Wahl zu, als sich möglichst schnell den gegebenen Bedingungen anzupassen.

Entsprechend dem Alter des Zuchthauses Waldheim waren die Haftbedingungen nicht sonderlich gut, aber immer noch günstiger als etwa in Luckau oder Jauer. So war in Waldheim die Verpflegung bis zum Kriegsbeginn besser als in den dortigen Zuchthäusern. Die Verschlechterung der Haftbedingungen erfolgte allmählich. In den Zellen herrschten die primitivsten hygienischen Bedingungen. Auch in Waldheim gehörte das berüchtigte Kübeln zum Zuchthausalltag. Die Lüftungsmöglichkeiten waren gering, und die Größe der Haftäume tat ein übriges.

Die Ernährung der Gefangenen wurde durch die Beköstigungsvorschrift geregelt. Die Faschisten gingen davon aus, daß ein Strafgefangener grundsätzlich weniger Kost erhalten sollte als ein Arbeitsloser. »Die Lebenshaltung soll unter derjenigen der schuldlos aus dem Erwerbsleben herausgerissenen arbeitslosen Volksgenossen liegen.«[19] Um allen Eventualitäten aus dem Weg zu gehen, wurde weiter festgelegt, daß bei häufiger Rückgabe von Speiseresten durch die Gefangenen die Rationen durch den Anstaltsleiter zu überprüfen seien. In der Regel wurden auch an kranke Gefangene die normalen Rationen verabreicht. Für Magen- und Darmkranke war das eine zusätzliche Strafverschärfung. Magen- und Darmerkrankungen waren auf Grund der schlechten Qualität der Nahrungsmittel sehr häufig. Die Ernährung der Gefangenen war äußerst einseitig. Frisches Obst und Gemüse fehlten völlig. Die Wochenrationen für einen Gefangenen betrugen nach einer Weisung des Reichsjustizministers[20]:

(Angaben in Gramm)

Fleisch- und Fleischwaren	400
Fette (Margarine, Talg, Fett oder Speck)	200
Quark	100
Brot	2 740
Mehle oder Mehlgemische	225
Zucker	80
Marmelade	100
Nährmittel	150

Das waren die offiziellen Vorschriften. Es ist jedoch eine unbestrittene Tatsache, daß die meisten der hier vorgeschriebenen Mengen gar nicht verabreicht wurden. Häufig war das Essen auch von so schlechter Qualität, daß es gar nicht genießbar war. »So wurden vielfach Lebensmittel aufgekauft, die der Bevölkerung wegen ihres fortgeschrittenen Verderbs nicht mehr angeboten werden konnten. So gab es oft Salzheringe, deren Gräten bereits schwarz waren, daß sie massenweise in die Kübel wanderten. In den Sommermonaten gab es ständig noch alte Kartoffeln, die bereits aus dem Essenkübel stanken und deshalb ebenfalls ungenießbar waren. Auch sonst wurden oft Kartoffeln verwendet, die nicht als Speisekartoffeln, sondern im landläufigen Sinne als Futterkartoffeln zu bezeichnen waren«,[21] erinnert sich Kurt Brünner. Für die gesamte Gefangenenverpflegung waren grundsätzlich ausgeschlossen[22]:

Eier

Büchsenmilch

Voll- und Magermilch

Räucherfischwaren

Molkereibutter

Kuchen und Semmeln

Obst und andere Mangelware

Von 1935 bis 1939 war Paul Großmann in der Küche des Zuchthauses Waldheim als Kochältester eingesetzt. Er bestätigt, daß sich die Verpflegung durch eine große Gleichförmigkeit »auszeichnete«. An Hand der Verpflegung konnte man genau feststellen, um welchen Wochentag es sich gerade handelte. Welche Qualität das Essen besaß, zeigt folgendes Beispiel. Für einen Gefangenen wurde für eine Mahlzeit 1 Liter Flüssigkeit berechnet. Für die rund 4000 Gefangenen wurden getrocknete Bohnen mit etwa 4000 Liter Wasser aufgekocht und dazu kam nur ein Riegel Talg als einziges Fett. Ab und zu gab es auch Flecke, die fürchterlich stanken und nur grob gesäubert wurden. Auf Grund der hygienischen Verhältnisse gab es in der Nähe des Küchengebäudes eine regelrechte Rattenplage, der man nicht Herr wurde. Der Verbreitung von Infektionskrankheiten war damit Tür und Tor geöffnet.[23]

Die karge und einseitige Ernährung der Gefangenen führte häufig zu einer allgemeinen Schwächung des Körpers und zu Erscheinungen von Unterernährung. Diese Tendenz verstärkte sich nach Ausbruch des Krieges und der damit verbundenen Kürzung der Lebensmittelrationen. Unter diesen Bedingungen war eine Krankheit nur sehr schwer zu überstehen, zumal die Behandlung im Krankenhaus des Zuchthauses nicht dazu angetan war, den Gesundungsprozeß rasch voranzutreiben.

Eine zusätzliche Belastung für viele Gefangene war das im faschistischen Strafvollzug geltende generelle Rauchverbot. Viele Raucher unternahmen deshalb alles mögliche, um zu etwas Rauchbarem zu kommen, daran erinnert sich Kurt Brünner:

»Im Zellenhaus war dies in der Regel nur dadurch möglich, indem ausgekauter Tabak getrocknet und dann feingeschnitten wurde. Jetzt war zwar »Tabak« vorhanden, aber es fehlte an der Möglichkeit, die daraus mit Hilfe von Dünndruckpapier oder Zeitungspapier gedrehte Zigarette in Brand zu setzen. Streichhölzer und ein Stück Reibfläche waren eine Rarität, die oft zum Gegenstand von Tauschgeschäften unter den Gefangenen gemacht wurden. In der Regel konnten Streichhölzer und Reibfläche nur dadurch beschafft werden, indem sie bei passender Gelegenheit irgendeinem Wachtmeister entwendet wurden, und zwar so, daß er es nicht merken konnte. In der Regel wurde aber Feuer auf steinzeitliche Art und Weise mit Hilfe eines Feuersteines, eines Stahlknopfes und von Lunte fabriziert. Das war ein mühsames Unterfangen. Schon erst einmal die Beschaffung dieser drei Dinge und die sichere Aufbewahrung in der Zelle waren äußerst kompliziert. Wenn es dann schließlich gelungen war, mit Hilfe der glimmenden Lunte die selbstgedrehte Zigarette in Brand zu setzen, dann mußte immerhin noch eine Reihe von Vorsichtsmaßnahmen ergriffen werden, um vor Überraschungen durch die Wachtmeister sicher zu sein. Einige Züge aus einer solchen Zigarette am geöffneten Fenster hatten dann die Wirkung, daß der Raucher praktisch auf allen Vieren auf seine Pritsche kroch.«[24] Bei der schlechten Ernährung wirkte das Rauchen zusätzlich gesundheitsschädigend und förderte Erkrankungen an Tuberkulose. Und wer an Tuberkulose im Zuchthaus erkrankte, war mit hoher Wahrscheinlichkeit dem Tode geweiht, vor al-

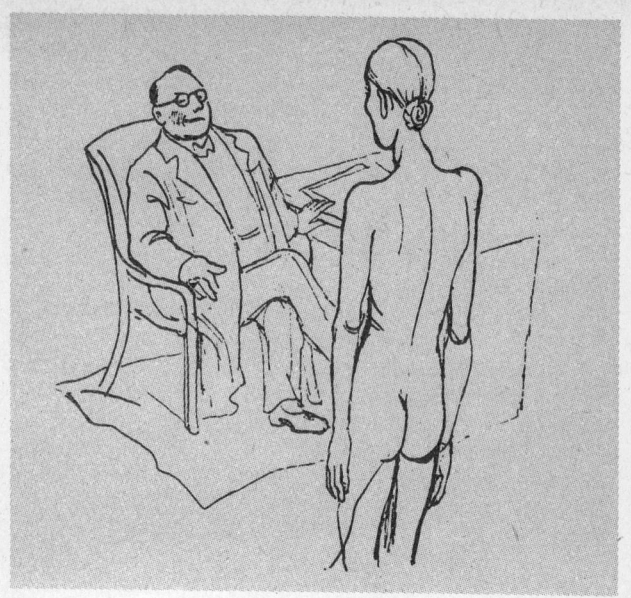

»Im Krankenhaus«,
Zeichnung der tschechischen Gefangenen Milada Marešova

lem angesichts der medizinischen »Betreuung«, die im Zuchthaus üblich war.

Das erstemal machte der Gefangene mit dieser »Betreuung« bei der Aufnahmeuntersuchung Bekanntschaft. Schon hier erkannte er, daß er für den Zuchthausarzt nichts weiter als eine Gefangenennummer war. Menschliche Züge waren dieser medizinischen Behandlung fremd. Die Untersuchung lief sehr rasch und in der üblichen bürokratischen Weise ab. Für weibliche Gefangene wurde die Untersuchung in einer besonders entwürdigenden Art und Weise durchgeführt.[25] Unter den weiblichen Gefangenen bestand eine große Furcht vor dem Krankenrevier. Das ist verständlich, wenn man die Anstaltsärzte in Waldheim – fanatische Faschisten und Menschenverachter – kennengelernt hatte. Vor ihnen mußten besonders politische Gefangene auf der Hut sein. Wie man mit der Gesundheit der Gefangenen umging, soll das Beispiel von Eva Schulze-Knabe verdeutlichen. Sie hatte sich eine infektiöse Erkrankung am Arm zugezogen. Im Krankenrevier wurde sie am Arm geschnitten. »Wochenlang hing der halbgestreckte Arm im Streckverband von oben herab, so daß ich mich im Bett kaum rühren konnte. Mit Verbissenheit und Widerwillen aß ich den ekelhaften Fraß und träumte dabei von Blumenkohl und holländischer Soße. Beim Tamponieren der Wunden schloß ich die Augen oder blickte beiseite. Der Arm soll furchtbar ausgesehen haben. Ich bekam zu hören, daß die ›218-Schulze‹ nicht wieder ins Zuchthaus zurückkehren würde. Nach 6 Wochen befahl der Arzt Bewegungsübungen, gab aber den zwei Gefangenen, die als Schwestern fungierten, keinerlei Anweisungen dazu. Sie drückten den Arm dreimal nach oben und nach unten, wobei ich furchtbar schrie. Ich war ganz verstört und blickte immer bloß angstvoll zur Tür. Als es am fünften Behandlungstag danach nur noch im Ellenbogen hakte, verlangte ich, dem Arzt vorgestellt zu werden. Eine Narbe platzte bereits auf und eiterte. Der Arm wurde, soweit möglich, rechtwinklig gestellt. Es wurden keine Übungen mehr gemacht. Der Arzt stellte ganz sachlich und höhnisch fest, daß das Ellenbogengelenk ›futsch‹ sei.«[26]

Genosse Kurt Müller berichtet über die Behandlung eines Dresdener Genossen, den die SS zum Krüppel geschlagen hatte. Den Genossen, der an schweren Gleichgewichtsstörungen litt, sperrte man in eine völlig leere Zelle und überließ ihn seinem Schicksal.[27] Vor solcher Art Behandlung war niemand im faschistischen Zuchthaus sicher.

Im Rahmen der sogenannten »Verhütung erbkranken Nachwuchses« und gemäß einer Weisung des Reichsjustizministeriums, wonach Berufs- und Schwerverbrecher zu sterilisieren beziehungsweise zu kastrieren seien, wurden offensichtlich auch in Waldheim solche Maßnahmen vorbereitet und durchgeführt. Dazu wurden sogenannte »Intelligenzprüfungen« vorgenommen, und der Arzt entschied dann über Anwendung oder Nichtanwendung der Unfruchtbarmachung. Das war eine zutiefst unmenschliche Maßnahme, die dem Charakter des faschistischen Systems und seines Strafvollzuges entsprach.[28]

Daß auch im Zuchthaus Waldheim an der Verwirklichung des Euthanasieprogramms der Faschisten gearbeitet wurde, belegen unter anderem auch die Beobachtungen von Max Kästner, der etwa im Jahre 1940 die Ankunft von Bussen beobachtete, die offenbar Geisteskranke ins Zuchthaus Waldheim gebracht haben. Später hatte er dann erfahren, daß diese Personen Injektionen erhalten hatten. Seine Beobachtungen und die anderer Häftlinge ließen auch den Schluß zu, daß auf der Krankenstation des Zuchthauses in Abständen Sterilisationen durchgeführt wurden.[29] Diese Vermutungen haben sich bestätigt. Auch in Zwickau und Leisnig wurden Sterilisationen an Strafgefangenen aus dem Zuchthaus Waldheim vorgenommen.

War ein Gefangener erkrankt, so konnte er sich zum Arzt oder Zahnarzt melden. Eine oberflächliche Behandlung durch den Anstaltsarzt war an der Tagesordnung, denn stets wurde der Gefangene als Simulant betrachtet und auch so behandelt. Während der Arzt die »Diagnose« stellte, stand der Gefangene meist auf dem Abtreter an der Tür. Als sogenanntes Allheilmittel wurde in den meisten Fällen Liniment verschrieben.

Auch in den Zuchthäusern betrieben die Faschisten im Rahmen ihrer Rassenlehre medizinische »Forschungen«. So berichteten ehemalige Häftlinge des Frauenzuchthauses unter anderem über stichprobenartige Schädeluntersuchungen.[30] Ein Leipziger Professor und ein Arzt führten im Zuchthaus Waldheim Ernährungsversuche an Häftlingen durch. Diese dauerten etwa zwei Jahre. Dabei wurde die Wirkung von Wolfener Hefe und von synthetischen Fetten überprüft. Von diesen Versuchen war auch Horst Sindermann betroffen. Genosse Kurt Wagner war auf Betreiben von Horst Sindermann zum Laborgehilfen avanciert, so daß auf diese Weise ein guter Kontakt zu den Häftlingen hergestellt werden konnte.[31] Kurt Wagner hatte die Gläser mit dem Urin der Gefangenen, die an den Versuchen teilnahmen, einzusammeln und in das Labor zu bringen.[32]

Betrachtet man die Haftbedingungen, vor allem die

Ernährung, die hygienischen Bedingungen, die medizinische Betreuung und nicht zuletzt die Arbeitsbedingungen im Zuchthaus, so wird klar, daß die Hauptaufgabe der Antifaschisten darin bestand, sich möglichst gesund zu erhalten und auch geistig fit zu bleiben. Die Möglichkeiten sportlicher Betätigung waren sehr beschränkt. Sie begrenzten sich auf etwa 10 Minuten Gymnastik während der täglichen Freistunde. Deshalb nutzten viele Gefangene die Möglichkeit, in ihren Zellen kleinere sportliche Übungen durchzuführen. Das war vor allem für jene Gefangene außerordentlich wichtig, die eine Arbeit zumeist sitzend in ihrer Zelle verrichten mußten und demzufolge unter erheblicher Bewegungsarmut zu leiden hatten.

Ein Vorteil des sächsischen Strafvollzuges, wie er sich in der Weimarer Republik entwickelt hatte, war die Möglichkeit, die Freizeit nach eigenem Ermessen zu nutzen. Das wurde auf verschiedenste Art und Weise durch die Gefangenen getan. Die häufigste Beschäftigung war das Lesen. Daneben wurde aber auch gezeichnet, gemalt, gestrickt, genäht und anderes mehr. Genosse Ernst Schneller fertigte im Zuchthaus Waldheim eine Reihe von Zeichnungen an[33]. Viele Gefangene versuchten, eine Fremdsprache zu erlernen oder ihre Kenntnisse auf diesem Gebiet zu bewahren. Wieder andere beschäftigten sich mit naturwissenschaftlichen Problemen. Diese Freizeitbetätigung der Gefangenen wurde genau überwacht und kontrolliert. Sie war eine willkommene Abwechslung im einförmigen Zuchthausalltag und ermöglichte den Gefangenen ein gewisses Maß an Selbständigkeit. Aus diesem Grunde zählte der Entzug der Freizeitbeschäftigung zu den beliebten Strafen der Wachtmeister.

Darüber hinaus verfügten die Strafvollzugsbeamten über eine ganze Palette von Bestrafungsmöglichkeiten, die bei der Nichteinhaltung der Strafvollzugsordnung durch die Gefangenen angewendet wurden. In jeder Zelle befand sich ein Auszug aus den »Verhaltensvorschriften für die Häftlinge«, der mit einem Nagel an der Wand befestigt war. So sollte sich der Gefangene vom ersten Tage seiner Haft an immer wieder darüber informieren, was ihm erlaubt war, aber vor allem, was strikt verboten war. Die Verbote überwogen eindeutig. Das Verhalten gegenüber den Beamten war wie folgt festgelegt: »Er (der Gefangene – *M. H.*) hat deren (der Wachtmeister – *M. H.*) Anweisungen ohne Widerrede zu gehorchen, auch wenn er sich durch eine Anordnung beschwert fühlt ... Den deutschen Gruß darf er weder erweisen noch empfangen.«[34] Sehr oft wurden Gefangene wegen des Besitzes von unerlaubten Gegenständen bestraft. Hierzu legte die genannte Verhaltensvorschrift fest: »Der Gefangene darf keine anderen als die ihm ordnungsmäßig überlassenen Gegenstände im Besitz haben, ... nichts heimlich zurückhalten, aufbewahren oder benutzen.«[35] Des weiteren unterlag der Gefangene einer strengen Meldepflicht. Alles, was gegen diese Anstaltsordnung gerichtet war, sollte er unverzüglich den Anstaltsbeamten melden. Wurde diese Anweisung nicht befolgt, so lief der Gefangene Gefahr, von einer der sogenannten Disziplinarstrafen betroffen zu werden.

Die Faschisten wendeten eine ganze Reihe von Strafen an, die in bestimmten Situationen für den Gefangenen empfindlich sein konnten. Das betraf insbesondere den Kostentzug und die Arreststrafen. Die gebräuchlichsten Bestrafungsformen waren: Bettlagerentziehung, Kostschmälerung, Arrest, Arrest mit Kostentziehung, Arrest mit Bettlagerentziehung, Arrest und Kostschmälerung, Entziehung der Bewegung, Verweise, Rückstufungen in die nächst niedere Haftstufe.

Als zusätzliche Strafen wurden angewandt: Priementzug, Freizeitbeschäftigungsentzug, Schreibentziehung, Lesestoffentziehung, Einzelbewegung, Ausschluß von Unterricht, Turnen, Singen usw.[36] Neben all diesen Arten von Bestrafungen wurden die üblichen Verwarnungen, Belehrungen, Ermahnungen und Versetzungen angewandt.

Schwierig und kräfteraubend war die Situation derjenigen Gefangenen, die von der Einzelhaft betroffen waren. Die Bedingungen der Einzelhaft waren weit schwerer als die der normalen Haft. Die zermürbende Leere und Einsamkeit stellte höchste Anforderungen an den Mut, den Willen und die Standhaftigkeit des Gefangenen. Die Zeitdauer der Einzelhaft wurde vom verurteilenden Gericht festgelegt, konnte aber im Zuchthaus beliebig verlängert werden, denn ein Grund dafür war immer zu finden. Die Einrichtung der Einzelhaftzellen war denkbar einfach. Ein Klapptisch, ein Schemel, ein Wasserkrug, ein Wandbrett, ein eisernes Bett (angeschlossen), ein Kübel für die Notdurft, eine Wasserschüssel und ein Becher. Das Bett wurde jeweils zur Nachtruhe abgeschlossen.[37]

Für viele Genossen von KPD, SPD, SAP und Mitglieder des KJVD war die Einzelhaft eine harte Bewährungsprobe. »Wer das überstehen wollte, mußte Disziplin wahren, durfte die Kontrolle über Körper und Geist nicht verlieren. Mehrere Jahre Einzelhaft sind eine ungeheure Belastung für ein geselliges Lebewesen wie den Menschen.«[38] Und Fritz Selbmann, der lange Jahre in Einzelhaft durchleben mußte, beschreibt den Zuchthausalltag in seinen Erinnerungen: »Das Hauptkennzeichen des Lebens im Zuchthaus ist geist- und nerventötende Leere und Langeweile, es ist ein Leben ohne Ereignisse, im Grunde ohne einen sich aus dem Lebenslauf selbst ergebenden Sinn, ohne Merkpunkte für die Erinnerung.«[39]

Nicht allen Gefangenen gelang es, ihre Kraft in diesem Teufelskreis zu bewahren. Manch einer resignierte unter diesen Bedingungen und gab auf, sah keine Hoffnung mehr; denn Waldheim war für viele Antifaschisten nicht der Beginn der Verfolgung durch die faschistische Justiz. Sie hatten meist mutige illegale Arbeit geleistet, den Gestapo-Schergen in der Untersuchungshaft widerstanden, hatten vor Gericht ihre menschliche Würde und ihre Überzeugung bewahrt. Aber jahrelange Einzelhaft war ein Martyrium, das die Anspannung aller körperlichen und geistigen Kräfte verlangte. Es erforderte viel Energie und innere Festigkeit, unter diesen schweren und inhumanen Bedingungen seine Widerstandskraft und Selbstachtung zu erhalten. Aus diesen Gründen ging das Bemühen der politischen Gefangenen dahin, wenn irgend möglich, Genossen, die sich in Einzelhaft befanden, zu unterstützen oder sie gar aus der Einzelhaft herauszubekommen.

Entsprechend den verschärften Haftbedingungen des Zuchthauses hatte der Gefangene sein Verhalten einzurichten. Bei jeder Aktion, die den Bestimmungen des faschistischen Strafvollzuges zuwiderlief, mußte äußerste Vorsicht gelten. Nie durfte der Häftling die Aufmerksamkeit der Wachtmeister auf sich lenken. Es gehörte eine gehörige Portion Fingerspitzengefühl dazu, um genau zu wissen, wie weit man gehen konnte. Dennoch – auch die Bedingungen im Zuchthaus Waldheim ließen antifaschistischen Kampf zu. Die politischen Gefangenen bemühten sich darum, die Haftbedingungen für jeden Politischen so erträglich wie möglich zu machen. Ihre Solidarität untereinander half über viele schwere Tage, Wochen, Monate und Jahre hinweg. So vermochte es das faschistische Zuchthausregime nicht, den Kampfeswillen der politischen Häftlinge zu brechen.

Ausbeutung hinter Kerkermauern

Bestimmendes Element des Zuchthausalltags war die Arbeit. Der Strafgefangene im faschistischen Zuchthaus sollte vorrangig durch harte und eintönige Arbeit »umerzogen« werden. Dementsprechend sah der Tagesablauf aus. Eine Arbeitszeit von 10 Stunden war die untere Grenze. Während des Krieges wurde das tägliche Arbeitspensum auf 12 Stunden und mehr verlängert. Walther Kirsten erinnert sich an den Tagesablauf:

6.00 Uhr	Wecken, Kübeln, anschließend Essenausgabe durch den Kalfaktor
7.00 Uhr	Arbeit (Beginn der 10- bzw. 12stündigen Arbeitszeit)
12.00 Uhr–13.00 Uhr	Mittag – 20 Minuten Bewegung
18.00 Uhr	Abendbrot
22.00 Uhr	Nachtruhe

Das ist aber nur der zeitliche Rahmen, und es gab natürlich eine Reihe von Abweichungen zwischen den einzelnen Belegschaften des Zuchthauses.

Im Zuchthaus Waldheim befanden sich mehrere Arbeitsstätten und Abteilungen, in denen die Arbeitskraft der Gefangenen schamlos ausgebeutet wurde. Dazu gehörten Werkstätten von Betrieben, die das profitable

Geschäft der billigen Gefangenenarbeit nutzten, aber auch Einrichtungen, die dem Selbsterhalt des Zuchthauses dienten: In der Männeranstalt befanden sich unter anderem Druckerei, Buchbinderei, Weberei, Tischlerei, Böttcherei, Stellmacherei, Korbmacherei, Schlosserei, Schmiede, Klempnerei, Eisendreherei, Schneiderei, Schuhmacherei und Sattlerei. Außerdem war in der Frauenanstalt eine Näherei untergebracht. Hier mußten die Frauen schneidern, Ausbesserungs- und Trennarbeiten erledigen, maschine- und handstricken und Netze knüpfen. Außerdem gab es die Wäscherei des Zuchthauses mit ihren verschiedenen Aufgabenbereichen. Auch im Heizhaus, in der Küche, im Krankenhaus und in der Gärtnerei wurden die Gefangenen beschäftigt.[40]

Das Wichtigste, was der Arzt bei der Aufnahmeuntersuchung festzustellen hatte, war die Arbeitsfähigkeit des Gefangenen. Sie wurde in sechs Kategorien unterteilt[41]:

1. jede Arbeit,
   einschließlich Lager und Moor   = alm
2. jede Außenarbeit Waldheim   = aw
3. desgl. mit Beschränkungen   = awb
4. mittelschwere Arbeiten   = mittel
5. leichte Arbeiten   = leicht
6. arbeitsunfähig   = n

Im allgemeinen lag es völlig im Ermessen des Arztes, inwieweit der Zustand eines Gefangenen für diese oder jene Arbeit ausreichend war. Besonders monoton und physisch belastend waren die Arbeiten, die man in der Einzelhaft auszuführen hatte. Dabei handelte es sich um die typischen Zuchthausarbeiten – wie Federn schleißen, Lumpen sortieren, Tüten kleben, Knöpfe stanzen usw. In der Umgebung der äußerst engen, schlecht beleuchteten und belüfteten Zellen verursachten diese Arbeiten physische und psychische Schäden bei den Gefangenen. Bei den geringen Ausmaßen der Einzelzelle und den völlig unzureichenden Belüftungsmöglichkeiten war beim Federnschleißen binnen weniger Minuten die Luft total verstaubt und schmutzig, was häufig zu Lungenerkrankungen von Gefangenen führte.[42] Der gleiche Zustand trat beim Sortieren von Lumpen ein, die erheblich verschmutzt waren. Diese Arbeiten wurden entgegen den Festlegungen der Strafvollzugsordnung in den Einzelzellen durchgeführt. In der Strafvollzugsordnung hieß es nämlich, daß »Arbeiten mit stärkerer Staubentwicklung nicht in Räumen vorgenommen werden, die auch als Schlafräume dienen«[43].

Welchen Charakter die meisten Arbeiten hatten, die wenig Qualifikation verlangten, verdeutlicht der Bericht von Johanna Nötzold über die Arbeit im Frauenzuchthaus: »Wir mußten am Tag 15 Scheuertücher mit Saumstich umnähen. Diese Stiche mußten so klein und säuberlich sein, als wenn ein gutes Kleidungsstück genäht werden müßte. Bei Abgabe dieser Tücher wurde eine genaue Kontrolle durchgeführt, und wenn diese Stiche den Wünschen der Aufseherin nicht entsprachen, bekamen wir sie zurück zur Nacharbeit, aber das Pensum mußte trotzdem geschafft werden. Des weiteren mußten wir als Arbeitsbeschäftigung Netze aus Sudaschseide knüpfen. Unser Arbeitsmittel dazu war ein Stück Holz, festziehen mußten wir die Schlingen mit den Fingern, die uns oftmals bei dieser Arbeit bluteten, da die Sudaschseide sehr in die Riefen im Finger einriß.«[44]

In krassem Gegensatz zur geleisteten Arbeit stand die Arbeitsentlohnung, auf die der Gefangene keinerlei Rechtsanspruch hatte. Sie war äußerst gering. Das Arbeitsmaß oder auch das sogenannte Pensum wurde nach Arbeitseinheiten bestimmt. Der Gefangene sollte hart arbeiten und möglichst keine Gelegenheit zu längeren Pausen haben. Die Arbeitszeit war besonders anstrengend, wenn die üblichen Zuchthausarbeiten, wie Federn schleißen, Tüten kleben, Lumpen trennen, Stanz- und Rohrflechtarbeiten ausgeführt werden mußten. Die Arbeitsentlohnung wurde durch das Reichsjustizministerium wie folgt festgelegt[45]: (Angaben in Pfennig)

Arbeitsent- lohnungsklasse	männliche/ Z-Gefangene	weibliche
I	4	4
II	8	6
III	12	10
IV	18	16
V	28	22

Die durchschnittliche Bezahlung pro Tag betrug in der Unterstufe 8 Pfennig, in der Mittelstufe 10 Pfennig und in der Oberstufe 12 Pfennig.[46]

Durch die ständige Erhöhung des zu erbringenden Arbeitssolls wurde die Ausbeutung der Gefangenen unablässig verschärft. Für den Einkauf von Zusatznahrungsmitteln stand nur ein Betrag bis zu einer Mark monatlich (in der Mittelstufe) zur Verfügung. Alle anfallenden Kosten mußte der Gefangene von seinem kargen Verdienst bestreiten. Meist waren es auch noch die Gerichtskosten, die der Gefangene zu entrichten hatte. Elsa Eppich berichtet, daß sie für zwei Jahre Haft und schwere Arbeit ganze 31,05 RM Lohn erhielt. Dafür wurde ihr eine Rechnung von 566,94 RM zugestellt, die sie an die Gerichtskasse zu zahlen hatte.[47]

Im faschistischen Strafvollzug war die Arbeit des Gefangenen ein wichtiges Mittel der physischen und psychischen Unterdrückung. Die Zuchthäuser lieferten ein nicht zu unterschätzendes Reservoir an extrem billigen Arbeitskräften. Im Zuchthaus konnte man zu Bedingungen und mit Normen produzieren lassen, die ein Höchstmaß an Profit sicherten. Diese Möglichkeit wurde von vielen Betrieben in Waldheim und Umgebung genutzt. Einige von ihnen hatten eigene Produktionsstätten im Zuchthaus, während andere kleinere Arbeiten von Gefangenen auf den Zellen durchgeführt wurden. Zu den Nutzern der Gefangenenarbeit im Zuchthaus Waldheim gehörten unter anderen die Firmen: Backöfen Söhne – Döbeln, Steger & Michaelis – Waldheim, Otto und Zimmermann – Waldheim, Schubert und Berthold – Annaberg, Dietrich & Hannack, Rohne & Jahn, Großfuß – Döbeln, Telle – Gera, Förster – Greiz, Wegenknecht – Radeberg, Bauch – Rosswein, Moritz Stecher – Freiberg, Astra-Werk – Chemnitz, Wandererwerke – Chemnitz und die Deutsche Reichsbahn.[48] Die Betriebe zahlten einen monatlichen Durchschnittslohn pro Gefangenen, der zwischen 0,67 und 11,73 Reichsmark lag.[49]

Daß schon 1934 im Zuchthaus Waldheim für die Rüstungsindustrie produziert wurde, bestätigt der Bericht von Paul Auerswald aus Lauter: »Im Jahre 1934 kam plötzlich andere Arbeit in den Betrieb. Uns wurde gesagt, es seien Elementengläserdeckel. Eines Tages wurde ich aus meiner Zelle geholt und mußte an die Stelle des Verpackers – ein Krimineller mit 3 Jahren Zuchthaus aus Zwickau – in den Packraum, um sämtliche Erzeugnisse der Firma versandbereit zu verpacken, weil der andere wegen einer Operation ins Krankenhaus kam. Unter anderem verpackte ich auch diese ›Elementengläserdeckel‹. Doch eines Tages bemerkte ich, daß der Junior, Horst Steger, in die verpackten Kisten Papiere obenauf legte und die Kisten vernagelte. Bei einer günstigen Gelegenheit habe ich eine dieser Kisten an der Seite geöffnet und die Papiere gelesen. Nun hatte ich das Geheimnis gelöst, die sogenannten Elementengläserdeckel waren als Kartuschdeckel 7,5 bezeichnet und kamen nach Jüterbog zum Versand. Für mich war klar: im Zuchthaus Waldheim wurde bereits 1934 gerüstet, und die Arbeitskraft der politischen Gefangenen wurde dazu ausgenutzt.«[50] Auch in der Folgezeit wurden in Waldheim Rüstungsgüter produziert. Besonders verstärkt nach dem Beginn des zweiten Weltkrieges. So wurden in der VIII. und IX. Abteilung Maschinengewehrteile hergestellt.[51]

Wie sehr der von den Faschisten geführte »totale Krieg« der Arbeitskraft der Zuchthausgefangenen bedurfte, geht aus einem Schreiben des Generalstaatsanwaltes vom 3. Februar 1943 hervor, in dem es hieß: »Der totale Krieg erfordert die Konzentration aller Kräfte auf die Erreichung des Endsieges ... Jede schaffende Hand muß daher möglichst wirksam eingesetzt werden. Dies gilt auch für die Arbeitskraft der Strafgefangenen sowie der Untersuchungshäftlinge des Bezirkes.«[52]

Bei einer täglichen Arbeitszeit von 12 Stunden hatten die Gefangenen höchstens eine Stunde Freizeit, die zur Einnahme der Mahlzeiten zu nutzen war. Dieses Arbeitsregime, das auf die maximalste Ausbeutung der Arbeitskraft gerichtet war, forderte physischen und psychischen Tribut. Während der Arbeit in den verschiedenen Arbeitssälen herrschte absolutes Sprechverbot. Nur direkte Arbeitsanweisungen durften mündlich überbracht werden. Viel hing auch von den Werkmeistern und Arbeitskalfaktoren ab. Ein fanatischer Werkmeister konnte den langen Arbeitstag zusätzlich zur Qual machen. Die Arbeitsbedingungen waren sehr unterschiedlich. Günstig wirkte es sich aus, wenn die Gefangenen eine Arbeit verrichten mußten, die ihrem Beruf entsprach oder die ihm zumindest ähnlich war. Das traf zu für Maurer, Klempner, Schlosser, Elektriker, Tischler und Zimmerer, die auch in den Bau- und Reparaturkolonnen des Zuchthauses eingesetzt waren, aber auch für Dreher, Schriftsetzer, Drucker, Fotografen, Schneider und andere.

Die Angehörigen von Reparaturkolonnen hatten meist eine ziemlich große Bewegungsfreiheit. Die Antifaschisten im Zuchthaus waren immer bestrebt, Genossen in solchen Kolonnen oder Funktionen unterzubringen, die eine möglichst große Bewegungsfreiheit garantierten. Das war von großer Bedeutung für den illegalen Kampf im Zuchthaus. Walter Kramer wurde 1935/1936 als Packer auf der dritten Belegschaft eingesetzt. Packer hatten innerhalb des Zuchthausgeländes das Material für die Arbeitsabteilungen und für die Gefangenen heranzuschaffen, die in den Zellen arbeiteten. Außerdem war es ihre Aufgabe, die fertigen Erzeugnisse zu verpacken und abzutransportieren. Walter Kramer berichtet: »Wenn man wie ich schon im Konzentrationslager gewesen war, so empfand man die Arbeits- und Lebensbedingungen auf der dritten Belegschaft als recht erträglich, besonders als Packer. Wir hatten viel Bewegung und körperliche Ausarbeitung. Wenn keinerlei Arbeit für uns vorlag, saßen wir auf unseren Plätzen, einer Reihe von Schemeln mit kleinen Tischen, hinter der Buchbinderei an der Stirnseite des Saales. Wurde mir die Zeit zu lang, ließ ich mir von den Buchbindern eine Justizzeitschrift mit besonders interessantem Inhalt geben. Das war natürlich verboten, denn nach den auf der Belegschaft geltenden Vorschriften durften selbst die Buchbinder die einzubindenden Materialien nicht lesen, aber gelesen wurde dennoch eifrig ... Die Druckerei und Buchbinderei funktionierten als ein seit Jahren bewährter und eingelaufener Apparat. Die Disziplin war nicht sehr streng, konnte es auch nicht sein ... Die drei Aufsichtsbeamten, ein Hauptwachtmeister und zwei Wachtmeister, waren für den großen Raum und die etwa 50 Häftlinge eigentlich eine geringe Wachmannschaft.«[53]

Doch nicht in jedem Falle gestalteten sich die Arbeits- und Lebensbedingungen so günstig. Schwere Arbeit hatten die weiblichen Häftlinge im Waschhaus des Zuchthauses zu verrichten. Hier wurde sämtliche Wäsche, die im Zuchthaus anfiel, gewaschen. »Hart und schwer war die Arbeit. Ich selbst«, erinnert sich Irmgard Reich, »stand den ganzen Tag an der Mangel und darüber hinaus mußte ich die Irrenwäsche aus der Anstalt versorgen. Eine große Überwindung gehörte dazu, nicht zu verzweifeln. Nur die gegenseitige Unterstützung der Politischen half uns darüber hinweg. Besonders schwer war die Arbeit im Winter. Die nasse Wäsche mußte auf den Schultern getragen werden, weit über den Hof in einen Trockenraum. Dabei mußte man so viel nehmen, wie mit den Händen zu erreichen war. Auf dem Wege bis zum Trockenraum war die Wäsche inzwischen gefroren und das Kleid war steif vom Frost, und so ging es in den Trockenraum von 50 Grad Celsius Hitze, und das den ganzen Tag.«[54]

Zu den schweren Arbeitsbedingungen kamen die schlechten hygienischen Verhältnisse. Es erforderte viel Kraft von den Frauen, sich unter diesen Bedingungen stets sauberzuhalten und einigermaßen körperlich fit zu bleiben. Irmgard Reich berichtet weiter über den Alltag der weiblichen Gefangenen: »Von früh bis abends mußte schwer gearbeitet werden, ohne zu sprechen. Um zur Toilette zu gehen, mußte man darum bitten. Eine halbe Stunde Spaziergang auf dem Hof war die einzige Unterbrechung. Abends im Schlafsaal auf dem Strohsack, der zu ebener Erde lag, konnten wir vor Wanzen nicht schlafen. Gesicht, Arme und der ganze Körper waren geschwollen. Die Wände und Balken waren schwarz vom Ausräuchern. Am Morgen mußte man sich überlegen, stelle ich mich an der Toilette an oder gehe ich gleich zum Waschen – die Zeit war kurz – man konnte beides nicht gründlich tun. Nur die ersten hatten eine Chance, ein freies Waschbecken zu erhalten.«[55]

Beamte –
Handlanger der faschistischen Justiz

Nahezu alle Angelegenheiten des Zuchthauslebens waren von den Zuchthausbeamten zu organisieren, durchzusetzen und vor allem zu kontrollieren. Mit äußerster Strenge achteten Justizsekretäre, Oberamtmänner, »Hausvater«, Oberwachtmeister und Wachtmeister darauf, daß die Gefangenen ihre Weisungen und Befehle erfüllten und die Anstaltsordnung einhielten. Bis auf wenige Ausnahmen ordneten sich diese Beamten des Zuchthauses bedingungslos dem faschistischen Regime unter. Ihr Haß galt in erster Linie den politischen Gefangenen, und oft drückte er sich in schikanöser Behandlung von Antifaschisten aus.

Zum Gesamtsystem des Strafvollzugs gehörten aber nicht nur die Zuchthausbeamten. An der Spitze des Justizapparates stand das Reichsjustizministerium mit dem Minister und seinen leitenden Mitarbeitern. In diesem Ministerium wurden die gesetzlichen Bestimmungen für den Strafvollzug ausgearbeitet. Auf gleicher Stufe ist die obere Spitze der Staatsanwaltschaft anzusetzen, die Oberreichsanwälte und Generalstaatsanwälte der Länder, die direkte Weisungen an die Zuchthäuser weitergaben und entsprechende Durchführungsbestimmungen erließen. Dieser Personenkreis kam mit den Zuchthausgefangenen nur äußerst selten in direkten Kontakt. Manchmal besuchten Vertreter des Reichsjustizministeriums das Zuchthaus, um zu überprüfen, wie es um die Durchsetzung der faschistischen Gesetze stand. So inspizierte im März 1935 der spätere Reichsjustizminister Thierack das Zuchthaus Waldheim. Seinem Besuch folgten neue Einschränkungen und Verschlechterungen der Haftbedingungen.[56] Im Reichsministerium der Justiz saßen faschistische Schreibtischmörder; sie leisteten ihren Beitrag zur systematischen Vernichtung von Menschen, ohne sich selbst die Hände schmutzig zu machen. Unter den Justizbeamten gab es Leute, die ihre Position schonungslos dazu ausnutzten, um sich an der von Gefangenen geleisteten Arbeit in den Strafanstalten zu bereichern. Das betraf insbesondere handwerkliche

37

Auszug aus der Abschlußbeurteilung von Ernst Schneller
durch den Anstaltsvorstand vom 24. Mai 1939.
Auf Grund dieser Einschätzung
wurde er in das KZ Sachsenhausen überführt

Arbeiten, die von den Häftlingen zu außerordentlich
niedrigen Entlohnungssätzen, manchmal auch nur für
ein paar Lebensmittel oder Tabak, ausgeführt wurden.
Im Zuchthaus waren das beliebte Bestechungsmittel.
Vor allem mit kriminellen Häftlingen wurden durch einige Wachtmeister umfangreiche Schiebergeschäfte
getätigt.

Als Leiter des Zuchthauses Waldheim fungierte bis
zum Beginn des zweiten Weltkrieges Dr. Schiefer, Jurist
und ehemaliger Amtsgerichtsrat. Er galt als fanatischer
Nazi, der politische Gefangene haßte und sie stets beschimpfte. Er sorgte in vielen Fällen dafür, daß sie nach
ihrer Strafverbüßung in ein Konzentrationslager überführt wurden. Dazu stellte er die notwendige negative
Beurteilung aus, so auch im Falle von Ernst Schneller.
Während ihm vom Hauptwachtmeister eine gute Beur-

teilung gegeben wurde, schrieb Dr. Schiefer, daß er ihn nach wie vor für einen ausgesprochenen Staatsfeind halte.[57] Während des Krieges wurde das Zuchthaus von Regierungsrat Winkler geleitet, einem ehemaligen Deutschnationalen, der fanatisch wie Schiefer war.

Das Frauengefängnis und Frauenzuchthaus unterstand Regierungsrat Frau Dr. Voigtländer. Sie war ein treuer Erfüllungsgehilfe der faschistischen Justiz. Im Verhältnis zu den politischen Gefangenen wahrte sie eine gewisse Distanz und Zurückhaltung. Manchmal hatte es den Anschein, als bedauere sie die Politischen, die in ihren Augen einem »Irrtum« erlegen waren.

Leiter des Krankenhauses war bis 1936 Obermedizinalrat Dr. Köhler, Mitglied der SA und begeisterter Nazi. Die sogenannten »Intelligenzprüfungen« der Gefangenen beeinflußte er häufig in der Absicht, ein minderwertiges Urteil über sie abgeben zu können. In einer Reihe von Fällen führte das zu Kastrationen beziehungsweise Sterilisationen von Strafgefangenen. Köhler trug unter den Gefangenen den Spitznamen »Schnittchen«. Ein äußerst gefährlicher und brutaler Typ, vor dem sich insbesondere politische Häftlinge in acht nehmen mußten.[58] Sein Nachfolger glich ihm in allen Belangen. Es handelte sich um den berüchtigten Anstaltsarzt SA-Obermedizinalrat Dr. Rath, ein verkommenes Subjekt, das sich mit Hilfe von Opiumspritzen aufputschte. Als eingefleischter Nazi verachtete er politische Häftlinge und behandelte sie dementsprechend. Die Untersuchungen politischer Strafgefangener führte er in einer entwürdigenden Weise durch, was insbesondere für weibliche Häftlinge galt. Zudem waren sie von einer grenzenlosen Oberflächlichkeit gekennzeichnet. Durch sein Urteil kamen viele Gefangene an Arbeitsplätze oder zu Arbeitskommandos, deren Anforderungen sie nicht gewachsen waren. Auch er versuchte, die Intelligenztests negativ zu beeinflussen. Kommunisten haßte er, und davon war seine ganze Handlungsweise geprägt. Rath verübte 1945 mit seiner gesamten Familie Selbstmord.[59]

Den leitenden Beamten des Zuchthauses stand eine Reihe von Oberamtmännern, Inspektoren, Justizsekretären, Lehrern und Pfarrern zur Seite, deren Aufgabe es war, die Anordnungen der Anstaltsleitung bis in die einzelnen Belegschaften durchzusetzen. Zu ihnen gehörten in Waldheim unter anderen Gefangenen- und Anstaltsoberamtmann Dr. Zoller, Oberamtmann Klut, Oberamtmann Ottinger, Oberamtmann Dr. Keil, Oberamtmann Schmitz, Justizrentmeister Janike, Oberamtmann Wendler, Oberamtmann Richter, Oberjustizsekretär Polke, Gefängnisvorsteher Drescher, Dienststückverwalter Blumberg und Justizassistent Kögler. Es ist nicht nötig, alle genannten Personen im einzelnen zu charakterisieren. Zwei dieser Leute sollen als Beispiel genügen. Oberamtmann Wendler versuchte von politischen Gefangenen Geständnisse zu erpressen, um der Anstaltsleitung die Möglichkeit zu geben, die Betreffenden nach der Verbüßung der Haftstrafe in ein Konzentrationslager überführen zu können. Ein Bedürfnis war es ihm, sich während des täglichen Rundganges von den Gefangenen 30 Minuten lang grüßen zu lassen. Als grundsätzlicher Menschenverächter zeigte sich Oberamtmann Richter,[60] wie aus mehreren Erlebnisberichten hervorgeht.

Die im Zuchthaus Waldheim tätigen Lehrer Spera, Sorbe und Wegmershausen verhielten sich im wesentlichen loyal und unterstützten unter anderem das Gefangenenkomitee, das kurz vor der Befreiung gebildet worden war.[61] Im Zuchthaus arbeiteten außerdem noch zwei evangelische und ein katholischer Anstaltspfarrer. Pfarrer Hampe war aktiver Offizier des ersten Weltkrieges gewesen, hatte dann Theologie studiert und arbeitete anschließend in Waldheim. Die Pfarrer Schwarz und Viereck galten als eifrige Nazis. Der katholische Pfarrer Schwimmer wurde aus moralischen Gründen entlassen und meldete sich freiwillig zum Kriegsdienst.[62]

Das Verhalten der Wachmannschaft im Männer- und Frauenzuchthaus läßt sich heute nur noch an Hand einzelner Erinnerungen von Häftlingen nachvollziehen. Dabei sind subjektive Gesichtspunkte nicht völlig auszuschließen. Man muß von der Tatsache ausgehen, daß sich die Wachtmeister nicht allen Häftlingen gegenüber gleich verhielten. Die Gefangenen kamen sehr häufig mit den auf den einzelnen Belegschaften eingesetzten

Oberwachtmeistern, Wachtmeistern und Hilfswachtmeistern und natürlich mit den Werkmeistern in den Arbeitssälen zusammen, unter denen auch Zivilisten waren. Nicht jeder von ihnen war ein willenloser Verfechter und Vertreter faschistischer Zielsetzungen im Strafvollzug. Die Mehrheit hatte sich selbstverständlich mit den Faschisten arrangiert und war bemüht, dies mit entsprechender Strenge und schikanöser Behandlung der Gefangenen unter Beweis zu stellen. Besonders taten sich dabei die Beamten hervor, die aus den Reihen der SA kamen und die einen besonders großen Haß auf politische Häftlinge hatten. In entsprechenden Wachtmeisterlehrgängen, die regelmäßig in Bautzen und Waldheim stattfanden, wurden SA-Angehörige auf ihren Dienst in den Strafanstalten vorbereitet. Diese Lehrgänge beinhalteten nicht nur Fragen des Strafvollzugswesens, der Anstaltsordnung und deren Durchsetzung, sondern vor allem die politisch-ideologische »Erziehung« in faschistischem Geist.[63] Die Anzahl der Wachtmeister, die der SA angehörten, stieg rasch an. 1935 befanden sich bereits 31 SA-Männer im Wachkommando des Zuchthauses Waldheim.[64] Diese Leute waren in jeder Hinsicht die gefährlichsten, weil sie alles unternahmen, um den Politischen das Leben im Zuchthaus so schwer wie nur irgend möglich zu machen.

Häufig wurden die unteren Strafvollzugsbeamten aus den Reihen der Reichswehr übernommen, nachdem sie, so wie das alle Beamten tun mußten, den Eid auf den faschistischen Staat geleistet hatten. Die älteren Beamten aus der Weimarer Zeit beschränkten sich meist auf die Einhaltung der Strafvollzugsordnung. Viele jüngere Beamte demonstrierten dagegen mit besonderer Strenge und Schikane ihre Verbundenheit mit dem faschistischen Regime. Zu ihnen gehörten unter anderen die Haupt- und Oberwachtmeister Ebert, Jäger, Mann, Mende, Schilling, Schramm, Schulz, Seidel, Seifert und Widuwild. Besonders negativ haben viele Genossen die Hauptwachtmeister Schramm und Seidel in Erinnerung. Sie taten auf der 14. Belegschaft Dienst. Beiden oblag die sogenannte Zellenrevision. Jederzeit war es den Beamten erlaubt, die Crafträume und die Gefangenen zu durchsuchen.[65] Beiden Wachtmeistern ging es jedoch in erster Linie darum, entsprechendes »Beweismaterial« in die Hände zu bekommen, um politische Gefangene mit den verschiedensten Hausstrafen belegen zu können.[66] Während des Nachtdienstes trugen beide Filzschuhe, damit man ihre Schritte auf dem Gang nicht hören konnte. So schlichen sie auf der Belegschaft umher, inspizierten durch den Spion die Zellen und waren bestrebt, Gefangene bei jeder Art von unerlaubter Beschäftigung zu ertappen. Gelang ihnen dieses Vorhaben, so erhielten die Betreffenden Hausarrest, Kostentzug, hartes Lager oder andere Hausstrafen. All das trug zur Einschüchterung der Gefangenen bei und war nichts anderes als Schikane.[67] Auf das Konto des Hauptwachtmeisters Schramm geht auch der Tod des jungen tschechischen Strafgefangenen Suček, der an den Folgen der Mißhandlungen durch Schramm und andere Hilfswachtmeister verstarb.[68] Über das besonders schikanöse Vorgehen von Schramm berichtet auch Richard Thiede, der jahrelange Einzelhaft und noch dazu etliche Verhöre durch die Leipziger Gestapo-Büttel Köslin, Wilke und Lange zu ertragen hatte. Nachdem Richard Thiede die vorgeschriebene Meldung nicht korrekt ausgeführt hatte, wurde er von Schramm umgehend mit 14 Tagen Arrest bestraft. Während der Einzelhaft mußte er, wie viele andere politische Gefangene auch, Seile flechten. Dazu erhielt er hartes Außenrandmaterial, so daß seine Finger schon nach kurzer Zeit aufgescheuert waren und bluteten. Diese Tatsache bedachte der ebenfalls berüchtigte Hauptwachtmeister Sauer mit der Bemerkung: »Du willst sabotieren? Du Bonzenschwein hast es wohl nicht nötig zu arbeiten. Sieh dir deine Kameraden an, die schaffen alle ihr Pensum.«[69] Schramm und Sauer entfernten aus der Zelle von Richard Thiede die Zellenvorschrift, in der die Höchstdauer der Einzelhaft mit zwei Jahren festgelegt war, und zerrissen sie vor seinen Augen. Mit solchen Methoden wollte man die politischen Häftlinge moralisch schwächen und einschüchtern. Besonders galt das für die Gefangenen, denen ein neuer Prozeß gemacht werden sollte. Die schikanöse Behandlung führte bei manchem Genossen zum psychischen

Zusammenbruch. Richard Thiede stürzte sich — zermürbt durch die Schikanen der Wachtmeister und die grausamen Verhöre durch die Gestapo — verzweifelt aus dem dritten Stock des Neuen Zellenhauses in den Lichtschacht, wo er mit schweren Verletzungen liegenblieb.[70]

Ein eigenartiger Typ eines Wachtmeisters war der im Neuen Zellenhaus tätige Hauptwachtmeister Eismann. Als ehemaliger Militär war es ihm ein besonderes Vergnügen, die Freistunde der Häftlinge zum militärischen Exerzieren zu nutzen, wobei er einen alten Schleppsäbel trug.[71] Den Faschisten stand er wohlwollend gegenüber. Kurt Brünner berichtet darüber, daß Eismann bei der Durchführung der Freistunde Ernst Schneller in den kleinen Kreis treten ließ. Als eingefleischtem Militär war es ihm ein Unding, einen ehemaligen Oberleutnant der Reichswehr zu kommandieren, da er selbst keinen Offiziersdienstgrad erlangt hatte.[72]

Auf der 11. Belegschaft, wo sich auch Arrestzellen befanden, wurde auf Veranlassung des Wachtmeisters Müller wieder ein Prügelbock aufgestellt. Müller hat sich stets durch schikanöse Behandlung der Gefangenen hervorgetan.[73] Durch ihn selbst und auf seine Veranlassung hin kam es häufig zu Mißhandlungen von Gefangenen, die eine Arreststrafe verbüßten. Primitiv und böswillig gegenüber den Gefangenen verhielt sich auch Hauptwachtmeister Krott. Er stammte aus Oberschlesien. Von den Gefangenen bekam er den Beinamen »Konsequent«, denn jeder dritte Satz von ihm lautete: »Da ham'se de Konsequenzen zu tragen!« Typisch für den Kreis der Beamten, der es auf die politischen Häftlinge abgesehen hatte, war die ständige Suche nach Anlässen, um sie bestrafen zu können. Als Beispiel dafür ist der Versuch eines »diensteifrigen« Beamten bekannt, einigen politischen Häftlingen homosexuelle Handlungen nachzuweisen. Sie hatten in der Gemeinschaftszelle ihre Gymnastik im Adamskostüm ausgeführt, weil es im Zuchthaus keinerlei Sportbekleidung gab. Auf Grund der Anzeige des Wachtmeisters wurden die Genossen mit einem Tag Kostentzug bestraft, berichtet Kurt Brünner.[74]

Als eine Form der Bestrafung muß man auch die Zuweisung von Arbeiten betrachten, die bei den Gefangenen zu gesundheitlichen Schäden führten. Das galt nicht nur für das Federnschleißen in den viel zu kleinen Einzelhaftzellen, die sich völlig ungenügend lüften ließen. Oft wurde nach der Methode verfahren, die Gefangenen bestimmte Arbeiten ohne die dafür notwendigen Werkzeuge ausführen zu lassen. So mußte Paul Auerswald mit einer Handsäge 20 Zentimeter starkes Rundeisen sägen, obwohl eine mit Transmission betriebene Eisensäge vorhanden war. Die Weisung dazu hatte Inspektor Zörgiebel gegeben, dem die Schmerzen und Qualen des Genossen Auerswald sichtliches Vergnügen bereiteten. Die Hände waren durch das Sägen aufgesprungen. Zörgiebel beobachtete diese Arbeit aus unmittelbarer Nähe.[75]

Auf der 21. Belegschaft wurden unter anderem Anker für Elektromotoren hergestellt. Werkmeister Gey tat sich durch intensive Antreiberei und Drohungen gegenüber den politischen Gefangenen hervor, woran sich Hans Ziller und Hans Lauter gut erinnern können.[76] Ein ähnliches Verhalten legte Oberwachtmeister Mende an den Tag, dessen »Spezialität« die Anwendung von Schimpfnamen und ständiges Anbrüllen der Gefangenen war. Oberwachtmeister Hähnel stand ihm in keiner Weise nach. Stets war er darum bemüht, die Häftlinge auf irgendeine Art zu schikanieren.[77] Sehr oft hatten die inhaftierten Genossen auch unter den Launen der Wachtmeister zu leiden. Je nach Stimmung ließ der in der Schneiderei eingesetzte Wachtmeister Hochmuth den Arbeitssaal säubern. Bis zu vier Stunden konnte diese Prozedur dauern. Hatte er schlechte Laune, dann mußten die Gefangenen die Arbeit beliebig oft wiederholen.[78]

Nicht alle Namen von Wachtmeistern sind uns heute noch bekannt. Zu nennen wären noch Oberamtmann Wendler, Inspektor Bauch, Wachtmeister Zaspel und Wachtmeister Hanzig. Alle vier galten als diensteifrige Büttel des faschistischen Zuchthausregimes.[79] An die Beschimpfungen durch Hanzig bei der Einlieferung in das Zuchthaus erinnert sich Paul Auerswald: »Am 20. 9. 1933 wurden wir von Freiberg nach Waldheim überführt. Dort wurden wir vom Hauptwachtmeister

Hanzig mit folgenden Worten empfangen: ›Ihr Kommunistenschweine, euch müßte man nach Moskau jagen, dort seid ihr gut aufgehoben bei dem Bolschewistengesindel. Na wartet nur, euch werden wir schon kleinkriegen. Jetzt weisen wir euch Wohnung zu und dann könnt ihr Schweine in der Klapsmühle oder auf dem Friedhof landen. Euch Vaterlandsverrätern müßte man überhaupt nichts zu fressen geben‹, usw. Als er sich ausgetobt hatte, wurden uns die Zellen zugewiesen.«[80]

Auch im Frauengefängnis und Frauenzuchthaus gab es Beamte, die wegen ihrer Strenge gefürchtet waren. Zu ihnen zählten unter anderen die Geschwister Mordhorst. Die ältere der beiden Schwestern war seit dem 1. Juli 1920 im Zuchthaus Waldheim tätig. Ihr Weg als Wachtmeisterin führte ständig bergauf. Den Faschisten stand sie absolut wohlwollend gegenüber. Am 1. Mai 1937 avancierte sie zur Parteianwärterin der NSDAP. Von ihren Vorgesetzten wurde sie als politisch absolut zuverlässig eingeschätzt. Genauso verhielt sie sich auch gegenüber den politischen Gefangenen, die sie als gemeine Verbrecher beschimpfte.[81] Die Oberaufseherin Thomas trieb es besonders arg mit Gefangenen, die eine gewisse Ängstlichkeit nicht abzustreifen vermochten. Sie versuchte die politischen Gefangenen gegeneinander auszuspielen. Ihr waren zum Beispiel die Kontakte während der Gymnastikstunde, die für weibliche Häftlinge durchgeführt wurde, ein Dorn im Auge. Deshalb versuchte sie, die Frauen von dieser einzigen Möglichkeit, sich sportlich zu betätigen, abzuhalten. Als Begründung dafür gab sie an, daß die Arbeitsergebnisse unter dem Zeitverlust leiden würden. Die relativ angenehme Arbeit an einer der Nähmaschinen machte sie von einem Verzicht auf die Teilnahme an der Gymnastikstunde abhängig. Der Oberaufseherin gelang es jedoch nicht, die politischen Gefangenen auf diese Weise gegeneinander aufzuwiegeln.[82] Gertrud Keller erinnert sich daran, daß es ihr an Sonn- und Feiertagen besondere Freude bereitete, Kuchen und andere Delikatessen, die sie sich von zu Hause mitbrachte, auf ihrem Aufsichtspult zur Schau zu stellen und sie schließlich vor den Augen der hungrigen Gefangenen zu verzehren.[83]

Durch korrektes Auftreten und ordentliche Arbeit gelang es den Politischen, bei manchem Beamten eine gewisse Achtung hervorzurufen. So auch bei den Aufseherinnen Olser und Oeser.[84] Auf diese Weise war es möglich, hier und da strengere Maßnahmen gegen politische Häftlinge zu umgehen. Aber das waren Ausnahmen. Dabei spielten vor allem jene Beamte eine Rolle, die schon während der Weimarer Republik in Waldheim Dienst getan hatten und der Sozialdemokratie nahestanden beziehungsweise ihr selbst angehörten. In guter Erinnerung haben viele Genossen Hauptwachtmeister Kirmse von der 14. Belegschaft. Er behandelte die politischen Gefangenen korrekt und umging harte Maßnahmen. Auf der 14. Belegschaft waren unter anderen auch Ernst Schneller und Fritz Selbmann untergebracht. Bei Kirmse waren relativ gute Kontakte zwischen den politischen Häftlingen möglich. Zum Beispiel ließ er beim täglichen Schließen der Zellen immer mehrere Zellen gleichzeitig offen. Auf diese Art konnte auch ein kurzes Wort mit dem Kalfaktor oder dem Zellennachbarn gewechselt werden, wobei Kirmse stets nachsichtig war.[85] Mit Hilfe von Kirmse gelang es Fritz Selbmann, die Manuskripte seiner Aufzeichnungen zur Geschichte der Philosophie nach dem Haftende nach draußen zu schmuggeln.[86] Kirmse hatte sich auch mit Ernst Schneller des öfteren in dessen Zelle unterhalten. Der Sohn und der Schwiegersohn von Kirmse dienten bei der SS in Berlin. Kirmse leitete Informationen, die sie mitbrachten, an Ernst Schneller weiter. Es ist auch zu einem Gespräch zwischen ihnen und Schneller gekommen, was auf Betreiben von Kirmse zustande kam.[87]

In ähnlicher Weise haben sich die Hauptwachtmeister Rietz, Lyler, Benedix und Legler verhalten. Lyler brachte Lebensmittel von zu Hause mit und verteilte sie. Das war für ihn sehr gefährlich, denn laut Anstaltsordnung war so etwas strengstens untersagt. Legler versorgte Otto Werner regelmäßig mit politischen Informationen.[88] Zu den toleranten Beamten gehörten auch Amtmann Dr. Ottinger, Amtmann Spera, Wachtmeister Büttner, Wachtmeister Fischer und Meister Otto, ein Druckereiarbeiter. Auch Wachtmeister Hansen, der in der Gärtne-

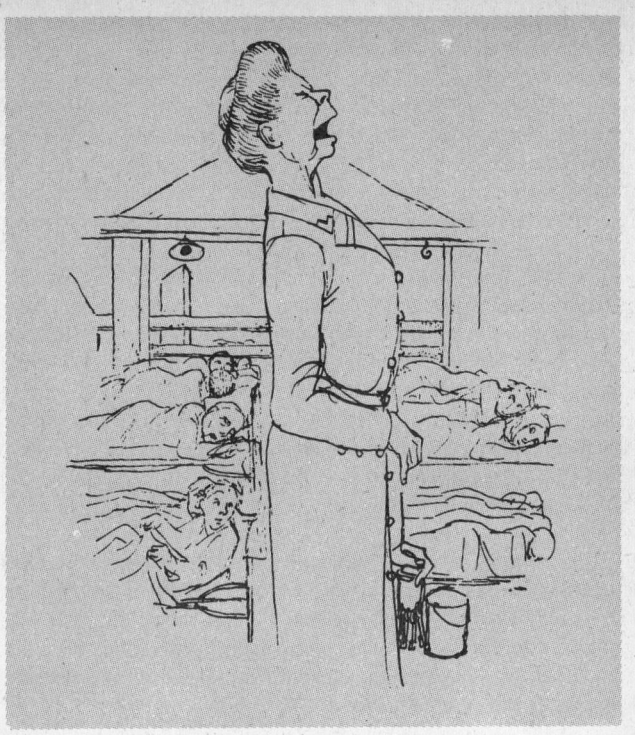

»Frau Oberwachtmeister«,
Zeichnung von Milada Marešova

rei des Zuchthauses arbeitete, verhielt sich gegenüber
den Gefangenen korrekt. Entgegen seiner Dienstvor-
schrift steckte er ihnen Nahrungsmittel zu und ließ ihnen
häufig politische Informationen zukommen. Den Faschisten stand er distanziert gegenüber.[89]

Im Frauenzuchthaus nahm die Oberaufseherin
Schmidt eine loyale Haltung gegenüber den politischen
Gefangenen ein. Sie bestätigte ihnen, daß die Aufseherinnen vor den Politischen eine gewisse Angst gehabt
hätten. Die Reichsjustizverwaltung und die Anstaltsleitung hatten die politischen Häftlinge den Beamten als

die größten und schwersten Verbrecher hingestellt, mit denen man hart und unerbittlich umzugehen habe.[90]

Im Verlaufe der Jahre 1933 bis 1945 veränderte sich das Verhalten der Beamten im Zuchthaus Waldheim ständig. In den ersten Jahren der faschistischen Diktatur überwog noch der Einfluß des sächsischen Strafvollzugswesens der Weimarer Republik, der nur allmählich abgebaut wurde. Durch den Einsatz von immer mehr SA-Angehörigen, durch die immer höheren Haftstrafen für politische Delikte, aber auch gefördert durch die Anfangserfolge der faschistischen Politik setzten sich mehr und mehr harte Methoden durch, die bis zu Folterungen reichten und auch zum Tod von Häftlingen führten. Viele Wachtmeister nahmen die anfänglichen Kriegserfolge der Faschisten zum Anlaß, um gegenüber den politischen Häftlingen als »Herrenmenschen« aufzutreten. Das veränderte sich schon bald nach der Schlacht um Stalingrad. Eine Reihe von Vollzugsbeamten wurde unsicher, und es gab auch Versuche, sich bei den Politischen anzubiedern. Die Mehrzahl der Beamten blieb dem Faschismus jedoch bis an das bittere Ende treu.

Die politischen Gefangenen bemühten sich, das Verhalten der Beamten differenziert einzuschätzen und auf diese Weise Verbesserungen ihrer Lage zu erreichen. Dabei nutzten sie auch die Widersprüche zwischen der Anstaltsleitung und einzelnen Beamten geschickt aus. Aber immer galt dabei das Prinzip größter Vorsicht, denn die Mehrzahl der Beamten blieben Erfüllungsgehilfen des faschistischen Zuchthausregimes und setzten die geltenden Bestimmungen rücksichtslos und brutal durch. Der Kampf gegen die Willkür des faschistischen Strafvollzugs war in erster Linie ein Kampf gegen die Strafvollzugsbeamten und deren Bemühen, die politischen Häftlinge im Sinne des Faschismus »umzuerziehen«.

Politische Gefangene – Gegner des Faschismus

Mit der Errichtung der faschistischen Diktatur begann für viele Menschen in Deutschland ein langer Weg der direkten Konfrontation mit diesem System. Wer als politischer Gefangener in eine der zahlreichen Haftanstalten eingewiesen wurde, der war nicht einfach ein Querulant, ein Asozialer oder das, was man in landläufigem Sinne unter einem Kriminellen versteht. Bei diesen Gefangenen handelte es sich um Antifaschisten, um aktive politische Gegner des faschistischen Regimes. Sie waren nicht bereit, sich durch die Nazis politisch entmündigen zu lassen.

Im Zuchthaus Waldheim setzte vor allem nach dem Erlaß der »Verordnung des Reichspräsidenten zum Schutze von Volk und Staat« vom 28. Februar 1933 und nach Inkrafttreten des »Gesetzes zur Änderung von Vorschriften des Strafrechts und des Strafverfahrens« vom 24. April 1934 ein verstärkter Zustrom politischer Gefangener ein. Darunter befanden sich neben Kommunisten auch Sozialdemokraten, Gewerkschafter und Hitlergegner der verschiedensten weltanschaulichen Richtungen. In politischen Prozessen waren sie zu Haftstrafen verurteilt worden. Ihr Vergehen bestand darin, den Faschismus aus politischen Gründen abzulehnen und ihn deshalb illegal bekämpft zu haben.

Die Liste der in Waldheim inhaftierten Antifaschisten ist sehr lang. Zu ihnen gehörten unter anderen: Irmgard Ahner, Ferdinand Bartl, Hugo Bergmann, Kurt Biedermann, Helene Birnbaum, Elsa Eppich, Charlotte Fischer, Lena Fischer, Charlotte Georgi, Dr. Maria Grollmuß, Walter Hanig, Arthur Hoffmann, Klara Höhn, Jutta Joos, Gertrud Keller, Walther Kirsten, Greta Kuckhoff, Eugen Lange, Hilde Lange, Hans Lauter, Eva Lippold, Felix Müller, Kurt Müller, Elly Pippig, Paul Popp, Erich Quade, Auguste Ritscher, Richard Schmidt, Ernst Schneller, Eva Schulze-Knabe, Georg Schumann, Fritz Selbmann, Horst Sindermann, Richard Thiede, Ernst Wabra, Kurt Wagner, Otto Werner und Hans Ziller. In den meisten Fällen war gegen sie Anklage wegen »Vorbereitung zum Hochverrat« erhoben worden. Die Widerstandskämpfer hatten versucht, die Arbeit der KPD, des KJVD, der SPD, der SAP oder anderer antifaschistischer Vereinigungen illegal fortzusetzen.[91] Im Zuchthaus Waldheim wurden vor allem jene Antifaschisten eingekerkert, die auf dem Gebiet des ehemaligen Landes Sachsen (heute die Bezirke Karl-Marx-Stadt, Dresden und Leipzig) illegale antifaschistische Arbeit geleistet hatten. Sie gehörten den verschiedensten Widerstandsgruppen an. Die Mehrzahl von ihnen wurde vom Oberlandesgericht in Dresden verurteilt.[92]

Es ging den Faschisten darum, den politischen Gegner nicht nur zu bekämpfen, sondern ihn für lange Zeit auszuschalten, ihn zu vernichten. Daher lagen die von den Gerichten verhängten Strafen ab 1935 weit höher als in den Jahren zuvor. Die Haftzeit für politische Gefangene stieg im Durchschnitt auf das Zwei- bis Dreifache. Viele Urteile lauteten nun auf 9, 10, 12, 15 Jahre Zuchthaus, aber auch lebenslängliche Strafen wurden verhängt. Dies war bei Erich Quade, Ferdinand Bartl und Gerhard Winkler der Fall. Ferdinand Bartl und Gerhard Winkler hatten die Faschisten sogar zum Tode verurteilt. Im März 1934 wurden die Strafen in lebenslänglich Zuchthaus umgewandelt.[93] Dies geschah auf Grund des Protestes der deutschen und der internationalen Arbeiterbewegung. So wurden diese Antifaschisten Opfer einer Politik, die jegliche politische Opposition auszuschalten versuchte, um nach außen »ungestört« faschistische Weltherrschaftspläne realisieren zu können.

Eine gewichtige Rolle bei der Aburteilung von politischen Gegnern des Faschismus spielten die Sondergerichte. Das höchste Sondergericht, der sogenannte Volksgerichtshof, ist bekanntermaßen für die Verhängung Tausender Todesstrafen und langjähriger Haftstrafen verantwortlich. Vor diesem Gericht standen auch Waldheimer Häftlinge. Führende Genossen der KPD und des KJVD verbüßten lange Zuchthausstrafen, die vom Volksgerichtshof verhängt wurden. Unter ihnen Fritz Selbmann, Sekretär der Bezirksleitung Sachsen der KPD, Georg Schumann, Horst Sindermann, Kurt Wagner, Paula Baumgarten, Charlotte Georgi, Olga Körner und als Mitglied der SAP die aufrechte Antifaschistin Dr.

Maria Grollmuß und viele andere. Sie alle wurden beschuldigt, die Verfassung des Deutschen Reiches mit Gewalt ändern zu wollen. In Wirklichkeit hatten die Faschisten selbst die Verfassung gebrochen und außer Kraft gesetzt. Das kam unter anderem auch in der widerrechtlichen Annullierung der 81 Reichstagsmandate der KPD zum Ausdruck. Der Vorwurf des Verfassungsbruchs, den die Faschisten gegen alle demokratischen Kräfte erhoben, war nur ein Vorwand, um sie ihrer verfassungsmäßigen Rechte endgültig berauben zu können.

Mit besonders harten Strafen war das Blutgericht Freislers bestrebt, eine hohe Abschreckungswirkung zu erzielen. In der Urteilsbegründung gegen Ernst Wabra vom 27. August 1935 hieß es: »Aber die höchste zeitige Zuchthausstrafe von 15 Jahren erschien angemessen und erforderlich, um alle abzuschrecken, die heute noch willens sind, sich für die Irrlehren des Kommunismus einzusetzen.«[94]

In der Anklageschrift gegen Dr. Maria Grollmuß vom 18. August 1935 lesen wir: »Der Senat ist weiterhin zu der Überzeugung gelangt, daß die gesamte politische Betätigung der Angeklagten Grollmuß letzten Endes das Ziel hatte, den nationalsozialistischen Staat mit Gewalt zu stürzen und an seine Stelle die Herrschaft des Marxismus zu setzen ...«[95] Die Faschisten beließen es nicht bei der Strafe von 6 Jahren Zuchthaus. Nach ihrer Auffassung war ein Antifaschist nicht würdig, einen ordnungsgemäß erlangten Doktorgrad zu behalten. Der faschistisch ausgerichtete Dekan der Philosophischen Fakultät der Universität Leipzig teilte in einem Schreiben an Maria Grollmuß lakonisch mit: »Nachdem sie wegen eines Verbrechens der Vorbereitung zum Hochverrat unter erschwerenden Umständen zu 6 Jahren Zuchthaus und zu 6 Jahren Ehrverlust rechtskräftig verurteilt worden sind, teile ich Ihnen mit, daß die Aberkennung der bürgerlichen Ehrenrechte den dauernden Verlust der ›öffentlichen Würden‹ zur Folge hat. Aus diesem Grunde ist Ihnen auch die Ihnen am 28. 12. 1932 verliehene Würde eines Dr. phil. verlustig gegangen.«[96] Dr. Maria Grollmuß legte Beschwerde gegen diese Entscheidung ein, die na-

Im Namen
des Deutschen Volkes

Beglaubigte Abschrift.

14ª/9 J 1622/31.
3 H 52 / 35.

In der Strafsache gegen

den Bergarbeiter, Parteisekretär und früheren kommunistischen
Preußischen Landtags- und Reichstagsabgeordneten <u>Friedrich
Wilhelm S e l b m a n n</u> aus Leipzig - Neustadt, Eisenbahn-
straße 35 I, geboren am 29. September 1899 zu Lauterbach
i/Hessen, verheiratet, vorbestraft,
zur Zeit in Berlin in Haft,

wegen Vorbereitung zum Hochverrat

hat der Volksgerichtshof, 1. Senat, in der öffentlichen
Sitzung vom 4. November 1935 nach mündlicher Verhandlung, an
welcher teilgenommen haben

als Richter:

Landgerichtsdirektor Lämmle als Vorsitzender,
Landgerichtsdirektor Dr.Löhmann,
Oberstleutnant a.D. und Sturmbannführer von Laffert,
Oberstleutnant Stutzer,
Stadtrat Kaiser,

als Beamter der Reichsanwaltschaft:
Amtsgerichtsrat Wörner,

als Urkundsbeamter der Geschäftsstelle:
Justizbüroassistent Strehler

für Recht erkannt:

Der Angeklagte wird wegen Aufforderung zum Hochverrat zu einer Zuchthausstrafe von 7 - sieben - Jahren verurteilt und hat die Kosten des Verfahrens zu tragen.

Dem Angeklagten werden die bürgerlichen Ehrenrechte
auf die Dauer von 5 - fünf - Jahren abgesprochen.

Polizeiaufsicht wird für zulässig erklärt.

Die erlittene Untersuchungshaft wird in Höhe von 2
- zwei - Jahren 6 - sechs - Monaten auf die erkannte Strafe
angerechnet.

Die

türlich zurückgewiesen wurde. Dieses Beispiel zeigt, mit
welchen Mitteln und Methoden die Faschisten versuchten, ihre Gegner moralisch unter Druck zu setzen. In den
wenigsten Fällen hatten sie damit Erfolg. Politische
Überzeugung und Widerstandswille waren stärker als
alle Anfeindungen der faschistischen Justiz.

Trotz der Behauptung der faschistischen Machthaber,

Urteil gegen den Sekretär
der Bezirksleitung Sachsen der KPD, Fritz Selbmann

die Zahl der politischen Gegner nehme ständig ab, stieg
der Anteil politischer Gefangener in den Zuchthäusern
kontinuierlich an. Ein geringfügiger Rückgang der Zahl
politischer Häftlinge läßt sich für das Zuchthaus Waldheim erst ab Sommer 1937 feststellen. Laut Mitteilung

14. Dezember 1936.

No./Lö.

Nr. 326.

Frl.

Maria G r o l l m u ß ,

z. Zt. W a l d h e i m ,

Landesstrafanstalt.

Nachdem Sie wegen eines Verbrechens der Vorbereitung zum Hochverrat unter erschwerenden Umständen zu
6 Jahren Zuchthaus und zu 6 Jahren Ehrverlust rechtskräftig verurteilt worden sind, teile ich Ihnen mit, daß
die Aberkennung der bürgerlichen Ehrenrechte den dauernden Verlust der "öffentlichen Würden" zur Folge hat.
Aus diesem Grunde ist Ihnen auch die Ihnen am 28. 12. 1932
verliehene Würde eines Dr.phil. verlustig gegangen.

gez. Münster

d. Z. Dekan
der philosophischen Fakultät
der Universität Leipzig

Aberkennung des Doktortitels für Maria Grollmuß
durch die Universität Leipzig

der Generalstaatsanwaltschaft befanden sich im Dezember 1935 491 männliche und 87 weibliche politische Gefangene im Zuchthaus. Im März 1937 waren es 514
männliche und 153 weibliche Gefangene. Im Juni 1933
hatten sich 493 männliche und 184 weibliche Gefangene
in Haft befunden.[97] Ab Kriegsbeginn existieren keine Angaben mehr. Mit Sicherheit kann man aber davon ausgehen, daß die Zahl der politischen Gefangenen nach der
Annexion der ČSR und vor allem nach Ausbruch des
zweiten Weltkrieges erneut stark anstieg. Überbelegungen
gen von Zellen und Belegschaften waren an der Tages-

ordnung, und sie beweisen, daß es den Faschisten nicht gelang, den Widerstandswillen zu brechen.

Man kann es nur als bewußte Irreführung der Öffentlichkeit bezeichnen, wenn in einem Artikel zum einjährigen Bestehen des sächsischen Sondergerichts Freiberg am 22. April 1934 in der »Glauchauer Zeitung« zu lesen war: »Als Bilanz der Tätigkeit des sächsischen Sondergerichts ist zu ziehen: Die Zahl der Gegner des Dritten Reiches ist nunmehr gering und ständig im Abnehmen begriffen.«[98] Das Sondergericht hätte bei wirklicher Abnahme der politischen Gegner seine Tätigkeit einstellen können, aber es verurteilte Antifaschisten bis 1940. Dann wurden bei den Landgerichten Sondergerichte gebildet, allein in Leipzig gab es drei.

Wichtige Aufschlüsse über die bewußte Gegnerschaft politischer Gefangener zum Faschismus geben die erhalten gebliebenen Protokolle der sogenannten Aufnahmegespräche, die kurz nach der Einlieferung in das Zuchthaus geführt wurden. Aufschlußreich sind sie auch darum, weil faschistische Beamte hier ihre politischen Gegner einschätzen. Hauptinhalt der Aufnahmegespräche war das Vergehen der Gefangenen und ihre Haltung dazu. Der Beamte versuchte zu erfragen, was den Gefangenen zu seiner Tat bewogen hatte. Ein politischer Gefangener mußte dabei sehr vorsichtig sein, denn immer wurde versucht, ihn mit entsprechenden Fragen aus der Reserve zu locken. Blieb der Gefangene standhaft, so schlug sich das natürlich in der kurzen Beurteilung durch den Zuchthausdirektor nieder.

Georg Schumann, der in diesem Aufnahmegespräch mit dem Anstaltsleiter seine tiefe kommunistische Überzeugung bekräftigte, wurde dementsprechend eingeschätzt: »Kommunistischer Berufshetzer, wurzelloser Intellektueller, sicheres Auftreten, gewandte Umgangsformen, sehr zurückhaltend. Bleibt auf absehbare Zeit isoliert.«[99] Das bedeutete, daß der Gefangene für lange Zeit in eine Einzelzelle eingewiesen wurde. Bei Genossen Hans Ziller findet sich folgende Einschätzung durch Oberamtmann Stein: »Fanatischer Kommunist, verbissen, verbohrt. Ohne jede Einsicht. Führernatur. Für jede Gemeinschaft eine ernste Gefahr. Als fluchtverdächtig

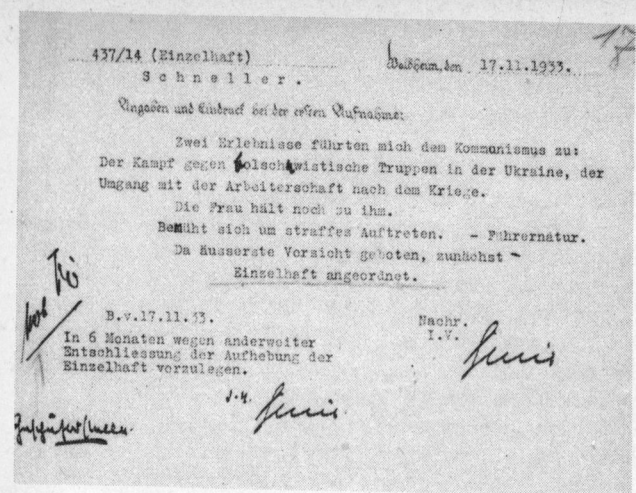

Aufnahmebeurteilung von Ernst Schneller

und in Einzelhaft zu führen.«[100] Ähnliche Einschätzungen erhielten Ernst Schneller, Fritz Selbmann, Kurt Wagner, Ernst Wabra und viele andere. Sie dokumentieren den Haß der Faschisten auf ihre politischen Gegner. Die angeführten Beispiele verdeutlichen aber zugleich die große Furcht, die die Faschisten vor aufrechten Antifaschisten hatten, obwohl sie alle Mittel der faschistischen Justiz gegen sie einsetzen konnten.

Die Lage der politischen Gefangenen

Das im sächsischen Strafvollzug weiter geltende Stufensystem spielte für die politischen Gefangenen in dem Maße eine Rolle, wie die damit verbundenen Vergünstigungen für den antifaschistischen Kampf genutzt werden konnten. Man muß aber davon ausgehen, daß die Oberstufe für Politische so gut wie ausgeschlossen war, und wenn sie sie einmal erhielten, dann meist nur für kurze Zeit.

Franz Walther erlebte während seiner Haftzeit folgendes: »Etwa im Januar 1939 war das zweite Drittel meiner

Strafe um. Der Wachtmeister teilte mir mit, daß ich nun die Oberstufe erhalte, d. h., ich bekam ein weißes Halstuch, Binde, dazu eine Mütze mit Schild. Ich durfte nun auf dem Hof in der Freizeit allein umherspazieren, also nicht mehr im Kreis. Als ich so angeputzt auf dem Hof erschien, konnte man bei unseren Genossen merklich ein Aufleuchten in den Gesichtern beobachten. Aber der Spaß gelang nur drei Tage. Ich wurde zur Ordonnanz, Wachtmeister Benedix, geholt, der mir eröffnete, es sei in meinem Fall ein Fehler unterlaufen. Die Oberstufe stünde mir nicht zu. Politische Häftlinge seien nicht würdig, sie zu erhalten.«[101]

Die Auslegung der auf dem Papier stehenden Verordnungen und Bestimmungen war Sache des Zuchthauspersonals, das galt in besonderem Maße für politische Gefangene. Für sie war es besonders schwer, in den Genuß kleinerer Vergünstigungen zu gelangen. Jedes Mittel war den Wachtmeistern recht, um zu verhindern, daß Politische in die Mittel- oder gar Oberstufe aufrücken konnten. Politische Überzeugung und Standfestigkeit galten oft als Grund für ein Verbleiben in der Unterstufe. Jedes kleinste Vergehen gegen die Anstaltsbestimmungen diente als Vorwand für eine Ablehnung der Höherstufung. Dafür mußte der jeweilige Wachtmeister eine Einschätzung des Gefangenen geben, dann wurde vom Anstaltsvorstand geprüft, ob eine Höherstufung in Frage kam. Bei Genossen Ernst Schneller wurden sogar die Vorstrafen bemüht, um sein Aufrücken in die Oberstufe zu verhindern. In der Begründung hieß es kurz: »Schneller bleibt auf Grund der Vorstrafen in der Mittelstufe.«[102] In der Akte des Genossen Fritz Selbmann findet sich der Vermerk: »… bleibt mangels guter Führung auf weitere 12 Monate in der Unterstufe.«[103]

Die Oberstufe konnte von erheblicher Bedeutung für die Solidarität der politischen Gefangenen untereinander sein. Sie ermöglichte die Unterstützung mit Zusatznahrungsmitteln, aber auch andere Formen moralischer und materieller Hilfe.

Auch im Frauenzuchthaus war es übliche Praxis, politischen Häftlingen die Oberstufe zu verwehren. »Die Verweigerung des Einbeziehens in die Oberstufe einer

Stufenbogen. (Nr. Name): *Schneller, Ernst*

Anstaltszeit: vom *16.11.33* bis *9.7.39* *5* Jahre *7* Mon. *13* Tg.

Mittelstufe seit: *1.11.35*

Stufendauer in Mittelstufe *1* Jahre *10* Mon. *17* Tg. ‖ Ende: M *17.9.37*

Beurteilung für Aufrücken nach **Oberstufe** für *1 Okt. 1937*

§ 20 St.V.O.: Führung? Fleiß? Wird er sich nicht nur in der Oberstufe, sondern auch in der Freiheit bewähren? (Ehrgefühl? — Einsicht? — Ernster Wille zu rechtschaffenem Leben? — Willenskraft?)

Belegschaftsführer: *437 Schneller ist seit seiner [...] für [...] 14. Tal. [...] Führung war stark einwandfrei. Auf seine Arbeitsleistung [...] immer [...] Sorgfalt zu [...] nicht [...], aber [...] ist, [...]*

Kirmes

Lehrer:

Arzt: *Kurm 15.9. —*

Abteilungsleiter: *[...] [...] [...] für 1. [...] [...]*

Gefängnisvorstand:

B. v.: *20 [...] 1937*

~~Oberstufe~~

1937

Bleibt in Mittelstufe, da ~~nach~~ Vorstrafen, Führung und Persönlichkeit für Oberstufe nicht geeignet.

20 SEP 1937

Bleibt mangels ~~einwandfreier Führung~~ Vertrauenswürdigkeit ~~auf weitere~~ *[...]* ~~Monate~~ in Mittelstufe.

Zu den Akten

Nr. *437*

Die Anstaltsleitung lehnt eine Höherstufung für Ernst Schneller ab

Reihe von Genossen sahen wir politisch und beschlossen, beim Rapport zu fragen nach dem Warum. Ich selbst gehörte zu denen, die nicht entsprechend eingestuft wurden.« Dora Parade schildert, welche Antwort die Politischen erhielten: »Die ungeduldige Antwort auf die unbequeme Frage lautete: Na, warum fragen Sie noch? Sie sind politisch nicht zuverlässig!«[104]

Diese »politische Unzuverlässigkeit« war häufig auch die Begründung für den Nichteinsatz eines politischen Gefangenen in Funktionen, die größere Bewegungsfreiheit innerhalb des Zuchthauses ermöglichten. In den ersten Jahren der faschistischen Diktatur waren solche Posten ausschließlich mit kriminellen Häftlingen besetzt. Im Laufe der Zeit gelang es jedoch den Politischen, die Wachtmeister von ihrer Zuverlässigkeit zu überzeugen. Politische tätigten keine dunklen Geschäfte und machten ihre Arbeit so, wie das verlangt wurde. Insofern waren sie für die Wachtmeister bessere »Partner« als die Kriminellen. Hatte ein Politischer die Gunst des Wachtmeisters erlangt, so war das noch längst keine Garantie dafür, eventuell einen begehrten Posten im Anstaltsbetrieb zu erhalten. In jedem Falle entschieden der Oberamtmann und der Anstaltsvorstand über den entsprechenden Einsatz des Gefangenen.

Als im April 1937 von der 21. Belegschaft die Anforderung für einen Sachenverwalter an die 14. Belegschaft gerichtet wurde, gelang es den Politischen, Ernst Schneller ins Gespräch zu bringen. Hauptwachtmeister Kirmse schrieb eine Beurteilung, in der er keine Bedenken gegen den Einsatz Schnellers äußerte. Durch den Anstaltsvorstand wurde Ernst Schneller jedoch als »früherer berüchtigter Kommunistenführer« abgelehnt.[105]

Auch die Familien der politischen Gefangenen wurden schikaniert, indem man die Gefangenen in der Öffentlichkeit als minderwertige Menschen darstellte. Oft wurden die Ehefrauen von Politischen aufgefordert, sich von ihren Männern zu trennen. Damit sollte dem politischen Gefangenen zusätzlich zur Strafverbüßung der moralische Halt genommen und die Isolation von der Außenwelt verstärkt werden. Doch die Standhaftigkeit der Frauen und der Familienangehörigen machte diese Ab-

Antrag von Wachtmeister Kirmse,
Ernst Schneller als Sachenverwalter
für die 21. Belegschaft einzusetzen

sichten der Faschisten zunichte. Rückblickend auf die schweren Jahre im faschistischen Zuchthaus stellt Walter Friedrich fest: »Wenn wir in der Haft so fest geblieben sind, so ist das auch ein großes Verdienst unserer Frauen, die uns in jeder Weise unterstützten und draußen unseren Kampf weiterführten.«[106] Wie sehr ein Zuchthausgefangener diese moralische und psychische Unterstützung brauchte, war den Faschisten bekannt. Riß die Verbindung zum Ehepartner und zu den Verwandten ab, so war der Gefangene nahezu uneingeschränkt isoliert, und das konnte seine Standhaftigkeit auf die Dauer zerbrechen. Besonders schwer wirkte sich dieser Umstand auf die Gefangenen aus, die in Einzelhaft saßen. Ihre Kontaktmöglichkeiten waren ohnehin auf ein Minimum beschränkt.

Das faschistische Zuchthausregime bediente sich weiterer Methoden, um auf die politische Haltung der Gefangenen einzuwirken. Wesentlich war die Schulung der Wachtmeister in faschistischem Geist. Außerdem

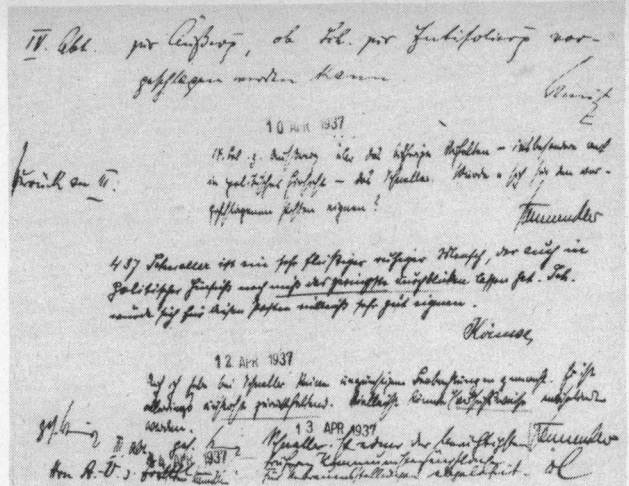

Dazu ergänzende Einschätzungen von Ernst Schneller
durch Wachtmeister und ablehnender Vermerk
durch die Anstaltsleitung

wurde mit den jungen Gefangenen im Alter bis zu 25 Jahren ein Unterricht durchgeführt. Die Auswahl der Fächer zeigt, daß es zuallererst darum ging, die jüngeren Gefangenen für die faschistische Ideologie zu gewinnen. Im Mittelpunkt des Unterrichts standen die deutsche Geschichte, natürlich unter faschistischem Blickwinkel, die faschistische Rassen- und Vererbungslehre, Staatsrecht im Dritten Reich, weltanschauliche Vorträge und anderes. Diese Themen wurden unter Leitung eines Oberlehrers behandelt. Natürlich ließ es sich nicht vermeiden, daß es in weltanschaulichen Fragen zu Differenzen zwischen dem Lehrer und den politischen Gefangenen kam. Paul Großmann berichtet darüber: »Im Zuchthaus Waldheim gab es für die jungen Zuchthäusler unter 25 Jahren die sogenannte Jungmännerschulung. Hier wurde Deutsch, Mathematik, Geographie, Rassenkunde und Literatur gelehrt. Auch während meiner 2 1/2 Jahre Einzelhaft in der 14. Abteilung war ich bis zum 25. Lebensjahr 1936 Teilnehmer. In unserer Klasse waren u. a. Genosse

Willi Ehrlich, Rudi Herrmann und Horst Sindermann. Oft brachten wir den Zuchthauslehrer in große Verlegenheit. Mir ist ein Vorgang in besonderer Erinnerung. Im Rassenkundeunterricht stellte Horst Sindermann die Frage: ›Wie kommt es, daß Menschen mit allen rassisch-germanischen Merkmalen – helle Haut, blaue Augen, blondes Haar, also vollendete Herrenmenschen – völlig andere Gesinnung haben?‹ Der Zuchthauslehrer tobte: ›Ihr seht Vater und Mutter nie wieder! Ihr werdet alle im Zuchthaus verenden! Ihr habt kein Recht auf ein Leben in Freiheit!‹«[107] Solche Situationen gaben den politischen Gefangenen Mut und Kraft, weil sie die Ohnmacht der faschistischen Ideologie gegenüber klaren und sachlichen Argumenten offenbarten. Darüber hinaus wurde dadurch das Zusammengehörigkeitsgefühl der politischen Gefangenen gestärkt.

Weibliche Gefangene bis zum 25. Lebensjahr nahmen ebenfalls am Unterricht im Frauenzuchthaus teil. Oftmals verliefen auch dort die Diskussionen, soweit sie zustande kamen, zugunsten der Politischen.[108] Gustel Ritscher berichtet über die wöchentlich stattfindende Schulstunde, daß neben den geforderten Themen auch über politische Probleme diskutiert wurde. »Der Lehrer, der nicht zum Zuchthauspersonal gehörte, war nur Politischen gegenüber sehr aufgeschlossen. Die mitanwesende Wachtmeisterin hat sich passiv verhalten, aber über den Ablauf der Unterrichtsstunde informierte sie die Anstaltsleitung. Da im Bericht offensichtlich über die Diskussionen, die von den Politischen mit dem Lehrer geführt wurden, informiert wurde, hat es die Anstaltsleitung für richtig gehalten, die Kriminellen nicht mehr am Unterricht teilnehmen zu lassen. Darüber waren wir sehr glücklich, denn nun waren wir wenigstens in dieser einen Stunde unter uns.«[109]

Auf Grund dieser Vorgänge sah sich die Anstaltsleitung veranlaßt, auf eine dringende Verbesserung der weltanschaulichen Ausbildung des Wachpersonals hinzuweisen. Einmal wurde die Notwendigkeit genauerer Kenntnisse über das Staatsrecht des Dritten Reiches unterstrichen und zum anderen festgelegt, daß in Verbindung mit dem Schulungsamt der NSDAP die Grundla-

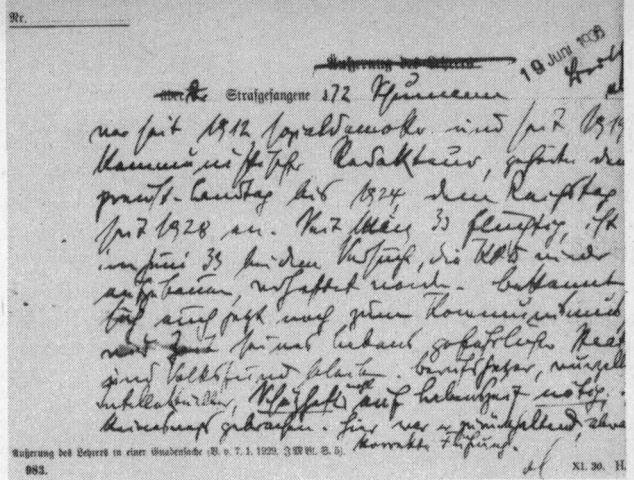

Abschlußbeurteilung für Georg Schumann
mit der Bemerkung »Schutzhaft auf Lebenszeit nötig«

genschulung der NSDAP durchzuführen sei.[110] Damit
sollte erreicht werden, daß das Zuchthauspersonal den
politischen Gefangenen in politisch-ideologischer Hinsicht etwas entgegensetzen konnte. Es war ein Versuch,
der von vornherein zum Scheitern verurteilt war.

Unmittelbar nach der faschistischen Machtübernahme wurden die politischen Gefangenen des Zuchthauses Waldheim in den Gefangenenbestand des Zuchthauses ohne Unterschied integriert. Lediglich in den Zugangsbüchern wurde ausdrücklich vermerkt, daß es sich
um politische Straftaten gehandelt habe. Durch die
ständige Zunahme der politischen Gefangenen bedingt,
forderte man ab Ende 1935 einen monatlichen Nachweis
über die Zahl der politischen Häftlinge. Ein Schreiben
des Generalstaatsanwaltes in Dresden vom 5. Oktober
legte dazu fest: »Als politische Straftaten im Sinne dieses Ersuchens sind nicht nur Hoch- und Landesverrat,
Spionage, heimtückische Angriffe gegen Staat und Partei, sondern alle Straftaten zu zählen, zu deren Bege-
hung der Täter durch politische oder kirchlich-politische

Beweggründe veranlaßt wurde, ferner alle Taten, denen wegen der Person des Täters oder des durch die Tat Betroffenen politische Bedeutung zukommt.«[111]

Die politischen Gefangenen standen nicht nur unter der Kontrolle der Anstaltsleitung, sondern sie wurden auch von der Gestapo beobachtet. Regelmäßig übersandte das Zuchthaus Waldheim Karteikarten mit detaillierten Angaben zur Person politischer Häftlinge.[112] Kurz vor dem Entlassungstermin forderte die Gestapo eine längere Beurteilung des Betreffenden an. Diese Beurteilungen hatten für den politischen Gefangenen außerordentliche Bedeutung. Auf ihrer Grundlage entschieden die Gestapo-Schergen über die Zeit nach der Strafverbüßung. In dem Anforderungsschreiben an den Anstaltsvorstand des Zuchthauses Waldheim ist zu lesen, daß eine ausführliche Beurteilung des Gefangenen notwendig sei, »da von ihr die Frage, ob der Gefangene im Anschluß an die Strafhaft in Schutzhaft zu nehmen ist, zum Teil abhängt«[113].

Es war übliche faschistische Praxis, aufrechte Antifaschisten nach Verbüßung ihrer Haft in ein Konzentrationslager zu überführen, einzig und allein wegen ihrer ungebrochenen politischen Überzeugung. Welche Furcht mußte doch ein Regime haben, wenn es seine Gegner, selbst nach langer Zuchthaushaft, in ein Konzentrationslager warf. Viele Waldheimer Häftlinge mußten diesen schweren Weg gehen, und mancher von ihnen kehrte nicht wieder zurück, unter ihnen Ernst Schneller und Dr. Maria Grollmuß. In der Beurteilung von Dr. Maria Grollmuß, die die Anstaltsleitung der Gestapo zustellte, hieß es: »Bei der Schwere ihres staatsfeindlichen Verhaltens wird eine ebenso gewissenhafte und geschickte, als auch längere Beobachtung ihrer Person und des von ihr gewählten Umgangs unerläßlich bleiben.«[114] Die Gestapo forderte daraufhin die Überstellung der Gefangenen in das Polizeigefängnis Dresden. Von dort aus wurde Dr. Maria Grollmuß in das Konzentrationslager Ravensbrück gebracht, wo sie nach sechs Jahren an den Folgen der unmenschlichen Haftbedingungen verstarb.

Politische Gefangene versuchten natürlich auch, kriminelle Gefangene für ihren antifaschistischen Kampf zu gewinnen. Vor diesen Aktivitäten hatten die Faschisten nicht unerhebliche Furcht. Zu Beginn der faschistischen Herrschaft wurden politische und kriminelle Gefangene nur in Ausnahmefällen, wenn es sich um führende Antifaschisten handelte, strikt getrennt. Später wies der Reichsjustizminister in einem Schreiben vom 5. Juni 1936 darauf hin, daß politische Gefangene von anderen Gefangenen *unbedingt* zu trennen seien.[115] Diese Aufforderung wurde in der Folgezeit mehrfach wiederholt. Bei der steigenden Zahl politischer Gefangener war es jedoch immer schwieriger, dieser Aufforderung Folge zu leisten. Einen Hinweis auf die Aktivität der politischen Gefangenen, insbesondere der Genossen der KPD, enthält der Lagebericht des Oberreichsanwaltes/Zweigstelle Berlin vom 10. März 1936. Darin heißt es unter anderem: »Ein Fall gibt mir Anlaß, auf die Gefahren hinzuweisen, die durch die Zusammenlegung kommunistischer Zuchthausgefangener mit anderen bald zur Entlassung kommenden Gefangenen entstehen können, da die geschulten kommunistischen Funktionäre nach Möglichkeit versuchen, ihre Mitgefangenen heimlich mit kommunistischen Ideen zu verseuchen und sie mit entsprechenden Anweisungen für die Zeit nach ihrer Entlassung zu versehen.«[116]

Um die politische Agitation unter den Mitgefangenen wirksam führen zu können und selbst immer auf der Höhe der Aufgaben zu sein, nutzten die Politischen jede Möglichkeit, ihr politisches Grundwissen zu festigen und zu erweitern. Ausdruck dafür war die rege Nutzung der Anstaltsbücherei durch politische Gefangene. Das Zuchthaus Waldheim verfügte über eine beachtliche Gefangenenbücherei. Obwohl die Faschisten bemüht waren, fortschrittliche Literatur aus der Bücherei zu entfernen, gelang ihnen das erst im Laufe der Zeit. Im Dezember 1935 hatte die Bücherei einen Bestand von 5265 Büchern.[117] Da die Faschisten klassische Schriftsteller und Gelehrte für ihre Ideologie und Propaganda mißbrauchten, verblieb eine ganze Reihe von Büchern im Bestand der Bücherei, die für die geistige Erbauung der politischen Gefangenen von Nutzen war. Ein Katalog ist nicht mehr vorhanden, um so wertvoller sind die daraus von Walther Kirsten in der Freizeit angefertigten Auszüge. Sie zeigen, daß Werke solcher Autoren wie Eichendorff, Goethe, Hölderlin, Keller, Kleist, Körner, Lessing, Luther, Shakespeare, Uhland und Wieland vorhanden waren.[118]

Grundsätzlich galt für die Büchereien die Weisung, daß jene Veröffentlichungen aus dem Bestand zu entfernen sind, »die von einem dem Nationalsozialismus fremden oder entgegengesetzten Geiste getragen oder einer dem Standpunkt des Nationalsozialismus abzulehnenden Persönlichkeit verfaßt sind«[119]. Diese Weisung entsprach voll und ganz der ideologischen Ausrichtung des Strafvollzuges in faschistischem Geist.

Fortschrittliche und humanistische Literatur war in den Augen der Faschisten entartet und dem Wesen des Nationalsozialismus fremd. Eigens für die Aussonderung fortschrittlicher Literatur fertigte die Gestapo Bücherlisten an, nach denen die Büchereien der Haftanstalten ihre Bestände zu überprüfen hatten.[120] Eifrig wurde in den Bestand der Anstaltsbücherei des Zuchthauses Waldheim eine große Zahl faschistischer Bücher aufgenommen. Dazu wandte sich der Zentralverlag der NSDAP mehrfach an die Zuchthausleitung mit der Aufforderung, das eine oder andere »bedeutende Werk« der faschistischen Führer zu beschaffen, zum Beispiel die Machwerke von Robert Ley »Wir helfen dem Führer«, »Soldaten der Arbeit«, »Durchbruch der sozialen Ehre« und »Deutschland ist schöner geworden«. Selbstverständlich fehlte auch nicht Hitlers »Mein Kampf«. Die politischen Gefangenen nutzten die faschistische Literatur, um den Faschismus und seine Argumente zu studieren und daraus Schlußfolgerungen und Positionen zu seiner wirksamen ideologischen Bekämpfung abzuleiten. Franz Walther berichtet, daß sich mehrere Genossen Rosenbergs »Mythos des 20. Jahrhunderts« bringen ließen, um daraus die aufgeführten marxistischen Grundsätze zu lernen. Diese politische Arbeit half den eingekerkerten Antifaschisten, ihre Haftzeit besser zu überstehen.[121]

Horst Sindermann bestellte sich unter anderem die Bibel und studierte sie eifrig. All das trug zur Wissenser-

Von Ernst Schneller im Zuchthaus angefertigte Zeichnung

weiterung bei und half den politischen Gefangenen, die
Haftzeit, wenn irgend möglich, für sinnvolle Beschäftigung zu nutzen. Beim Studium der Literatur kam es
auch vor, daß sich politische Gefangene gegenseitig
Hinweise gaben. So berichtet Hans Lauter, der als Hilfspacker auf der 14. Belegschaft tätig war, daß er mehrere
entsprechende Kassiber beförderte. 1938 erhielt er von
Ernst Schneller einen Kassiber mit konkreten Ratschlä-
gen für das Studium naturwissenschaftlicher Werke und
Bücher der klassischen deutschen Literatur.[122]

Neben dem Lesen gab es noch eine Reihe anderer Dinge, mit denen sich die Gefangenen in der knapp bemessenen Freizeit beschäftigen konnten. Viele studierten Fremdsprachen, befaßten sich mit naturwissenschaftlichen Problemen oder malten und zeichneten. Weibliche Gefangene fertigten vorwiegend Handarbeiten an. Das trug alles dazu bei, wie Horst Sindermann berichtet, sich geistig und körperlich fit zu halten, soweit es unter Zuchthausbedingungen möglich war.[123]

In dieser Beziehung war Ernst Schneller ein Vorbild für alle Mitgefangenen. Trotz Einzelhaft begann er sofort mit einer aktiven Selbstbeschäftigung. Ab August 1934 betrieb er ein intensives Sprachstudium. Seine Wachtmeister bescheinigten ihm ausreichende Kenntnisse in Latein und Französisch.[124] Sie kamen nicht umhin, ihm die entsprechenden Lehrbücher zur Verfügung zu stellen. Offensichtlich machte seine Intelligenz einen nachhaltigen Eindruck auf das Zuchthauspersonal. Neben diesen Fremdsprachenstudien gehörte Zeichnen zu den Lieblingsbeschäftigungen Ernst Schnellers. Im Zuchthaus Waldheim entstand eine Reihe von interessanten Arbeiten.[125] Er ließ keine Gelegenheit aus, um andere politische Gefangene zu intensiver geistiger Beschäftigung anzuregen. Entsprechende Mitteilungen gab er über die Packer oder den Stationskalfaktor weiter.

An seiner Person bewies sich, daß die politischen Gefangenen die Haftzeit nicht einfach über sich ergehen ließen, sondern darum rangen, jede Möglichkeit zur eigenen Weiterbildung zu nutzen. Sinnvolle geistige Betätigung war im Zuchthaus außerordentlich wichtig. Sie ermöglichte es, die moralischen, physischen und psychischen Belastungen der Haft besser zu überstehen. Sie gab den politischen Gefangenen Selbstvertrauen und Zuversicht und dokumentierte ihre Überlegenheit gegenüber dem faschistischen Zuchthauspersonal.

Vorsicht beim Umgang
mit kriminellen Gefangenen

Nicht nur mit den Beamten des Zuchthauses hatten die Gefangenen engeren Kontakt. Viele ehemalige politische Gefangene mußten die Erfahrung machen, daß es anfangs zur Methode des faschistischen Strafvollzuges gehörte, sie mit Kriminellen gemeinsam in einer Zelle unterzubringen. Damit verfolgten die Faschisten nicht nur das Ziel der Isolation politischer Häftlinge untereinander, sondern gleichzeitig sollte damit psychischer und moralischer Druck auf die Antifaschisten ausgeübt werden. Sie sollten das Gefühl haben, selbst nur ein gemeiner Verbrecher zu sein, der sich in nichts von einem gewöhnlichen Kriminellen unterschied. Sieht man von führenden Genossen der KPD und des KJVD einmal ab, dann war es in Waldheim normal, daß Politische und Kriminelle gemeinsam untergebracht wurden. Im Frauenzuchthaus traf das ganz besonders zu, weil dort im wesentlichen nur große Schlafsäle zur Verfügung standen.

Man muß sich auch stets vergegenwärtigen, daß in Waldheim der Anteil politischer Gefangener zu keiner Zeit mehr als ein Drittel der Gesamtgefangenenzahl ausmachte. Von Belegschaft zu Belegschaft konnte er aber weit höher oder auch niedriger liegen, besonders hoch war er dort, wo viele Industrie- und Facharbeiter konzentriert waren. Das Zusammenleben mit einem Kriminellen war nicht unkompliziert. Tag für Tag auf engstem Raum zusammengesperrt, kam es oft zu Reibereien und Konflikten. Die Faschisten waren sich dieser Tatsache sehr wohl bewußt. Elfriede Bochmann hat völlig recht, wenn sie schreibt: »Um das Leben der politischen Gefangenen zu erschweren, sie zu demoralisieren, wurden ihren Zellen und Arbeitskommandos viele Asoziale, Kriminelle, Berufsverbrecher ... zugeteilt.«[126] Das Hauptproblem für die politischen Gefangenen bestand in dieser Situation darin, sich nicht beeindrucken zu lassen, die eigene Haltung zu bewahren.

Zunächst galt es herauszufinden, welche Absichten der Kriminelle verfolgte, mit wem er in Kontakt stand und ob man ihm überhaupt Vertrauen schenken konnte.

Gutgläubigkeit und Leichtfertigkeit waren völlig unangebracht. Der oberste Grundsatz im Umgang mit Kriminellen konnte nur äußerste Vorsicht sein. Eine gewisse Erfahrung gehörte dazu, ihr Verhalten differenziert einzuschätzen. Genosse Ferdinand Bartl berichtet darüber: »Unterschiedlich war auch das Verhalten krimineller Elemente. Es gab nur wenige, denen man trauen konnte. Gefährlich für unsere Genossen waren einige, die sich auf die Denunziation von Genossen spezialisierten, um gewisse Vergünstigungen zu erlangen. Eine besondere Kategorie waren solche, die ehemals einer Naziformation angehörten. Ihr Wahlspruch lautete: ›Der Führer verzeiht jedem!‹ Da war zum Beispiel ein Student der Technischen Hochschule Dresden, der gegen entsprechende Bezahlung illegal ausländische Genossen beherbergte. Seine Mutter stammte aus der Hocharistokratie, und der Vater war Diplomingenieur. Beide arbeiteten für den französischen, englischen und deutschen Geheimdienst. Ein anderer, Sohn des SA-Brigadeführers und Stadtkämmerers Krüger aus Riesa, der als Volontär auf einer Torpedobootswerft in Kiel tätig war, lieferte Baupläne an eine englische Agentin. Der Adjutant Konrad Henleins, der sich auf die gemeinste Weise an Minderjährigen vergangen hatte, und der SA-Marinesturmführer Abul aus Chemnitz mit den gleichen Delikten. Schließlich waren hier die engen Vertrauten der Röhmputschisten Heine und Ernst, die langjährige Zuchthausstrafen erhalten hatten. Sie alle hofften auf die Gnade ihres ›Führers‹.«[127] Ihre Erwartungen waren nicht unbegründet. 1938/1939 wurden aus dem Zuchthaus Waldheim die ersten Kriminellen, die zu lebenslanger Haft wegen Mordes verurteilt worden waren, entlassen. Solche Gnade wurde politischen Gefangenen im faschistischen Strafvollzug natürlich nicht zuteil. Sie waren für das Regime weitaus gefährlicher als kriminelle Schwerverbrecher.

Nicht selten kam es zwischen politischen und kriminellen Gefangenen zu Differenzen, wobei die unterschiedlichen Standpunkte unerbittlich aufeinanderprallten. Es war nicht ratsam, diese Meinungsverschiedenheiten in offene Feindschaft ausufern zu lassen. Schließlich war man ja gezwungen, auf irgendeine Weise längere Zeit miteinander auszukommen. In dieser Lage kam sehr oft die geistige und moralische Überlegenheit der politischen Gefangenen zum Tragen. Man durfte sich keinesfalls provozieren lassen. Diensteifrige Wachtmeister warteten nur darauf, bestrafen zu können. Die politisch-moralische Überlegenheit der Antifaschisten machte Eindruck auf die Mitgefangenen. Ihnen blieben das besondere Zusammengehörigkeitsgefühl und die Solidarität der Politischen untereinander nicht verborgen. Daran erinnert sich Kurt Brünner: »Im allgemeinen war festzustellen, daß die Kriminellen eine gewisse Achtung vor den Politischen hatten. Wenn sie auch in ihren egoistischen Auffassungen, die sie hatten und die sie letztendlich ins Zuchthaus gebracht hatten, den Opfermut und die Hingabe an die Sache der Arbeiterklasse bei den Politischen nicht verstehen konnten, so fühlten sie doch instinktiv deren geistige und moralische Überlegenheit. Darüber hinaus spürten sie allenthalben das Zusammengehörigkeitsgefühl der Politischen, das in keiner Weise mit der Kumpanei der Kriminellen zu vergleichen war. Bei ihnen war jeder bereit, den anderen zu schädigen, wenn es dem eigenen Vorteil dienlich schien.«[128] Die Kontakte zwischen Kriminellen und Politischen kamen meist nur zustande, wenn die Kriminellen daraus unmittelbaren persönlichen Nutzen ziehen konnten. Besonders gefährlich waren diejenigen unter ihnen, die schon lange Zeit im Zuchthaus waren und sich dem System des Strafvollzuges völlig angepaßt hatten. Sie gehörten oft schon der Oberstufe an, die ihnen eine Reihe von Vergünstigungen gewährte, auf die sie unter keinen Umständen verzichten wollten. Zu diesem Zwecke waren sie zu jeder Schandtat bereit. Als willige Werkzeuge des faschistischen Zuchthausregimes leisteten sie bestimmten Wachtmeistern Spitzeldienste und schreckten vor keiner Denunziation zurück. Für viele Politische, die in Einzelhaft saßen, waren solche Gefangenen die einzigen Kontaktpersonen zur Außenwelt. Man war jedoch dazu gezwungen, über sie den Kontakt zu anderen Mitgefangenen aufzunehmen. Mitteilungen und Kassiber wurden oft nur gegen eine entsprechende »Entlohnung« überbracht, meist in Form von Priem oder Lebensmitteln. Diese Dinge mußten erst beschafft werden, und das war nicht einfach. Stets bestand die Gefahr, auf irgendeine Art und Weise verraten zu werden. Aus diesem Grund war es ein wichtiges Ziel des illegalen Kampfes, Kalfaktorenposten, wenn irgend möglich, mit politischen Gefangenen zu besetzen. Wie schwierig das war, geht daraus hervor, daß über den Einsatz von Gefangenen der Amtmann auf Vorschlag des jeweiligen Wachtmeisters entschied. Nur sehr selten gelang es, einen Wachtmeister entsprechend auf die Fähigkeiten eines Genossen aufmerksam zu machen. Ein solches Unternehmen war nicht ungefährlich und konnte nur mit großer Geduld und Beharrlichkeit zum Erfolge führen.

Besonders gefährlich für politische Gefangene war die Kategorie krimineller Gefangener, die sich als politische Gefangene ausgaben. Kurt Brünner befand sich mit einem Kriminellen in der Zelle, der zu fünf Jahren Zuchthaus verurteilt worden war. Er behauptete, als Kurier zwischen Dresden und Prag tätig gewesen zu sein. Aber an Namen von Genossen konnte er sich nicht erinnern, und im Zuchthaus Waldheim gab es auch keinen Politischen, der ihn gekannt hätte.[129] Das ließ den berechtigten Schluß zu, daß es sich bei ihm um keinen politischen Gefangenen handelte, und Kurt Brünner verhielt sich dementsprechend äußerst vorsichtig; denn sehr schnell konnte sich das Verhältnis zu einem kriminellen Mitgefangenen zuspitzen. Walter Kramer schildert diese Situation so: »Bei dem ständigen Zusammensein auf kleinstem Raum konnte es nicht ausbleiben, daß er (gemeint ist der kriminelle Gefangene – M. H.) bald Streit mit mir suchte und provozierte. Als ich mich nicht einschüchtern ließ, bedrohte er mich, worauf ich ihn warnte, daß ich zurückschlagen würde. Er meinte dazu, es wäre wohl besser, ich würde mich beim Hauptwachtmeister melden, um in eine andere Zelle verlegt zu werden, bevor er mir den Schädel einschlüge. Ich antwortete, daß es vielleicht für ihn richtiger wäre, sich in eine andere Zelle verlegen zu lassen. Damit wurde die Atmosphäre unerträglich, und wir redeten kein Wort mehr miteinander. Das war eine üble Situation, und mir war

nicht wohl dabei.«[130] Auf die Dauer konnten solche Auseinandersetzungen die Haft noch zusätzlich erschweren.
Es gehörte schon eine Menge Einfühlungsvermögen
dazu, um solche Situationen zu meistern.

Um politische Gefangene in die Enge zu treiben, nahmen die Gestapo und der faschistische Strafvollzug umfangreiche Spitzeldienste in Anspruch, die für politische
Gefangene verhängnisvolle Folgen haben konnten. Dazu
wurden in die Reihen der Politischen kriminelle Elemente, aber auch ehemals Politische, die dem Druck der
Faschisten nicht standgehalten hatten, eingeschleust.
Die Bedeutung der Spitzeltätigkeit wird klar, wenn man
bedenkt, daß die Entscheidung, in ein Konzentrationslager gebracht zu werden, für viele Gefangene einem To-
desurteil gleichkam. Das unterstreicht nachhaltig die
Feststellung, daß gegenüber jedem unbekannten Gefangenen größte Vorsicht geboten war. Ein Fehler in dieser
Hinsicht war nicht mehr zu korrigieren. Aber es wäre
falsch, wollte man die getroffenen Feststellungen sche-
matisch auf alle Kriminellen übertragen. Nicht jeder von
ihnen war ein Denunziant, Spitzel oder Schieber. Viele
verhielten sich loyal, und es gelang auch vereinzelt, sie
in die Kontakte zwischen den politischen Gefangenen
einzubeziehen. Schließlich sei auch darauf hingewiesen,
daß manche Kontakte nur mit Hilfe von kriminellen Gefangenen hergestellt werden konnten. Viele Kriminelle
hatten ihre Tat bedauert und verhielten sich dementsprechend. Einen solchen Gefangenen, er war zu lebenslanger Haft verurteilt worden, lernte Walther Kirsten
kennen. Nach 35 Jahren verbüßter Haft hatte er längst
seine Tat bereut, und zwischen ihm und Walther
Kirsten bestand ein gutes und kameradschaftliches Verhältnis.[131]

Paul Eichler berichtet, daß es ihm mit Hilfe eines Kriminellen gelang, Kontakte zur Bibliothek und zu Ober-
lehrer Spera herzustellen und über längere Zeit auf-
rechtzuerhalten.[132] Im Frauengefängnis gab es ähnliche
Beispiele, die zeigen, daß es bei den kriminellen Gefangenen sehr unterschiedliche Charaktere gab und so
durchaus in einigen Fällen ein Zusammengehen in bestimmten Fragen möglich war.

Von großem Wert konnten für einen politischen Gefangenen, der zum erstenmal in einem Zuchthaus war, Informationen sein, die das Leben im Zuchthaus betrafen. Ebenso wichtig waren praktische Hinweise für das richtige Verhalten gegenüber Strafvollzugsbeamten. Kriminelle, die schon sehr lange in Haft waren, kannten alle Tricks und Kniffe, mit denen man sich die Haftzeit einigermaßen erträglich gestalten konnte. Kalfaktorenposten waren in den ersten Jahren des Faschismus fast ausschließlich mit kriminellen Gefangenen besetzt. Sie hatten relativ große Bewegungsfreiheit und konnten gute Dienste bei der Übermittlung von Nachrichten leisten. Nützlich waren auch ihre Kenntnisse über die Eigenschaften und Besonderheiten verschiedener Wachtmeister. Natürlich hieß das nicht, daß diese Einschätzungen in jedem Falle richtig waren, aber sie gaben wichtige Anhaltspunkte, wie man sich in bestimmten Situationen zu verhalten hatte. Und es galt stets, bei Kontakten mit kriminellen Gefangenen davon auszugehen, daß sie in ihrem Verhalten unberechenbar waren. Eine Garantie für Loyalität gab es nie. Wie schnell man in eine schwierige Situation geraten konnte, schildert Kurt Brünner: »Eine Zeitlang lag ich mit einem Kriminellen zusammen. Dieser hatte in der Freizeit einige dichterische Versuche gemacht, wobei sich der Inhalt seiner Gedichte teilweise gegen den Nationalsozialismus richtete. Diese Gedichte waren keine Kunstwerke, da der betreffende Strafgefangene von Versmaß und Versaufbau keine Ahnung hatte, sondern seine Verse mehr oder weniger gefühlsmäßig zusammenbaute. In diesen Gedichten brachte er nun seine Gedanken zum Faschismus zum Ausdruck. Trotz seiner kriminellen Neigungen war er sich im Grunde genommen seines proletarischen Daseins bewußt. Er war sich aber auch dessen bewußt, daß seine dichterischen Produkte staatsgefährdenden Charakter im Sinne der faschistischen Gesetze hatten. Er versteckte sie deshalb im Futter seines Handspiegels, den er im Spind aufbewahrte. Bei einer Zellenrevision, an der Oberwachtmeister Seidel teilnahm, wurden seine Gedichte gefunden. Die ganze Angelegenheit führte schließlich dazu, daß gegen den genannten kriminellen

Strafgefangenen ein Strafverfahren eingeleitet wurde. In der Hauptverhandlung, die im Zuchthaus Waldheim unter Ausschluß der Öffentlichkeit durchgeführt wurde, erfolgte dann seine Verurteilung zu 5 Jahren Zuchthaus wegen Verstoßes gegen das Heimtückegesetz. In diesen Prozeß war ich insofern verwickelt, als ich als Zeuge vernommen wurde. Bereits in der Voruntersuchung war ich gehört worden. Das Bestreben der Untersuchungsbehörden war es, nachzuweisen, daß der Beschuldigte seine Gedichte nicht nur als Ausdruck seiner Gefühle und Stimmungen angefertigt hatte, sondern sie ihm als Propagandamittel dienen sollten. Ich wurde dahingehend vernommen, daß ich unbedingt Kenntnis von diesen Gedichten und deren Inhalt gehabt haben sollte. Ich bestritt dies energisch und legte dar, daß ich mich in keiner Weise um das gekümmert hätte, was der Beschuldigte in seiner Freizeit gemacht hat. Ich begründete dies damit, daß ich mich selbst während meiner Freizeit ständig meinen Sprachstudien gewidmet hätte und daher auch nicht darauf achtete, was der Beschuldigte, der am Klapptisch beschäftigt war, dort trieb. In der Hauptverhandlung habe ich dann meine Aussagen aus der Voruntersuchung, trotz intensiver Vorhaltungen seitens des Gerichtsvorsitzenden, wiederholt und mußte sie abschließend sogar beeidigen. Ich war mir hierbei bewußt, daß ich bei wahrheitsgemäßer Aussage den Angeklagten, der zwar kein Genosse, sondern eben ›nur‹ ein Krimineller war, belastet haben würde. Ich habe es aber nicht fertiggebracht, selbst einen solchen Menschen vor der faschistischen Justiz zu belasten, obwohl ich mich damit der Gefahr aussetzte, wegen Meineides belangt zu werden.«[133]

So bestand ständig die Gefahr, als Mitwisser in ein Verfahren hineingezogen zu werden, wobei eine falsche Aussage genügen konnte, um ein neues Strafverfahren zu bekommen, von den üblichen Zuchthausbestrafungen einmal abgesehen. Darum konnte erst nach reichlicher Überlegung und vorausgegangener Prüfung der eine oder andere Kriminelle mit bestimmten Dingen beauftragt werden, wobei stets ein gewisses Risiko blieb. So befand sich der politische Gefangene in der schwierigen Lage, sich nicht nur vor den Wachtmeistern, Amtmännern und Werkmeistern, sondern auch vor den kriminellen Mithäftlingen in acht nehmen zu müssen. Aus diesem Grunde nahmen die Kontakte zu den kriminellen Gefangenen nur einen geringen Umfang an. Politische Gefangene suchten zuallererst den Kontakt untereinander, nur diese Beziehung ermöglichte echte Solidarität und gegenseitiges Vertrauen.

Kontakte zu den Mitkämpfern im Zuchthaus und nach draußen

Die ersten Wochen und Monate im Zuchthaus, sie waren wohl meist die schwersten. Nicht nur, daß man jetzt in einer Zelle eingesperrt, vom zivilisierten Leben isoliert, existieren mußte. Weit schlimmer wirkte sich das nahezu vollständige Abgeschnittensein von normalen menschlichen Kontakten aus. Die Familie, Freunde, Bekannte, Kampfgefährten, sie alle waren auf einmal sehr weit weg, fast unerreichbar. Die stärkste Isolation hatten die Gefangenen zu überwinden, denen das faschistische Regime Einzelhaft auferlegte. Die Faschisten wußten ganz genau, welche Bedeutung die Gemeinsamkeit mit anderen politischen Gefangenen haben konnte. Ihr Selbstvertrauen wollte man mit der Isolation von ihren Mitkämpfern zerbrechen. Der Kampf gegen diese zwangsweise verordnete Isolation ist Bestandteil des Kampfes gegen das faschistische Zuchthausregime. Welche Bedeutung hatten da ein Kopfnicken, eine Geste, ein Handzeichen, signalisierten sie doch: Du bist auch hier nicht allein! Wir stehen an deiner Seite!

Kalfaktoren oder Packer waren die ersten Mitgefangenen, mit denen der Neuankömmling in Berührung kam. Hatte er Glück und es handelte sich dabei um Politische, dann durchströmte ihn zum erstenmal das Gefühl, auch hinter Kerkermauern nicht allein zu sein; ging es doch zunächst darum, in den Kreis der politischen Häftlinge aufgenommen zu werden. Im Zuchthaus galt ebenso wie in anderen Bereichen der Satz: Wo ein Genosse ist, da ist die Partei! Bei jedem »Neuzugang« mußte entsprechend den Möglichkeiten geprüft werden, ob es sich tatsächlich um einen politischen Gefangenen handelte. Diese Aufgabe wurde von den Genossen übernommen, die als erste mit den Neuankömmlingen zusammen kamen, vor allem von den Kalfaktoren, aber auch von Gefangenen, die beim Arzt, in der sogenannten Hausvaterei oder im Bad tätig waren. Sie fragten nach der Herkunft und nach Gefangenen, die der Betreffende kannte. Bestätigten sich seine Angaben, so wurde er als Politischer akzeptiert. Das war notwendig, weil die Faschisten auch Spitzel einzuschleusen versuchten, um politische Gefangene zu denunzieren. Von Vorteil für die Antifaschisten war die Tatsache, daß sich eine ganze Reihe von ihnen aus der gemeinsamen illegalen Arbeit vor der Verhaftung kannten. Das bestärkte ihren Willen, den Kampf gegen den Faschismus im Zuchthaus fortzusetzen. Dazu war die Kontaktaufnahme zwischen ihnen eine notwendige Voraussetzung. Natürlich waren die Möglichkeiten, untereinander Beziehungen herzustellen, unter Zuchthausbedingungen sehr begrenzt. Eine kurze Frage beim Essenempfang an den Kalfaktor oder wenn die Arbeit verteilt wurde, mußte oft für Tage genügen, bevor die Rückantwort kam. Erleichtert wurden die Kontakte dort, wo eine relativ hohe Zahl politischer Gefangener konzentriert war. Klopfzeichen kannten die meisten Gefangenen bereits aus der Untersuchungshaft. Die erste Information, die man weitergab, war die, daß man Politischer sei und damit zum Kreis der Antifaschisten im Zuchthaus gehöre.

Bereits in den ersten Jahren der faschistischen Diktatur entwickelte sich auf diese Weise ein Informationssystem, das allenthalben zu verspüren war. Es bildete die Grundlage für den Austausch von Informationen über »Neuzugänge« und über das, was sie an Nachrichten mit ins Zuchthaus brachten. Ein gutes Beispiel für die Wirksamkeit dieses Informationssystems ist die Weiterverbreitung der Nachricht von der Einlieferung Ernst Schnellers in das Zuchthaus Waldheim am 16. November 1933. »Von Belegschaft zu Belegschaft, von Zelle zu Zelle war sein Name signalisiert worden. In Waldheim befanden sich viele Genossen, die ihn aus gemeinsamer

Parteiarbeit im Bezirk Erzgebirge-Vogtland kannten. Viele hatten ihn in Versammlungen gehört. Aus der Nazipresse hatten sie herausgelesen, daß er auch vor dem Reichsgericht aufrecht und standhaft geblieben war. Sie ließen nichts unversucht, mit ihm in Verbindung zu kommen, ihn zu sprechen oder ihn zu sehen.«[134] Kurt Müller erinnert sich an die Einlieferung Ernst Schnellers und berichtet, auf welche Weise er darüber informiert wurde: »Eines Tages wurde die drückende Stille des Zellenhauses wieder einmal unterbrochen. Ich sah durch den ›Spion‹ auf den mir gegenüberliegenden Gang und auf die wenigen im Blickfeld zu erfassenden Zellentüren. Ein Wachtmeister kam, rasselte mit dem Schlüsselbund und schloß die mir gegenüberliegende Zellentür auf. Gerade noch konnte ich sehen, wie der große, aufrechte Reichstagsabgeordnete der Kommunistischen Partei Deutschlands die Zelle betrat. Die Tür wurde wieder abgeschlossen, aber nicht lange währte die unheimliche Stille. An meiner Tür wurde plötzlich die Klappe beiseite geschoben. Der Genosse Paul Auerswald flüsterte mir zu: ›Unser Ernst ist eingeliefert worden.‹ Es versteht sich, daß durch den Genossen Auerswald sofort der Kontakt mit ihm und den anderen Genossen hergestellt wurde. Genosse Auerswald führte damals im Zuchthaus Transportarbeiten aus. Er hatte dadurch mehr Bewegungsfreiheit und die Möglichkeit, die Kontakte zu einzelnen Genossen herzustellen.«[135] Paul Auerswald selbst bestätigt diese Erinnerungen. Seine Zelle lag neben der von Ernst Schneller. Beim Baden hatten sie Gelegenheit, miteinander zu sprechen und Kassiber auszutauschen. Einmal wurde Paul Auerswald beim Austauch von Informationen ertappt und erhielt 12 Tage Arrest. Er nahm alles auf sich, um Ernst Schneller nicht unnötig zu belasten.[136] Auf der 14. Belegschaft hatten mehrere Gefangene Kontakt zu Ernst Schneller. Unter ihnen auch Walter Hanig, der täglich die Gelegenheit hatte, Schneller zu sehen und mit ihm zu sprechen. »Das geschah täglich morgens, mittags und abends, wenn der Hauptwachtmeister Kirmse mit seinen Hausgängern (Kalfaktoren) die Zellentüren zum Zwecke der Esseneinnahme und Geschirrausgabe aufschloß.«[137]

Die Beispiele der Kontaktaufnahme und der Weitergabe von Informationen bestätigen die Auffassung, daß jene Antifaschisten eine wesentliche Rolle spielten, die sich außerhalb der Zellen relativ frei bewegen konnten. Ihr Wirken war für die politische Arbeit im Zuchthaus von außerordentlicher Bedeutung. Auf Grund der relativ hohen Zahl politischer Gefangener war es dem Vorstand des Zuchthauses Waldheim etwa ab 1935 nicht mehr möglich, die politischen Gefangenen von bestimmten Funktionen auszuschließen.[138] So wurden einige von ihnen als Packer, Kalfaktoren und Hilfskalfaktoren, als Fotograf, als sogenannte Kübler in den Kübelkolonnen und als Außenarbeiter eingesetzt. Über sie liefen die wichtigsten Fäden des politischen Informationsnetzes. Über diese Gefangenen gelangten Nachrichten aus den einzelnen Belegschaften zu anderen Mitgefangenen. Solche Funktionen hatten unter anderen Paul Auerswald, Hugo Bergmann, Paul Eichler, Otto Grube, Walther Kirsten, Hans Lauter, Felix Müller, Alfred Schönherr, Hans Thiele, Otto Werner und Kurt Wagner. Auf diesen Genossen lastete eine große Verantwortung, und sie trugen das ständige Risiko, bei der Übermittlung oder beim Empfang von Informationen und verbotener Gegenstände ertappt zu werden. Allerhand Tricks und Kniffe mußten angewandt werden, um die Wachtmeister zu überlisten. Die Beförderung der Kassiber war die wichtigste Methode der Nachrichtenübermittlung zwischen den Gefangenen, eine komplizierte und vor allem gefährliche Tätigkeit.

Hans Lauter berichtet über die Beförderung von Kassibern im Neuen Zellenhaus des Zuchthauses Waldheim, wo er eine Zeitlang als Hilfspacker eingesetzt war: »Das war eine körperlich schwere Arbeit, die hauptsächlich in der Arbeitsvorbereitung für die Häftlinge in den Zellen und [in der] Verpackung der fertigen Arbeit bestand. Zu den Aufgaben eines Hilfspackers gehörte es, die in den Einzelzellen befindlichen Klappbetten abends von der Wand abzuschließen, die der betreffende Häftling dann waagerecht stellen konnte. Einige Wachtmeister hatten die Angewohnheit, um das ›Einschließen‹ zu beschleunigen, mehrere Zellen zugleich aufzuschließen, so daß ich im schnellen Tempo im Beisein des Wachtmeisters in die aufgeschlossene Zelle eilen und in dem Moment, da der Wachtmeister die am weitesten von der geöffneten Zelle entfernte Tür abschloß, den Kassiber aufnehmen bzw. ablegen konnte. Dabei stellte ich mich mit vollem Körper vor das Bettschloß an der Wand und drehte dem Wachtmeister den Rücken zu. Die Kassiber lagen für mich griffbereit unter dem Schloß. Sie waren nicht zu sehen, sondern nur zu fühlen. Der betreffende Häftling, zum Beispiel Fritz Selbmann, flüsterte mir nur den Namen desjenigen zu, für den der Kassiber bestimmt war. Dort legte ich mit geübten Griffen denselben so ab, daß er wiederum nicht zu sehen war. Die dazu erforderliche Fertigkeit, gegebenenfalls auch das schnelle Verschwindenlassen eines Kassibers, hatte ich gewissermaßen eintrainiert.«[139] 12 Monate lang beförderte Hans Lauter auf die geschilderte Art und Weise Kassiber im Zellenhaus, ohne dabei ertappt zu werden. Das war nur bei größter Vorsicht und Wachsamkeit aller Beteiligten möglich.

Eine günstige Gelegenheit, sich zu sehen und Informationen auszutauschen, war die sogenannte Freistunde, der tägliche Rundgang auf dem Hof des Zuchthauses. Die Gefangenen mußten sich in einem inneren und äußeren Kreis in entgegengesetzter Richtung bewegen. Der Abstand zwischen ihnen mußte mindestens drei Meter betragen. Es gehörte zu den Neuregelungen des faschistischen Strafvollzuges, daß während der Freistunde auch exerziert wurde. Für den Informationsaustausch war das gar nicht ungünstig, denn die Abstände zwischen den Gefangenen verringerten sich dadurch erheblich. Ein Zuruf, ein kurzes Gespräch oder auch ein Zunicken und heimliches Grüßen mit der geballten Faust wurde dadurch möglich und bestärkte die politischen Gefangenen in ihrer gegenseitigen Solidarität. Bei einer solchen Freistunde, an der einige politische Gefangene teilnahmen, kam es zu einer Begebenheit, die ihre kämpferische Haltung demonstrierte und zugleich stärkte. Der Gauleiter und Reichsstatthalter der NSDAP in Sachsen, Mutschmann, und der spätere Reichsjustizminister Thierack, die dem Zuchthaus einen Besuch abstatteten, wollten mit Ernst Schneller sprechen. »Mutschmann ließ Genossen Schneller heraustreten und unterhielt sich einige Minuten mit ihm. Als sich Ernst vor mir« – so erinnert sich Ferdinand Bartl – »wieder einreihte, hörte ich Mutschmann rufen: ›Genau noch so stur wie früher!‹ Ernst Schneller hatte ihm eine Abfuhr erteilt. Wir waren stolz auf unseren Ernst.«[140] Solche Ereignisse waren keine Seltenheit, und sie bezeugen, daß die politischen Gefangenen jede Gelegenheit nutzten, um ihre ungebrochene Kampfmoral zu demonstrieren und Kontakte herzustellen. Dazu gehörte auch die »Unterhaltung« am Zellenfenster. Diese Art des Informationsaustausches war jedoch sehr gefährlich, weil sie den Kriminellen nicht verborgen blieb und damit die Gefahr bestand, denunziert zu werden. Auch der Arztbesuch und die Behandlung durch den Sanitäter boten relativ günstige Bedingungen für eine Annäherung. Kurt Wagner nutzte seine Funktion als Arzthelfer, die er ab 1941 ausübte, zur Weiterleitung von Informationen und Unterstützung kranker Antifaschisten mit Lebensmitteln. Hans Ziller schreibt dazu: »Im Jahre 1941, nach dem Überfall auf die Sowjetunion, kam ich für einige Wochen ins Krankenhaus. Dort bekam ich Kontakt zu Kurt Wagner, späterer Stellvertreter des Ministers für Nationale Verteidigung der DDR. Er war Pfleger. Zunächst ist festzustellen, daß ich ihm sehr viel zu danken habe. Ohne ihn wäre ich wahrscheinlich abgekratzt. Ich konnte feststellen, daß die Partei lebte.«[141]

Solche Beispiele ließen sich viele aufzählen. Der selbstlose Einsatz solcher Genossen vermittelte den politischen Gefangenen ein Gefühl der Gemeinsamkeit und relativen Sicherheit. Man fühlte sich nicht mehr so allein. Kurt Brünner kann sich daran erinnern, daß der Anstaltsfriseur eine wichtige Rolle im Informationssystem der Politischen spielte. »Gewissermaßen eine Zentrale für den Informationsaustausch war der Friseur. Da es ein Leipziger war und sich viele Leipziger im Neuen Zellenhaus befanden, hatte dieser Genosse immer eine Reihe von Aufträgen zu erledigen.«[142]

Laut Anstaltsordnung waren solche Kontakte strengstens untersagt. Im Punkt 4 hieß es dort unter der Über-

schrift – Platzgebundenheit –: »Der Gefangene darf ...,
ohne Erlaubnis den ihm zum Aufenthalt angewiesenen
Raum nicht verlassen und den ihm bei der Arbeit, bei
der Bewegung im Freien, im gemeinsamen Schlafraum
oder sonst zugewiesenen Platz nicht ändern. Er darf sich
nicht am Fenster zeigen.«[143] Im Punkt 6 – Verkehr der
Gefangenen – wurde bestimmt: »Jeder nicht ausdrücklich erlaubte Verkehr der Gefangenen untereinander
oder mit anderen ist verboten.«[144] Mit diesen Vorschriften wurden alle Gespräche, wenn sie nicht durch die Arbeit bedingt oder anderweitig notwendig waren, strikt
untersagt. Zusätzlich galt ein sogenanntes Geschäfts-
und Spielverbot. Wurde man bei der Verletzung dieser
Festlegungen ertappt, so folgte die dementsprechende
Bestrafung auf dem Fuße.

Ein günstiger Umstand für politische Gefangene trat
dann ein, wenn mehrere oder auch nur zwei von ihnen in
eine gemeinsame Zelle eingewiesen wurden. In diesem
Falle stand einem umfassenden Meinungsaustausch
und der gegenseitigen Unterstützung kaum etwas im
Wege. Es lag natürlich nicht in der Absicht der Faschisten, politischen Gefangenen den Vorzug der unausge-
setzten Gemeinsamkeit in einer Zelle zu gewähren.
Meist dauerte die gemeinsame Unterbringung nicht
lange, weil den Wachtmeistern die Harmonie der Gefangenen auffiel. So erging es auch Richard Thiede.
»Hauptwachtmeister Kirmse steckte mich am ersten Tag
in die Zelle des Chemnitzer Jugendgenossen der Antifa,
des Schmiedelehrlings Kaszmarek, der 1933 zum Tode,
dann aber zu 15 Jahren Zuchthaus verurteilt worden war
und die ersten 5 Jahre schon hinter sich hatte. Einige
frohe Stunden der Gemeinsamkeit mit diesem Leidens-
gefährten wurden am anderen Tage durch den SA-
Strolch Hauptwachtmeister Schramm beendet. Seine
Worte und sein Zynismus bleiben unvergessen: ›Das
könnte Dir so passen!‹«[145]

Aber für manche Antifaschisten gab es glückliche Zu-
fälle in ihrer Haftzeit. Als einen solchen muß man es
wohl betrachten, was Walther Kirsten 1943 erlebte. Zu
seiner großen Überraschung bekam er nach anderthalb
Jahren Einzelhaft einen Mitgefangenen. Er traute seinen

Augen nicht. Es war Alexander Neroslow. Gemeinsam hatten sie in einer Dresdener Widerstandsgruppe gegen den Faschismus gekämpft. »Als sich die Zellentür hinter beiden schloß, fielen sie sich in die Arme. Tief erschüttert waren die beiden Kampfgefährten bei diesem Wiedersehen nach langer Einzelhaft.«[146] Gemeinsam unternahmen sie alles, um sich die Zuchthaushaft zu erleichtern. Die entstandenen Kontakte wurden genutzt, um auch der Frau Neroslows, die im Frauenzuchthaus eingekerkert war, durch die Übermittlung von Nachrichten moralischen Halt und Zuversicht zu geben. »Rein äußerlich waren es Briefe mit Gedanken über bedeutende Musikwerke. Hinter den angeführten Motiven, Titeln und Notenbeispielen verbargen sich Einschätzungen der politischen Lage in Deutschland sowie der Lage und der Stimmung an den Fronten, soweit er durch die illegale Nachrichtenübermittlung davon Kenntnis hatte.«[147] Walther Kirsten, im Zuchthaus Waldheim als Anstaltselektriker eingesetzt, verfügte auf Grund dieser Tätigkeit über vielfältige Kontaktmöglichkeiten. Er hatte Genossen Thiele auf diesem Posten abgelöst. Seine Arbeit führte ihn auch in das Frauenzuchthaus, wo er wichtige Nachrichten überbrachte. Engere Kontakte wurden auch zu den Antifaschisten im Heizhaus hergestellt. Dazu diente ein Gang, der von der Schlosserei im Keller des Neuen Zellenhauses zum Heizhaus führte.[148] Besonders in den beiden letzten Jahren der faschistischen Diktatur waren diese Verbindungen von großem Wert und wurden zur Vorbereitung auf die Befreiung des Zuchthauses genutzt.

Ebenso großes Glück wie Walther Kirsten hatte Felix Müller, der 11 Monate seiner Haftzeit gemeinsam mit Ernst Schneller verbrachte. Intensiv nutzten sie die Möglichkeit, die politische Lage zu diskutieren, und sparten auch persönliche Probleme nicht aus. Über die gemeinsame Haftzeit schrieb Felix Müller nach 1945: »Ich lernte von ihm (Ernst Schneller – *M. H.*) so unendlich viel, daß ich auch heute noch sagen muß: Die elf Monate, die ich mit Ernst zusammen war, gehören zu den besten meines Lebens.«[149] Aus diesen Zeilen ist zu erkennen, welch großen Wert solche intensiven Kontaktmöglichkeiten zwischen politischen Gefangenen hatten. Natürlich spielte auch die Persönlichkeit Ernst Schnellers eine wichtige Rolle. Er verfügte über die Fähigkeit, anderen Gefangenen Mut zuzusprechen und durch sein Auftreten Kraft und Zuversicht auszustrahlen. Friedrich Schlotterbeck, eine Zeitlang Zellennachbar von Ernst Schneller, erinnert sich, wie Kontakt zu Schneller gehalten wurde. »Abends vor dem Einschluß, wenn die Türen einige Minuten lang angekettet waren, wurde die Zeitung an einen Bindfaden gebunden und nach seiner Tür geschleudert. Zielungenauigkeiten korrigierte er mit dem Kehrbesen. Auch ein Buch ließ sich so schmuggeln. Selten konnte man ihm etwas Neues klopfen. Er war erstaunlich gut informiert.«[150]

Das faschistische Zuchthausregime konnte nicht verhindern, daß die politischen Häftlinge untereinander Nachrichten und Informationen austauschten und damit zu jeder Zeit einen groben Überblick über die politische Lage besaßen. Es lag in der Natur der Sache, daß politische Häftlinge auch von sich aus alles Mögliche unternahmen, um an entsprechende Informationen heranzukommen. Fritz Selbmann schildert dieses Bemühen so: »Natürlich kümmerte ich mich auch in der Einzelhaftzelle um alle politischen Dinge, war immer emsig bemüht, etwas von der politischen Entwicklung ›draußen‹ zu erfahren und auch von mir aus, sofern die Möglichkeit bestand, etwas dazu zu tun. Meine Helfer und Kontaktleute waren die Kalfaktoren des Zellenbaus, unter denen immer einige kommunistische Häftlinge waren. Zu den aktivsten und zuverlässigsten gehörten Felix Müller aus Leipzig, ehemals mein Waffenverwalter im sächsischen Parteibezirk und jetzt mit sechs Jahren Z in Waldheim, sowie Hans Lauter, ein unbekümmert rühriger Funktionär des Kommunistischen Jugendverbandes. Meine Kontaktleute versorgten mich gelegentlich mit Nachrichten, schoben mir manchmal eine alte Zeitung zu und beförderten meine Kassiber von Zelle zu Zelle. Auf diese Weise bestand tatsächlich eine Zeitlang eine ziemlich stabile Verbindung zwischen mir und dem auf der gleichen Station liegenden Ernst Schneller.«[151]

Im Frauenzuchthaus gestalteten sich die Kontaktmöglichkeiten zwischen politischen Gefangenen etwas günstiger als im Männerzuchthaus. Die Zahl der Einzelhäftlinge war weitaus geringer. Die weiblichen Gefangenen wurden in großen Schlafsälen untergebracht. Kriminelle und politische Gefangene wurden nicht getrennt. Die Bedingungen im Schlafsaal beschreibt Eva Lippold: »Hella kann sich nicht erinnern, je solcher Kälte ausgesetzt worden zu sein, außer im Arrest. Es schüttelt sie durch und durch, ihre Zähne schlagen klirrend aneinander. Sie liegt, tief in ihn eingebohrt, auf ihrem Schlafsack. Außer ihr beherbergt der Schlafsaal noch weitere fünfunddreißig Frauen. Im großen bretterverschalten Bodenraum stehen die eisernen Bettgestelle mit fünfzig Zentimeter Abstand in vier Zehnerreihen nebeneinander ...«[152] Unter solchen Bedingungen war es jedoch möglich, Gespräche zu führen. Es bestand ein ständiger unmittelbarer Kontakt zwischen den Gefangenen. Von unbehinderten Kontaktmöglichkeiten kann man dennoch nicht sprechen, weil Sprechverbot herrschte und die Wachtmeisterinnen sehr streng darauf achteten, daß es auch eingehalten wurde. Ein Beispiel dafür war Wachtmeisterin Thomas. »Da im Zuchthaus Sprechverbot herrschte, das von der Thomas mit allen Mitteln durchgesetzt wurde, war es für die Genossinnen sehr schwierig, politisch auch nur einigermaßen auf dem laufenden zu sein. Nur an den Sonntag-Nachmittagen bot sich eine Gelegenheit, miteinander zu sprechen, was wir geschickt und restlos ausnutzten, wenn nicht die Thomas, sondern eine andere Aufseherin Dienst hatte.«[153]

Kontakte zwischen den Politischen waren auch im Waschhaus und in der Näherei möglich. Wöchentlich einmal mußte ein Kommando Gefangener die Wäsche aus dem Männerzuchthaus in das Waschhaus bringen. Diese Gelegenheit diente dazu, Verbindungen herzustellen und Informationen auszutauschen. Wie Irmgard Reich sich erinnert, bestanden auch Kontakte vom Waschhaus zur Belegschaft und zum Zellenhaus.[154]

Die im Trockentrupp beschäftigten politischen Gefangenen hatten ebenfalls günstige Bedingungen, sich gegenseitig zu informieren. Ihre Aufgabe bestand in der Trocknung und Lagerung der sauberen Wäsche. Die

Mehrheit der Gefangenen des Trockentrupps waren Politische, berichtet auch Elly Pippig. Bei ihrem Einsatz ergaben sich viele Möglichkeiten, über interessierende Fragen zu diskutieren.[155]

Fritz Müller, von 1936 bis 1939 in Waldheim inhaftiert, nutzte seine Tätigkeit als Heizer in der Wäscherei und als Reparaturschlosser, die er von Juli 1938 bis April 1939 ausführte, zu engen Kontakten zu weiblichen politischen Häftlingen. Er traf unter anderen täglich mit Eva Lippold zusammen.[156]

Hilde Lange, die im Mai 1936 nach Waldheim gebracht wurde, erinnert sich an die Kontakte zwischen politischen Gefangenen des Männer- und Frauenzuchthauses: »Die Verbindung zu unseren Genossen des Männerhauses konnte nicht günstiger sein. Angrenzend an das Waschhaus des Frauenzuchthauses befand sich die Schlosserwerkstatt. Täglich kam hierher ein Wachtmeister mit einem Gefangenen, um die erforderlichen kleineren Reparaturen durchzuführen. In der Zeit, wo ich als ›Hausgängerin‹ tätig war, führte der Genosse Erich Thinner aus Chemnitz diese Arbeit aus. Nach ihm Genosse Fuchs. Durch den Genossen Thinner hatte ich auch eine gute Verbindung zu meinem Onkel Fritz Fritzsche, der im Männerhaus als Schmied eingesetzt war. Fritz versorgte mich mit ordentlichem Heizgerät (Hilde Lange mußte die Heißwasseranlage heizen – M. H.); der Feuerhaken konnte sich wahrhaftig sehen lassen. Ich wiederum braute in meinem Ofen, denn Not macht erfinderisch, Bonbons. Sie waren ebenfalls nicht zu verachten, so daß ein Teil davon ins Männerhaus ›exportiert‹ wurde. Des öfteren war ich Kunde in der Schlosserwerkstatt, denn der abgebrochene Schrubberstiel, der ständig kürzer und kürzer wurde, mußte weiterhin seiner Pflicht gerecht werden.«[157] Weitere Kontaktmöglichkeiten bestanden im Frauenzuchthaus beim gemeinsamen Waschen und beim sogenannten Kübeln. Jedoch war das nur in begrenztem Umfang möglich, weil auch das unter strengster Bewachung geschah. Die Hauptanstrengungen der politischen Gefangenen im Frauenzuchthaus waren darauf gerichtet, die vorhandenen Arbeitsplätze so zu besetzen, daß der Informationsfluß zwischen den

Politischen realisiert werden konnte. So wurde in der Näherei alles unternommen, um frei werdende Nähplätze, die bis zu ihrer Entlassung von Kriminellen besetzt waren, mit politischen Gefangenen zu belegen. Dabei spielte die Genossin Helene Wenzel (jetzt Birnbaum – *M. H.*) eine gute organisatorische Rolle.

Im Zuchthaus arbeitete eine Reihe von Reparaturkolonnen. Sie verfügten über relativ große Bewegungsfreiheit. Unter diesen »Handwerkern« befanden sich auch politische Gefangene. Zur Verständigung mit ihnen nutzte man jede sich bietende Gelegenheit. Hilde Lange schildert eine solche Begebenheit: »1937 wurden Ausbesserungsarbeiten auf den Schlafsälen durchgeführt. Bei der Zimmererkolonne, die mehrere Tage im Frauenhaus ein und aus ging, erkannte ich unseren Genossen Heinz Gräbner, der zu den Besten des illegal kämpfenden Kommunistischen Jugendverbandes Chemnitz gehörte und dessen Verhaftung fünf Monate vor der meinigen erfolgte. Dieses Wiedersehen war für mich eine große Freude. Als ein Gefangener dieser Kolonne im Waschraum Wasser holte – er war ein Genosse aus Schneeberg –, ersuchte ich ihn um die Herstellung einer Verbindung zu Heinz. Sie kam bereits am darauffolgenden Tag zustande. In Gegenwart eines jungen Hilfswachtmeisters erschien Heinz im Waschraum, in dem ich tätig war. Der Wachtmeister gewährte uns eine Viertelstunde Sprechzeit. Heinz teilte mir seine Situation mit. Seine Entlassung stand bevor, aber er wußte bereits, daß er nach Buchenwald gebracht werden sollte.«[158]

Einmal in der Woche gestattete die Zuchthausleitung den weiblichen Gefangenen eine halbe Stunde Gymnastik während der Arbeitszeit. Anschließend konnten sich die Gefangenen gründlich waschen. Wie Martha Rossmanit berichtet, nahmen daran nicht zufällig viele Politische teil. »Der größte Teil dieser Gymnastikteilnehmerinnen waren politische Gefangene. Wir hatten dort die Möglichkeit, mit Genossinnen anderer Belegschaften zusammenzutreffen und uns politisch ein wenig zu informieren.«[159] Immer bemühten sich die politischen Gefangenen darum, recht schnell zu den Neuankömmlingen Kontakt zu finden, auch um dabei festzustellen, ob es sich wirklich um aktive Antifaschisten handelte. Ilse Thäle ist noch gut in Erinnerung, wie sie in den Kreis der Politischen im Frauenzuchthaus aufgenommen wurde. »Sobald sich eine Gelegenheit bot, wurde ich gefragt, weshalb ich hier bin und wo mein Zuhause ist. Das Sprechen mußte mit nahezu geschlossenem Mund erfolgen, ohne Aufsehen zu erregen, denn wir hatten ja Sprechverbot. Ich sagte, ich bin politisch und komme aus Leipzig. So ohne weiteres wurde das nicht akzeptiert. Man fragte mich, wer dies bestätigen könne, der auch in Waldheim wäre. Ich konnte einige Jugendfreundinnen nennen, die auch in Waldheim waren, und einige, die ich in der Untersuchungshaft kennengelernt hatte. Irgendwie kam da schon immer eine Verbindung zustande, die sich nachprüfen ließ. Ich wurde in die Gemeinschaft der politischen Häftlinge aufgenommen ... Ich muß sagen, als feststand, daß ich ein politischer Häftling war, da haben sich besonders die älteren Frauen sehr um mich bemüht. Ich war zu dieser Zeit das Küken in unserem Saal, gerade 18 Jahre. Sie flüsterten mir zu, wie ich mich verhalten sollte. Ich sollte mich vor allem an die Nähmaschine melden. Bei dem Geräusch der Maschinen konnte manches Wort unbeobachtet gesprochen werden.«[160]

So oder ähnlich hat sich bei vielen Gefangenen die erste Kontaktaufnahme vollzogen, wobei sich die Beteiligten immer der Gefahr aussetzten, von Wachtmeistern ertappt, möglicherweise auch von kriminellen Mitgefangenen denunziert zu werden.

Die Kontakte der politischen Gefangenen untereinander bildeten die Grundlage für den antifaschistischen Kampf im Zuchthaus Waldheim. Alle Formen der Kontakte und der Informationsübermittlung lassen sich heute nicht mehr nachvollziehen. Manches wird sich nicht mehr aufklären lassen. Daß die Kontakte zustande kamen und aufrechterhalten wurden, ist denjenigen politischen Gefangenen zu danken, die als Kalfaktoren, Packer, in Reparaturkolonnen oder in zentralen Einrichtungen des Zuchthauses, wie im Heizhaus, in der Küche, der Wäscherei oder Schlosserei, tätig waren. Aus dem für die vorliegende Arbeit gesichteten Material geht hervor, daß sie verantwortungsvoll diese wichtigen Funktionen wahrgenommen haben. Sie haben den entscheidenden Anteil an der Wirksamkeit des Kampfes gegen das faschistische Zuchthausregime. Aber auch die politischen Häftlinge, die nicht in dieser Weise aktiv werden konnten, taten alles ihnen Mögliche, Kontakte herzustellen und die Verbindung untereinander nicht abreißen zu lassen.

Da es den faschistischen Zuchthausbeamten darum ging, die politischen Gefangenen von der Außenwelt zu isolieren, blieben ihre Kontakte nach draußen auf ein Minimum beschränkt. Vor allem sollte nichts vom politischen Geschehen bekannt werden. Wenn der Gefangene etwas davon erfahren sollte, dann nur auf dem Wege der faschistischen Propaganda und im Sinne der Ideologie der Nationalsozialisten, die sich unter anderem in den Zeitungen widerspiegelte, die ab der Mittelstufe bezogen werden konnten.

Für Nachrichten und Informationen, die von draußen kamen, gab es einige Quellen, die nicht zu verstopfen waren. Eine der wichtigsten, durch die der Zuchthausgefangene etwas über die Ereignisse außerhalb des Zuchthauses erfuhr, waren die Briefe, die er von seinen Angehörigen und Freunden erhielt. Ihre Anzahl wurde selbstverständlich durch die Festlegungen der Strafvollzugsordnung begrenzt. Dabei wirkte sich die während der Weimarer Republik vorangetriebene Liberalisierung des Strafvollzuges insofern positiv aus, als die Anzahl der zu schreibenden und zu empfangenden Briefe dem Stufensystem angepaßt wurde. Nach seiner Einlieferung in das Zuchthaus durfte jeder Gefangene einen Brief an seine Angehörigen schreiben. Darüber hinaus legte die Dienstvollzugsordnung folgende Fristen für das Briefeschreiben und den Briefempfang fest[161]:

in der Unterstufe	—	alle 8 Wochen
in der Mittelstufe	—	alle 4 Wochen
in der Oberstufe	—	alle 3 Wochen

Für Gefängnisgefangene (bis Juni 1937 bestand in Waldheim das Frauengefängnis — *M. H.*):

in der Unterstufe	—	alle 4 Wochen

Anfang eines Briefes von Ernst Schneller an seine Mutter
auf vorgedrucktem Briefbogen des Zuchthauses

in der Mittelstufe   — alle 2 Wochen
in der Oberstufe   — alle 10 Tage.
In den Briefen durften keinerlei Auskünfte über die Haftbedingungen gegeben werden. Jeder Brief, der das Zuchthaus verließ, unterlag einer strengen Zensur. Die Briefe mußten auf eigens dafür vorgesehene vorgedruckte Briefbögen geschrieben werden. Es war deutlich zu schreiben und der Zeilenabstand genau einzuhalten. Wollte man Informationen einfügen, die der Zensur unterlagen, so mußte man sich einer Sklavensprache bedienen, die dem Empfänger bekannt war. Immer wieder kam es vor, daß Briefe beschlagnahmt wurden, weil sie Vorkommnisse aus dem Strafvollzug schilderten oder aber »staatsfeindlichen« Inhalts waren. Das gleiche traf auf Briefe zu, die die Gefangenen von Angehörigen erhielten. Es muß wohl eine ganze Menge solcher »staatsfeindlicher« Briefe gegeben haben. So sah sich der Generalstaatsanwalt aus Dresden am 18. Mai 1937 veranlaßt, noch einmal eine strengere Anwendung der Zensur für Briefe zu fordern, in denen »unangebrachte Verwendung oder Verfälschung nationalsozialistischer Begriffe

oder dreiste Äußerungen in bezug auf führende Vertreter des Staates enthalten sind«.[162]

Die Furcht vor Briefen, die für die Faschisten unangenehme Mitteilungen enthielten, war so groß, daß die Beschaffung von Wira-Speziallösung angeordnet wurde, die zur Sichtbarmachung von Geheimschrift diente, die mit Wasser, Milch, Zitrone, Urin, Speichel, Salizylsäure, Eau de Cologne, Eukalyptus und sonstigen »Tinten« geschrieben worden waren. Trotz dieser Maßnahmen gelang es den politischen Gefangenen, Informationen in die Briefe einzuschmuggeln, die der Zensur entgingen. Meist bediente man sich entsprechender Umschreibungen, die nur selten vom Zuchthauspersonal durchschaut werden konnten. Ein Beispiel für die strenge Anwendung der Zensur ist ein Brief Ernst Schnellers vom 31. Juli 1938. Er wurde zurückgehalten, weil Schneller seiner Frau und seinen Kindern mitgeteilt hatte, daß er sich wieder in Einzelhaft befinde.[163] Strikt verboten war es, den Briefen Gegenstände jeder Art, vor allem Lebens- und Genußmittel, Zeitungen und Zeitungsausschnitte, Geld oder Briefmarken beizulegen. Solche Dinge wurden von den Zuchthausbeamten beschlagnahmt. Der Briefverkehr der Gefangenen hatte trotz dieser Beschränkungen eine große Bedeutung, vor allem für den psychisch-moralischen Zustand der Gefangenen. Durch die Briefe wurde ihnen das Gefühl vermittelt, auch hinter den Kerkermauern nicht allein zu sein. Sie waren oftmals die einzige Möglichkeit, ihren Gedanken und Gefühlen Ausdruck zu verleihen. Der Briefkontakt zu Menschen, die ihnen vor der Verhaftung und jetzt nahe standen, half ein wenig über die Härte des Zuchthausalltages hinweg, besonders dann, wenn der Gefangene ein Einzelhäftling war.

Über Gefühle und Hoffnungen, die einen politischen Gefangenen bewegten, geben neben anderen die Briefe der Antifaschistin Dr. Maria Grollmuß an ihre Schwester Auskunft. Als sie in ein Außenkommando befohlen wurde, war sie überglücklich, aus der dunklen und muffigen Zelle herauszukommen. »Ach, Klienerchen, als ich gehört habe, daß ich hinaus soll, da habe ich die halbe Nacht wachgelegen und immer an die schönen Höfe gedacht, die ich nun alle sehen soll. Und hab' rasch im Geiste nochmal die Flurkarten der Mittweidaer Gegend durchgenommen, die ich einstmals im geliebten Institut (für Landesgeschichte an der Universität Leipzig) ein Sommersemester lang so eifrig studiert habe – na, jetzt weiß ich, warum! – sogar mit Fahrten an Ort und Stelle ... Einmal habe ich einen alten Lindenbaum gefunden, einen Doppelstamm, vom Blitz getroffen und die Äste abgesägt. Aber er stand wieder grün in der Sonne. Da habe ich ihn gestreichelt und einen schönen Namen gegeben ... Als ich zum erstenmal im jungen Weizen stand, in der Sonne und den frischen Duftwellen, konnte ich mich vor Freude gar nicht fassen, daß ich da nun mittendurch trampeln durfte.«[164] Welche Zuversicht spricht aus diesen Worten. Sie zeugen vom niemals erloschenen Selbstwertgefühl, trotz schwerer Zuchthaushaft mit all ihren zu ertragenden Entbehrungen.

Oft tauschten die Gefangenen auch Briefe untereinander aus, um sich gegenseitig moralisch aufzurichten. Darüber schreibt Milada Marešova: »Wieviel bedeutet uns so ein Brief! Es liest ihn nicht nur die Empfängerin, nein, er wandert durch eine ganze Reihe vertrauenswürdiger Hände, vielleicht sogar in eine andere Belegschaft, und sein Inhalt wird dann von Mund zu Mund weitergegeben. Die Briefe von zu Hause sind unsere einzige Freude; verbinden sie uns doch noch immer mit der Welt, in der wir einmal gelebt haben.«[165] Obwohl ein strenges Verbot bestand, wurde versucht, auch über die in den Außenlagern oder in den Werkabteilungen des Zuchthauses beschäftigten Zivilpersonen Briefe illegal abzuschicken oder zu empfangen.[166] Durch den Briefkontakt verfügten die meisten Gefangenen über eine relativ stabile Verbindung zur Außenwelt. Allerdings konnte auf Grund der geltenden Einschränkungen keine umfassende Information und kein reger Meinungsaustausch zu politischen Fragen geführt werden. Viele Briefe vermittelten den Eingekerkerten aber die Gewißheit, daß die Partei weiterlebt und daß es auch außerhalb des Zuchthauses Menschen gab, die das faschistische Regime bekämpften.

Etwa im Abstand von einem Vierteljahr durften die

Zuchthausgefangenen Besuche ihrer Angehörigen empfangen. Diese Besuche mußten bei der Zuchthausleitung beantragt werden, die die Genehmigung, das heißt
eine Besuchserlaubnis erteilte. Etwa 15 Minuten konnten
die Gefangenen mit ihrem Ehepartner, mit Vater oder
Mutter, mit Sohn, Tochter oder anderen Angehörigen
sprechen. Die Gespräche wurden von einem Wachtmeister überwacht. Genau wie bei den Briefkontakten war
es strengstens untersagt, sich über Probleme der Haft
oder über politische Fragen auszutauschen. Das war
nur möglich, wenn der aufsichthabende Beamte es bei
der Überwachung des Gespräches nicht ganz so genau
nahm. Die meisten Beamten taten sich jedoch durch besondere Strenge hervor und unterbanden jeden Versuch, die auferlegten Beschränkungen zu umgehen. Es
gab aber auch Beamte, die kaum auf das Gespräch achteten, das der Gefangene mit den Besuchern führte.
Paul Eichler erinnert sich an Hauptwachtmeister Kaul-
fuß, der den Besucherraum sogar während des Gesprächs verließ.[167] Natürlich handelte es sich bei diesem
Verhalten um eine Ausnahme. Die Mehrzahl der Wachtmeister scheute jedes Risiko und setzte die Anstaltsordnung auch in diesem Punkt streng durch. Trotz der strengen Überwachung erwarteten die Gefangenen jeden Besuch mit großer Spannung und innerer Freude. Die Besucher brachten etwas Licht und Sonne in den sonst
gleichförmigen Zuchthausalltag, und sie gaben vielen
Gefangenen wieder ein bißchen Hoffnung und Zuversicht. Unbeobachtete Momente konnten auch einmal
dazu genutzt werden, Kassiber oder andere verbotene
Gegenstände zu übergeben. Da der Gefangene aber in
der Regel nach dem Besuch auf solche Dinge hin durch-
sucht wurde, mußte man es schon besonders geschickt
anstellen, um sie entsprechend zu verbergen.[168] Die Verweigerung der Besuchserlaubnis gehörte zu den Druck-
mitteln, die das faschistische Zuchthausregime gegenüber politischen Gefangenen anwandte; wobei besonders Einzelhäftlinge schweren Bedingungen ausgesetzt
waren. In den ersten sechs Monaten wurde ihnen nur in
dringenden Fällen Schriftverkehr oder Besuch von Angehörigen gestattet.[169] Für ein halbes Jahr waren ihre Kon-

takte zur Außenwelt völlig unterbrochen. Neuigkeiten konnten sie nur durch einen Kalfaktor oder einen loyalen Wachtmeister erfahren. Zum anderen gelang es auch hin und wieder, über Klopfzeichen einige Informationen zu übermitteln. Erfahrungsgemäß flossen diese Nachrichten jedoch äußerst spärlich.

Eigens zur politisch-ideologischen Beeinflussung der Gefangenen in den faschistischen Strafanstalten gab die Reichsjustizverwaltung die Zeitung »Der Leuchtturm« heraus. Trotz ihrer offen faschistischen Berichterstattung war sie ein wichtiges Informationsmittel für politische Gefangene. Ein Vorzug des sächsischen Strafvollzuges bestand darin, daß auch andere Zeitungen durch die Gefangenen bezogen werden konnten. Für einen politisch Interessierten war das von großem Wert. Aus diesen Zeitungen erfuhr er zumindest einiges aus dem politischen Alltag, wie er sich außerhalb des Zuchthauses darstellte. Ein politisch geschulter Gefangener war durchaus in der Lage, in einer faschistischen Zeitung zwischen den Zeilen zu lesen und die Propagandameldungen richtig zu interpretieren. Kurt Brünner schätzt den Wert der faschistischen Zeitungen für die politischen Gefangenen ein: »Wenn auch die Zeitungen durchweg in rein faschistischem Geiste geschrieben waren, so waren wir dadurch doch in der Lage, uns über die Ereignisse in der Welt zu orientieren. Im übrigen hatten wir ja gelernt, zwischen den Zeilen zu lesen und die Geschehnisse in marxistisch-leninistischem Sinne zu interpretieren.«[170] Nach den Angaben in den Zuchthausakten konnten im Zuchthaus folgende Zeitungen bezogen werden: »Der Leuchtturm« »Chemnitzer Neueste Nachrichten«, »Chemnitzer Tageblatt«, »Dresdener Neueste Nachrichten«, »Leipziger Neueste Nachrichten«, »Neue Leipziger Zeitung«, »Völkischer Beobachter«, »Grüne Post« und »Freiheitskampf«.[171] Mehrere Zeitungen auf einmal durften nicht gehalten werden. Da die Zeitungen selbst bezahlt werden mußten, war das auch finanziell kaum möglich. Grundsätzlich erhielt jeder Gefangene die von der Justizverwaltung herausgegebene Zeitschrift »Der Leuchtturm«. Das war in der Strafvollzugsordnung festgelegt. Dort hieß es: »Den Gefangenen ist gestattet, die Gefangenenzeitung zu halten, welche die Justizverwaltung herausgeben läßt.«[172]

Die Gefangenenzeitung »Der Leuchtturm« entsprach voll und ganz den Interessen des faschistischen Strafvollzuges. Sie enthielt einen größeren Hauptteil politischer Berichterstattung und eine Beilage, die der Unterhaltung der Strafgefangenen dienen sollte. Hauptaufgabe blieb aber immer, die Strafgefangenen mit der faschistischen Propaganda zu konfrontieren. Der Wert der Zeitung bestand für die politischen Gefangenen in der Berichterstattung über wichtige innen- und außenpolitische Ereignisse.

Die Zeitung brachte eine sogenannte »Chronik der Woche«, in der die wesentlichen politischen Ereignisse unter faschistischen Gesichtspunkten ausgewählt wurden. Sie vermittelte ein einigermaßen geschlossenes Bild von der weltpolitischen Lage. Die umfassende Berichterstattung über die Reichsparteitage der NSDAP, die Reden Hitlers über den Abschluß des Münchner Abkommens, über den Abschluß des deutsch-sowjetischen Nichtangriffsvertrages und andere waren eine nicht zu unterschätzende Informationsquelle. Insofern spielte »Der Leuchtturm« als Grundlage für die politische Diskussion unter den Gefangenen eine gewisse Rolle, die man aber auch nicht überschätzen darf.[173] Am deutlichsten trat diese Tatsache bei der Berichterstattung über die Ereignisse in Spanien zutage. Alle politischen Gefangenen verfolgten sie mit großem Interesse. Ziemlich regelmäßig wurde im »Leuchtturm« über den Verlauf des national-revolutionären Befreiungskrieges berichtet. Natürlich war die Berichterstattung von der offenen faschistischen Parteinahme für Franco und seine Hintermänner gekennzeichnet. Mit Hilfe der Informationen und der abgedruckten Karten zum Kriegsverlauf war es den politischen Gefangenen aber immerhin möglich, sich ein ungefähres Bild vom Verlauf der Kämpfe zu machen.[174] Hans Ziller bestätigt, daß die Meldungen, die im »Leuchtturm« zum Freiheitskampf des spanischen Volkes abgedruckt wurden, Grundlage der Diskussionen einzelner politischer Gefangener waren.[175] Wenn die Gefangenen eine der bereits genannten anderen Tageszeitungen beziehen durften, so wurden durch einen Beamten aus diesen Zeitungen alle Meldungen, die nach Auffassung der faschistischen Strafvollzugsbehörden einen negativen Einfluß auf die Gefangenen ausüben konnten, entfernt.[176] Das betraf beispielsweise Meldungen über Meutereien in Zuchthäusern, über unzulässige Zustände in den Strafanstalten. Von dieser Maßnahme waren Meldungen über die aktuelle Tagespolitik kaum betroffen, denn die faschistische Ideologie und Propaganda sollte uneingeschränkt auf die Gefangenen einwirken. So hatte man auch keinerlei Einwände, als Horst Sindermann darum bat, den »Völkischen Beobachter«, das Zentralblatt der Faschisten, zu bekommen.[177] Er studierte die Zeitung intensiv und konnte sich auf dieser Grundlage innerhalb der Jungmännerabteilung, soweit das möglich war, darüber mit seinen Mitgefangenen austauschen. Dabei wirkte sich das Zusammentreffen mit Georg Schumann beim Rundgang während der Freistunde positiv aus. Georg Schumann war den jüngeren Gefangenen stets Vorbild und gab ihnen wertvolle politisch-moralische Unterstützung.[178]

Eine gewisse Kontinuität der Informationsübermittlung wurde durch die ständigen »Neuzugänge« politischer Gefangener in das Zuchthaus Waldheim gesichert. Sie brachten die neuesten Informationen über die politische Lage und über den illegalen Kampf gegen den Faschismus mit. Das konnten zum Beispiel Informationen darüber sein, welche Widerstandsgruppe in letzter Zeit durch die Gestapo entdeckt und verhaftet wurde und wie der Prozeß gegen die Antifaschisten ausgegangen war, wer schwebte eventuell noch in Gefahr, verhaftet zu werden usw. Die Mitteilungen über die neueste politische Lage gelangten oftmals schon bei der Aufnahmeprozedur während der Einlieferung in das Zuchthaus zu Kalfaktoren, Arzthelfern, zum Fotograf, Friseur und zu anderen, von wo aus sie weitergegeben wurden. Wie wichtig diese für die politischen Gefangenen im Zuchthaus waren, schildert Walter Hanig: »Neue Häftlinge, die im Zuchthaus ankamen ..., politisch Verurteilte, waren unsere besten Informanten der neuesten politischen

Zuchthaus Waldheim. Luftaufnahme um 1941

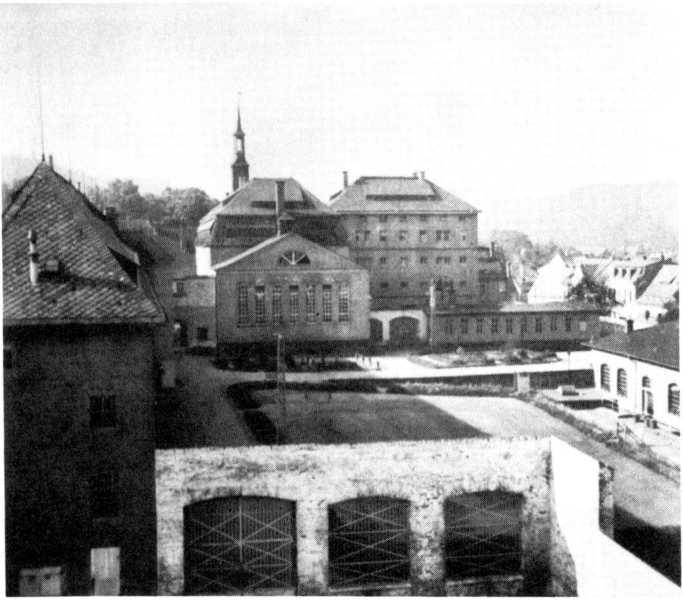

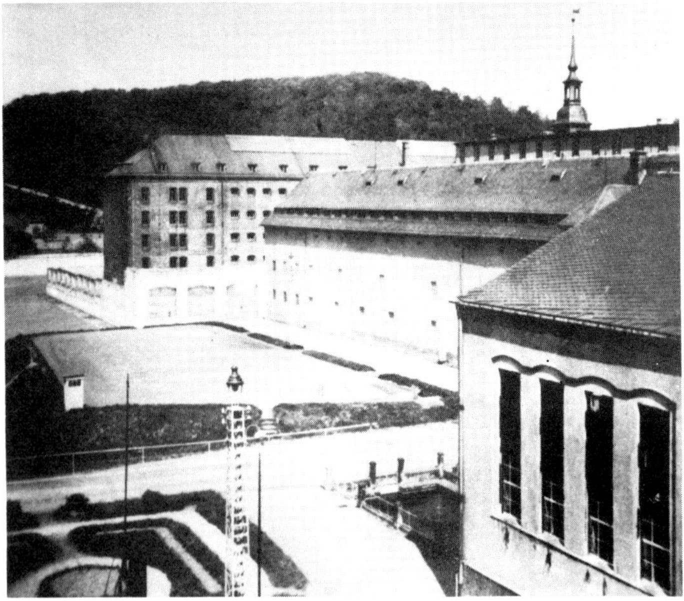

Teilansichten des Zuchthauses Waldheim, um 1942

Im Neuen Zellenhaus

Einzelzelle im Zuchthaus Waldheim

Freistunde
im Hof der Strafanstalt

Otto Werner (stehend) arbeitete in der Fotostelle
des Zuchthauses

Beim Zuchthausarzt Dr. Rath.
Für Propagandazwecke gestellte Aufnahme

»Bewegung im Hof«

»Schlafsaal«
Zeichnungen der tschechoslowakischen Gefangenen
Milada Marešova

Ehemalige politische Gefangene des Zuchthauses Waldheim

Ernst Schneller

Greta Kuckhoff

Fritz Selbmann

Georg Schumann

Eva Lippold

Horst Sindermann

Eva Schulze-Knabe

Walther Kirsten

Von der Roten Armee
aus dem Zuchthaus Waldheim befreite politische Häftlinge,
vorwiegend aus Berlin und Norddeutschland,
auf der Heimreise.

ПРIВЕТ **СТАЛIНУ** ! ДАЗДРАСТВУЄМ КРАСНОЙ **АРМІЇ** !
Liebe Genosse STALIN ! Sei gegrüsst ROTE ARMEE !
... POLITISCHE GEFANGENE befinden sich auf der Heimreise !

Unter ihnen Friedrich Dettmann,
Ernst Puchmüller und Greta Kuckhoff.
Bahnhof Döbeln, 9. Mai 1945

Geleit für die letzten Opfer des faschistischen Terrors.
Der Trauerzug überquert, von Hartha kommend,
die Zschopaubrücke in Waldheim, Anfang Mai 1945

Ehrendes Gedenken für die Opfer auf dem Obermarkt
(heute: Platz der Einheit).
Unter den Kundgebungsteilnehmern ehemalige Häftlinge
und sowjetische Offiziere, Anfang Mai 1945

Diese erste Kundgebung in Waldheim nach der Befreiung
stand unter der Losung »Euer Opfer – unsere Verpflichtung«

Einweihung der neugestalteten Gedenkstätte
für die Opfer des Faschismus in Waldheim,
13. September 1985

Vorgänge draußen im engen sowie im weiten Rund der politischen Ereignisse.«[179]

Der Ablauf des Informationsaustausches läßt sich heute nicht mehr vollständig nachvollziehen, denn dazu wurden die unterschiedlichsten Möglichkeiten genutzt. Häufig konnte eine Nachricht nicht vollständig weitergegeben werden, da keine Möglichkeit bestand, ausführliche Gespräche zu führen. Dazu kam noch der Umstand, daß jeder Neuankömmling zunächst einmal als politischer Häftling anerkannt und akzeptiert werden mußte, denn die Gefahr der Einschleusung von Spitzeln war ständig gegeben. Diese Tatsachen machen hinreichend deutlich, daß Verzögerungen in der Informationsübermittlung eintraten und teilweise längere Zeit verstrich, bis eine Nachricht an dem Punkt angelangte, für den sie bestimmt war. Einbußen hinsichtlich der Aktualität und der Exaktheit bei der Informationsweitergabe waren unvermeidlich. Sehr günstig konnte es sich auswirken, wenn es politischen Gefangenen gelang, das Vertrauen von loyalen beziehungsweise mit den Politischen sympathisierenden Wachtmeistern zu erlangen. Einer von ihnen war – wie schon erwähnt – Wachtmeister Kirmse, der sich als ehemaliger Sozialdemokrat den Politischen gegenüber tolerant zeigte. Walter Hanig erinnert sich an ihn: »Es kam auch vor, daß beim Wäschetausch und anderen Gelegenheiten Kirmse die Zellentüren längere Zeit offen ließ. Dadurch war es mir möglich, einige Minuten Genossen Ernst Schneller zu sehen und zu sprechen sowie kurze Informationen und Gedanken über die illegale Arbeit und Verhaftungen auszutauschen.«[180] Gerhard Winkler, von den Faschisten zu lebenslanger Haft verurteilt, arbeitete im Zuchthaus Waldheim unter anderem auch als Kesselmaurer. Dabei nutzte er die Gelegenheit, die Tageszeitungen von Beamten zu lesen, und gab Informationen aus dieser Quelle an andere politische Gefangene weiter. Er berichtet: »Durch meine Tätigkeit als Kesselmaurer erfuhr ich von einigen uns gut gesinnten Beamten über die damalige Lage in Deutschland. Sie ließen unbeachtet eine Tageszeitung liegen, damit ich diese lesen konnte. Dadurch konnte ich andere Genossen heimlich benachrichtigen.«[181]

Diese Beispiele belegen, daß es dem faschistischen Strafvollzug nicht gelang, die politischen Gefangenen von den aktuellen Ereignissen außerhalb des Zuchthauses völlig abzuschneiden. Natürlich war der Informationsfluß stark beeinträchtigt, und so mancher bekam wochenlang keine Information; aber eine permanente Isolierung war nicht realisierbar, weil jeder politische Gefangene, selbst unter den schlechtesten Bedingungen, immer darum bemüht war, etwas vom Geschehen außerhalb des Zuchthauses zu erfahren.[182] Ohne diesen ständigen Kampf wären jede politische Diskussion, die Solidarität untereinander und erst recht die Aktionen des antifaschistischen Kampfes im Zuchthaus Waldheim undenkbar gewesen.

Trotz verschärfter Bedingungen politische Diskussion

Selbst unter Zuchthausbedingungen gelang es den Faschisten nicht, ein entscheidendes Element des antifaschistischen Kampfes auszumerzen, die politische Diskussion unter den Gefangenen. Zwar waren die Möglichkeiten für den Meinungsaustausch drastisch eingeschränkt, aber dennoch nutzte man jede Gelegenheit, um Nachrichten zu erhalten oder miteinander Probleme zu beraten.

Der politische Gedankenaustausch spielte während der gesamten Zeit des Faschismus eine wichtige Rolle im Zuchthausalltag. An dieser Stelle sollen deshalb einige der wichtigsten Grundlinien und Formen dieser Diskussion zusammengefaßt werden.

Es ist nichts Außergewöhnliches für einen Kommunisten, wenn er ständig darum bemüht ist, sein politisches Wissen zu festigen und zu erweitern. Das gehörte auch damals zur täglichen Parteiarbeit. Allerdings nahm dieses Bemühen in faschistischer Haft einen für den Betreffenden gefährlichen und schwierigen Charakter an. Äußerst kompliziert gestaltete sich allein schon der Versuch, an neueste Informationen heranzukommen. Die Antifaschisten konnten sich nur auf die meist spärlichen

Kontakte zur Außenwelt und auf die illegalen Verbindungen innerhalb des Zuchthauses stützen. Erfahrungen und politische Reife der Gefangenen spielten dabei eine große Rolle. Die Berichte ehemaliger politischer Gefangener des Zuchthauses Waldheim unterstreichen mit Nachdruck, daß führende Funktionäre der KPD und des KJVD den entscheidenden Einfluß auf ihre Mitgefangenen und auf die Führung des antifaschistischen Kampfes ausübten. Dazu zählten Ernst Schneller, Georg Schumann, Arthur Hoffmann, Horst Sindermann, Paula Baumgarten und Lena Fischer.

Die politischen Gespräche trugen dazu bei, in der Isolation des Zuchthauses politisch-ideologische Klarheit über strittige Fragen zu erlangen und den Überblick über die aktuell-politische Lage nicht zu verlieren. Viele, vor allem jüngere Genossen, hatten vor ihrer Verhaftung kaum an größeren theoretischen Erörterungen über den Faschismus und die antifaschistische Politik der KPD teilgenommen. Sie besaßen nur unvollkommene theoretische Kenntnisse. Ihr Handeln war bis dahin wesentlich vom aktuellen politischen Tageskampf um die Interessen der Arbeiterklasse bestimmt worden, und oft war für ausführliche Diskussionen keine Zeit geblieben. Demzufolge waren die jüngeren Genossen auch objektiv nicht in der Lage, alle Geschehnisse politisch und theoretisch richtig einzuschätzen. Auch deshalb nicht, weil viele von ihnen noch nicht die Schriften der Klassiker des Marxismus studiert hatten. Hinzu kam unter den Zuchthausbedingungen natürlich noch eine Reihe anderer Schwierigkeiten. Der Informationsfluß war stark eingeschränkt, und die Verfälschung von politischen Ereignissen durch die faschistische Propagandamaschinerie tat ein übriges. So blieben die wichtigsten Quellen der politischen Information die sogenannten Neuzugänge, die Besucher, die faschistische Presse, der Briefkontakt, die ganz wenigen loyalen Wachtmeister und im Sinne der politischen Allgemeinbildung ein paar fortschrittliche Bücher aus der Anstaltsbibliothek. Häufig war dieser Informationsfluß unterbrochen, und eine ausführliche Diskussion der Probleme erwies sich als unmöglich, was sich selbstverständlich auf das theoretische Niveau der Erörterungen negativ auswirkte.

Jeder Gefangene trug eine Vielzahl von Problemen mit sich herum, Ungeklärtes aus der Vergangenheit und Neues aus dem politischen Alltag nach der faschistischen Machtübernahme. Die Entwicklung in Europa und in der Welt warf neue Fragen auf, die beantwortet werden mußten. In den ersten beiden Jahren der faschistischen Diktatur bewegte viele politische Gefangene die Frage nach den Ursachen der Errichtung der faschistischen Herrschaft. Nicht alle Antifaschisten erkannten, daß die Arbeiterklasse eine schwere Niederlage erlitten hatte. Hans Lauter erinnert sich an Meinungen unter den Gefangenen, die davon ausgingen, daß die Arbeiterklasse ja nicht gekämpft und deshalb auch keine Niederlage habe erleiden können.[183] Diese Meinung war vorwiegend das Resultat der durch die rechten SPD-Führer verursachten Untätigkeit breiter Arbeitermassen. Und viele Sozialdemokraten begriffen erst jetzt im Zuchthaus, daß ihre Interessen verraten worden waren. Heiß diskutiert wurde auch die Frage nach dem Wesen des Faschismus. In den Gesprächen der Politischen spiegelt sich deutlich der bis etwa 1933/1934 erreichte Erkenntnisstand der KPD wider. Erst in den Jahren 1936/1937 flossen bruchstückhaft die Faschismuseinschätzung sowie Schlußfolgerungen für den Sturz des faschistischen Regimes ein, wie sie der VII. Weltkongreß der Kommunistischen Internationale und die Brüsseler Parteikonferenz der KPD 1935 vermittelt hatten. Über die »Neuzugänge« gelang es trotz aller widrigen Umstände, die das Zuchthausleben mit sich brachte, die Grundprobleme der Einheits- und Volksfrontpolitik an die eingekerkerten Antifaschisten heranzubringen und den Charakter der faschistischen Diktatur genauer zu bestimmen.

Die Schwierigkeiten, die bei der Erörterung dieser Probleme auftraten, schildert Gertrud Keller: »Die Abgeschlossenheit vom politischen Leben bedrückte uns schwer. Doch wir taten alles, um uns Klarheit über die Situation zu verschaffen, was oft nicht leicht war. Eines Tages tauchten völlig falsche Meinungen über das Wesen des Faschismus auf. Nur in langwierigen, mit aller

Vorsicht vor Spitzeln – die es besonders unter den langjährigen Kriminellen gab – geführten Gesprächen konnten wir klarstellen, daß der Faschismus nicht eine Ideologie wildgewordener Spießer, sondern die blutige Diktatur der Imperialisten und Militaristen ist.«[184] Längst nicht alle politischen Gefangenen hatten das Wesen des Faschismus schon voll erkannt. Auf diesen Erkenntnisprozeß übte das Auftreten von Georgi Dimitroff im Reichstagsbrandprozeß einen nicht geringen Einfluß aus. Seine Argumente in der Auseinandersetzung mit dem Faschismus spielten in der Folgezeit in dem Maße eine Rolle, wie sie von Antifaschisten mit in das Zuchthaus gebracht wurden, die sich zur Zeit des Prozesses noch nicht in Haft befanden. Durch die von Dimitroff erläuterte Taktik des »Trojanischen Pferdes« wurde vielen Gefangenen die Langfristigkeit des Kampfes gegen den Faschismus bewußter.

Je mehr der Faschismus Fuß faßte, sein Terrorregime ausbaute und erste innen- und außenpolitische Erfolge erzielte, um so intensiver erörterten die politischen Gefangenen die Frage, ob es der deutschen Arbeiterklasse selbst gelingen könnte, dieses Regime zu stürzen. Einige Antifaschisten begannen, an dieser Möglichkeit zu zweifeln. Wie Hans Lauter sich erinnert, schälten sich in den Diskussionen zwei Grundpositionen heraus, die als Voraussetzung für den Sturz des Faschismus betrachtet wurden: erstens ein notwendiges Bündnis mit Teilen der Wehrmacht und zweitens der Zusammenstoß des Faschismus mit einer starken antifaschistischen Militärkoalition, der zu einer erheblichen Schwächung des Faschismus führen würde.[185] Die Kommunisten hatten schon vor der Machtübernahme der Faschisten die Frage nach dem strategischen Ziel im Kampf für deren Beseitigung erörtert. Die Auffassung, wonach der Sturz des Faschismus und die Errichtung der Diktatur des Proletariats unmittelbar aufeinander folgen müßten, war unter den politischen Gefangenen weit verbreitet. Begründet wurde diese Haltung durch die Meinung, daß der Faschismus die letzte Herrschaftsform des Imperialismus sei und daß er deshalb nur von der Diktatur des Proletariats abgelöst werden könne. Auch Ernst Schneller vertrat zunächst diesen Standpunkt. Zwar hatte Ernst Thälmann auf der illegalen Tagung des ZK der KPD am 7. Februar 1933 in Ziegenhals darauf hingewiesen, daß der Sturz des Faschismus und die Errichtung der Diktatur des Proletariats nicht unbedingt ein und dasselbe sein müssen, aber diese Sicht hatte sich noch nicht in der gesamten Partei durchgesetzt.[186] In der von Thälmann verkündeten Position lag zweifellos der entscheidende Ansatzpunkt für die Weiterentwicklung der Strategie und Taktik der KPD im Kampf gegen den Faschismus.

Die Zwischenstufen auf dem Wege zur völligen Überwindung der faschistischen Diktatur, wie sie der VII. Weltkongreß der Kommunistischen Internationale und die Brüsseler und Berner Konferenz der KPD herausarbeiteten, gelangten erst mit großer Verspätung in die Zuchthäuser. Eine ausreichende Information über die Beschlüsse gab es nicht.

Da auch im Zuchthaus Waldheim Kommunisten und Sozialdemokraten miteinander Haftstrafen verbüßen mußten, blieb es nicht aus, daß immer wieder über die bitteren Erfahrungen gesprochen wurde, die man mit dem Faschismus gemacht hatte, und daß man darüber diskutierte, was man mit einer Einheitsfront der Arbeiterklasse hätte verhindern können. Schnell war man sich einig in der Kritik an der Politik der rechten sozialdemokratischen Führung, die einen geschlossenen Kampf der geeinten Arbeiterklasse gegen die Errichtung der faschistischen Diktatur unmöglich gemacht hatte. Elly Pippig, ehemaliges Mitglied der SAJ, erinnert sich an Diskussionen zwischen kommunistischen und sozialdemokratischen Gefangenen hinter Zuchthausmauern: »Es war bemerkenswert, daß alles ausgesprochen werden konnte, daß die Genossinnen mit großer Überzeugung und Kenntnis die in unseren Köpfen noch vorhandenen falschen Theorien widerlegten und geduldig immer wieder auf die noch offenen Fragen zurückkamen.«[187] Erst im Zuchthaus wurde den meisten Mitgliedern und Anhängern der Sozialdemokratie klar, daß der Faschismus nur deshalb siegen konnte, weil keine Einheitsfront zustande gekommen war. So reifte in ihnen die Erkenntnis, daß die entscheidende Voraussetzung für den Sturz des Faschismus nur die geeinte Arbeiterklasse sein konnte. Die Notwendigkeit der Bildung einer einheitlichen Arbeiterpartei auf marxistischer Grundlage begann sich allmählich in den Köpfen der Antifaschisten festzusetzen. Viele Sozialdemokraten begannen umzudenken und überwanden alte antikommunistische Vorbehalte. Unter ihnen die Genossen Neukirchner und Gersch, die beide nach der Zerschlagung des Faschismus aktiv für die Vereinigung von KPD und SPD gekämpft haben.

Die politischen Ereignisse bis 1939 in Deutschland und in der Welt signalisierten den Kurs der Faschisten auf einen Weltkrieg. Die Okkupation Österreichs, das Münchner Abkommen und die Besetzung großer Teile der ČSR zeugten vom ungehemmten Aggressionsdrang des deutschen Faschismus. Die antikommunistische »Befriedungspolitik« der Westmächte hatte das faschistische Deutschland zu diesem Kurs ermuntert. Auch im Interventionskrieg gegen Spanien war diese Haltung Frankreichs und Großbritanniens deutlich zutage getreten. Den Verlauf des national-revolutionären Krieges des spanischen Volkes verfolgten die Antifaschisten aufmerksam und mit großer Sympathie für die revolutionären Kräfte. Wie schon erwähnt, waren die Häftlinge über den Verlauf der Kämpfe durch die Gefangenenzeitung »Der Leuchtturm« relativ gut informiert.[188] Einmütig verurteilten die Antifaschisten die Haltung der Westmächte als Verrat an den Interessen des spanischen Volkes. Anfangs wurden durch die Auseinandersetzungen in Spanien Hoffnungen auf eine rasche Niederlage der Faschisten, auf eine dramatische Zuspitzung der Widersprüche im faschistischen Lager geweckt. Der Zusammenbruch der Volksfront in Spanien und schließlich auch in Frankreich führte zu Meinungen, wonach man mit Hilfe einer Volksfrontregierung den Faschismus weder verhindern noch beseitigen könne.[189]

Große Verwirrung und die sicherlich umfangreichsten Diskussionen löste der im August 1939 zwischen Deutschland und der Sowjetunion unterzeichnete Nichtangriffsvertrag aus. Zu den ersten Reaktionen der politischen Gefangenen schreibt Marga Jung: »Uns Genossinnen traf dieses Ereignis wie ein Blitz aus heiterem Himmel. Wir versuchten die Handlungsweise der Sowjetunion zu verstehen. Das war unendlich schwer. In den wenigen Minuten, in denen wir diskutieren konnten, redeten wir uns die Köpfe heiß. Wir konnten auf die Klugheit und Weitsichtigkeit der sowjetischen Genossen vertrauen, die bestimmt ihre Gründe hatten, diesen Vertrag abzuschließen. Erst später wurde uns klar, daß durch diesen Vertragsabschluß für eine gewisse Zeit der Sowjetunion der Frieden erhalten und ihr Zeit für die Vorbereitung auf die bevorstehende Auseinandersetzung mit den Faschisten geblieben war.«[190] Das Zuchthauspersonal feierte den Abschluß des Nichtangriffsvertrages als einen großen Erfolg der faschistischen Diplomatie, den es voll auskostete. Marga Jung wurde beauftragt, den weiblichen Mitgefangenen ausgewählte Artikel aus dem »Völkischen Beobachter« vorzulesen. Selbst erfahrene Genossen wurden vom Abschluß des Nichtangriffsvertrages überrascht, und es entwickelten sich ausgedehnte Diskussionen über den Sinn und die Zweckmäßigkeit eines solchen Abkommens. Unter den Bedingungen faschistischer Haft war es sehr kompliziert, die Ursachen und Hintergründe, die zum Abschluß des Vertrages geführt hatten, zu analysieren und zu verstehen. Fritz Selbmann faßt die Gedanken, die viele Antifaschisten damals bewegten, zusammen: »Der Verrat der Westmächte in München war der Schlüssel zum Verständnis für den deutsch-sowjetischen Pakt ... Am Vorabend des unabwendbar gewordenen europäischen Krieges war die Gefahr riesengroß, daß Hitler sich wieder mit dem Westen arrangierte und als Speerspitze des Imperialismus gegen den Osten losschlug, zuerst Polen niederwarf, danach mit allen Hilfsmitteln des europäischen Imperialismus gegen die Sowjetunion marschierte. In dieser zugespitzten Situation hatte die Führung der Sowjetunion all diese Kombinationen zerrissen, indem sie die imperialistischen Westmächte zwang, für ihre Interessen selbst zu fechten und die Sowjetunion, zunächst wenigstens, aus dem Konflikt der imperialistischen Mächte heraushielt.«[191] Zu solch klaren Schlußfolgerungen kamen natürlich nicht gleich alle politischen

Gefangenen. Nicht alle Unklarheiten konnten ausgeräumt und manche erst später überwunden werden. Der Überfall auf Polen am 1. September 1939 zeigte aber, daß die Faschisten keinesfalls vor einem Krieg gegen die Sowjetunion zurückschrecken würden. Das bestimmte die politische Diskussion wesentlich mit.

Auf ihrer Berner Parteikonferenz, die im Januar 1939 in der Nähe von Paris stattfand, charakterisierte die KPD die internationale Lage, die dadurch gekennzeichnet war, daß die Faschisten im Westen wie im Osten eine Situation geschaffen hatten, »wo über Nacht das deutsche Volk in die Katastrophe des Krieges gestürzt werden«[192] konnte. Die KPD hatte auf dieser Konferenz den Willen der Antifaschisten zum Ausdruck gebracht, alles zu tun, um den drohenden Krieg zu verhindern. Sollte das nicht gelingen, so riefen die Kommunisten jeden ehrlichen Deutschen dazu auf, mit ganzer Kraft für die baldige Beendigung dieses Krieges einzutreten.

Nun, nach Ausbruch des Krieges, war eine völlig neue innen- und außenpolitische Lage entstanden. Das faschistische Regime hatte sich langfristig darauf vorbereitet. Der gesamte Ausbau, die Spezialisierung und die Verbindung der einzelnen Elemente des faschistischen Terror- und Unterdrückungsapparates waren mit der Zielsetzung vorgenommen worden, bestens auf den Kriegsbeginn vorbereitet zu sein. Haupttriebkraft dafür waren die Interessen der reaktionärsten Kreise des deutschen Monopolkapitals. »Diese Politik im Inneren durchzusetzen, das ganze Regime politisch, insbesondere gegenüber dem Klassengegner, abzusichern, war die erklärte Hauptaufgabe der faschistischen Überwachungs- und Exekutivorgane. Die ausschlaggebende Rolle spielten dabei nach wie vor die sich ergänzenden Repressiveinrichtungen der Polizei und der Nazipartei.«[193]

Mit drastischen Maßnahmen versuchten die Faschisten, jeden Widerstand zu unterdrücken: Noch in der Nacht vom 31. August zum 1. September waren auf Befehl Heydrichs 2000 Kommunisten und Sozialdemokraten festgenommen worden, von denen die meisten in ein Konzentrationslager geworfen wurden. Am 3. September 1939 erließ SIPO- und SD-Chef Heydrich die

»Grundsätze der inneren Staatssicherung während des Krieges«. Darin hieß es: »Jeder Versuch, die Geschlossenheit und den Kampfwillen des deutschen Volkes zu zersetzen, ist rücksichtslos zu unterdrücken. Insbesondere ist gegen jede Person sofort durch Festnahme einzuschreiten, die in ihren Äußerungen am Sieg des deutschen Volkes zweifelt oder das Recht des Krieges in Frage stellt.« Diese Verordnung legte außerdem fest, daß besonders verdächtige Personen speziell überprüft werden sollten. Gegebenenfalls werde dann auf höhere Weisung eine brutale Liquidierung solcher Elemente erfolgen.[194] Das war die unverhohlene Androhung der Todesstrafe für jeden, der es wagen sollte, offen gegen den Krieg aufzutreten.

Die Verschärfung der innenpolitischen Situation zeigte sich auch im Bereich der faschistischen Justiz. Eine Reihe neuer gesetzlicher Bestimmungen und Verfügungen wurde erlassen. Neue Tatbestände lieferten den Vorwand für die brutale Unterdrückung aller Kriegsgegner, so unter anderem das Abhören ausländischer Sender, »Wehrkraftzersetzung«, Kontakte mit Kriegsgefangenen, Vernichtung von Rohstoffen, fehlerhafte Produktion und Zerstörung von militärischen Ausrüstungsgegenständen, Störungen in kriegswichtigen Betrieben, Zusammenschluß gegen den Krieg. Die meisten der Delikte wurden unter Todesstrafe gestellt. Auf Grund dieser Erweiterung des Strafkatalogs nahm die Anzahl politischer Häftlinge rasch zu. Das zeigte sich auch im Zuchthaus Waldheim. Während die Gesamtzahl der »Neuzugänge« von 1939 bis 1944 relativ konstant blieb beziehungsweise nur geringfügig anstieg, erhöhte sich im gleichen Zeitraum der Anteil politischer Gefangener an der Gesamtzahl der Gefangenen von etwa 7,4 Prozent im Jahre 1938 auf 53,7 Prozent im Jahre 1940. Im Männerzuchthaus wurden 1939 1364 »Neuzugänge« registriert. Davon waren 103 politische Gefangene. 1940 erhöhte sich die Zahl der »Neuzugänge« auf 1398 bei einem gleichzeitigen Anwachsen der Zahl politischer Gefangener auf 757.[195] Interessant ist auch eine Untersuchung des Strafmaßes, das für politische Delikte ausgeworfen wurde. 1939 ergibt sich für wegen politischer Delikte verurteilte Gefangene eine Gesamtdauer der Haft von 373 Jahren und 8 Monaten. 1940 zeigt sich die drastische Erhöhung des Strafmaßes: Die Gesamthaftzeit lag nun bei insgesamt 2709 Jahren. Das ist eine Steigerung auf mehr als das Siebenfache.[196] In diesen Zahlen dokumentiert sich zum einen das Anwachsen der Widerstandsbewegung gegen den Krieg und zum anderen die verschärfte Reaktion der faschistischen Machthaber auf diese Entwicklung. Betrachtet man die verschiedenen »Vergehen«, die zu einer Verurteilung von Antifaschisten führten, so steht bis zum Kriegsende das Delikt des »Hochverrates« an erster Stelle. Der Anteil der wegen »Vorbereitung zum Hochverrat« beziehungsweise »Hochverrat« Verurteilten betrug

1939   75,7 Prozent
1940   65,7 Prozent
1941   76,4 Prozent.[197]

Um ihre politischen Gegner zu demoralisieren, schreckten die Faschisten vor keinem Mittel zurück. Nicht nur Schutzhaft und Überführung in ein Konzentrationslager waren Ausdruck einer schrankenlosen Terrorjustiz, sondern auch solche Maßnahmen, wie die am 12. September 1939 vom Reichsjustizministerium verkündete sogenannte »Rundverfügung über die Behandlung von Strafverfahren auf Grund der Verordnung gegen Volksschädlinge«, in der offen zur rücksichtslosen Anwendung der Todesstrafe aufgefordert wurde. Eine weitere Maßnahme zur langfristigen Ausschaltung des politischen Gegners war die »Verordnung über die Vollstreckung von Freiheitsstrafen wegen einer während des Krieges begangenen Tat«. Sie trat am 11. Juni 1940 in Kraft.[198] Die Auswirkungen dieser Maßnahmen spürten auch die politischen Häftlinge in Waldheim sehr bald, und sie bemühten sich um so mehr darum, aktuelle Informationen zu erlangen und weiterzugeben, die Aufschlüsse über die innen- und außenpolitische Entwicklung gaben.

In den Zugangsbüchern des Zuchthauses Waldheim findet sich bei vielen politischen Gefangenen, die nach Ausbruch des Krieges verurteilt worden waren, neben dem Vermerk über die Höhe des Strafmaßes ein Zusatz: »n. d. K.«, was bedeutete »nach dem Kriege«. Für den

Betreffenden hieß das, daß er eine Strafe verbüßte, deren Dauer bis zum Kriegsende nicht auf die vom Gericht verhängte Strafe angerechnet wurde. Mit dem Beginn des Krieges setzte in den Haftanstalten eine fast schlagartige Verschlechterung der Haftbedingungen ein. In erster Linie kam das in einer drastischen Verringerung der Essenrationen zum Ausdruck. Die ohnehin unzureichende Ernährungslage der Gefangenen verschlechterte sich weiter. Der Übergang zur Kriegsverpflegung konnte vor allem für ältere und kranke Häftlinge lebensbedrohende Formen annehmen. Unter diesen Umständen wurde die Solidarität unter den politischen Gefangenen noch wichtiger. Mit Kriegsbeginn entfiel die Möglichkeit des Kaufes von Zusatznahrungsmitteln. Die Listen über den Erwerb von Zusatznahrungsmitteln datieren nur bis zum Januar 1939.[199]

Der Meinungsstreit über den sowjetisch-deutschen Nichtangriffsvertrag war noch in vollem Gange, als die politischen Gefangenen vom Ausbruch des zweiten Weltkrieges erfuhren. Die Voraussagen der KPD bestätigten sich, daß der Faschismus letztendlich einen Krieg vom Zaune brechen würde. Zunächst wagte keiner der Antifaschisten eine Prognose darüber anzustellen, wie lange dieser Krieg dauern würde. Der anfängliche Kriegsverlauf stimmte viele politische Gefangene nachdenklich, denn es schien so, als wenn den Faschisten die militärischen Siege in den Schoß fallen würden. Im »Leuchtturm« war eine Siegesmeldung nach der anderen zu lesen, und die Wachtmeister brüsteten sich mit den Erfolgen der Nazi-Wehrmacht.[200] Das Trommelfeuer der faschistischen Propaganda, die Überheblichkeit und der Zynismus vieler Wachtmeister, die verschlechterten Haftbedingungen, all das verursachte bei einigen Antifaschisten Niedergeschlagenheit und teilweise Resignation. Ferdinand Bartl erinnert sich daran, daß diese Erscheinungen erst mit der Kenntnis von den Niederlagen der faschistischen Wehrmacht vor Moskau und in der Schlacht um Stalingrad zurückgedrängt werden konnten.[201] Bis dahin übte das Verhalten der Wachtmeister einen nicht unerheblichen Einfluß auf die moralische Haltung der Antifaschisten aus. Einige von ihnen legten zum Beispiel großen Wert darauf, daß die faschistischen Siegesmeldungen vor den Gefangenen verlesen wurden. Dazu zählte Hauptwachtmeisterin Mordhorst.[202]

Die faschistischen Beamten nutzten die Kriegserfolge, um die politischen Gefangenen zu demoralisieren und einzuschüchtern. Das Zuchthauspersonal stimmte in den anfänglichen Siegestaumel mit ein. »Anfangserfolge der Nazi-Wehrmacht machten auch die Wachmannschaft in Waldheim überheblich gegenüber uns politischen Gefangenen. Ihr Verhalten wurde für uns in der nächsten Zeit zum Stimmungsbarometer für die Lage an der Front, neben der laufenden Verschlechterung der Ernährung.«[203] Diese von Otto Werner geschilderte Tatsache wurde im Verlauf des Krieges zu einer wichtigen Grundlage der Bemühungen, faschistische Beamte umzustimmen. Allerdings gelang das nur sehr selten und erst nachdem sich die Niederlage der Faschisten abzuzeichnen begann. Ein Beispiel dafür ist Oberwachtmeister Menzel, der den Politischen Informationen über eine Reise des Hitlerstellvertreters Heß nach England gab und daraufhin strafversetzt wurde.[204]

Mit Kriegsbeginn wurden in den Haftanstalten verschärfte Disziplinarbestimmungen eingeführt, was natürlich den Kontakt der politischen Häftlinge untereinander schwieriger und gefährlicher machte. Alle Handlungen, die in offenem Gegensatz zur Hausordnung standen, wurden unter Todesstrafe gestellt. Im Zuchthaus herrschte das Kriegsrecht. Jegliche Abwehrhaltung von Gefangenen wurde als tätlicher Widerstand gegen das faschistische Zuchthausregime ausgelegt. Solche Fälle bearbeitete in Waldheim Oberamtmann Richter. Die Aburteilung betreffender Gefangener erfolgte durch das Sondergericht Chemnitz.[205] Die politischen Gefangenen ließen sich jedoch von diesen Maßnahmen nicht einschüchtern. Die Solidarität untereinander wurde wichtiger denn je, half sie doch, Niedergeschlagenheit und Resignation zu überwinden.

Der von den Faschisten geführte imperialistische Eroberungskrieg stellte immer höhere Anforderungen an die Rüstungsindustrie. Aus diesem Grund sah sich das Reichsjustizministerium veranlaßt, den Einsatz politischer Gefangener für die Produktion von Rüstungsgütern zu genehmigen. In einem Schreiben des Ministeriums vom 29. Januar 1941 wurde angewiesen: »Politische Strafgefangene müssen wie alle anderen Gefangenen mit kriegs- und wehrwirtschaftlich wichtigen Arbeiten betraut werden. Doch dürfen eingefleischte Staatsfeinde nicht zu Arbeiten herangezogen werden, bei denen sich für sie eine Gelegenheit zur Verübung von Sabotageakten bieten kann.«[206] Das von Freisler unterzeichnete Schreiben wies außerdem darauf hin, daß anzustreben sei, Arbeitskolonnen mit ausschließlich politischen Gefangenen zu bilden. Diese Zeilen dokumentieren zum einen den dringenden Bedarf an billigen Arbeitskräften für die Rüstungsindustrie, und zum anderen wird die Furcht der Faschisten vor den Aktivitäten politischer Gefangener deutlich. Nach Ausbruch des Krieges verging kaum ein Tag, an dem nicht ein Schreiben irgendeines Rüstungsbetriebes an die Zuchthausleitung eintraf, in dem gefordert wurde, noch mehr Gefangene für die Rüstungsproduktion zur Verfügung zu stellen. Vor allem erhöhte sich der Bedarf an qualifizierten Arbeitskräften. So wandte sich am 27. Oktober 1941 der Generalstaatsanwalt aus Dresden an die Zuchthausleitung mit der Auflage, der Firma Auto-Union/Horch-Werke Zwickau Arbeitskräfte bereitzustellen.[207] Gefangene des Zuchthauses wurden in der Munitionsanstalt Zeithain und an einem Bauvorhaben der Firma Junkers Flugzeug- und Motorenwerke AG in Griebo bei Coswig (Elbe) eingesetzt.[208] Bereits im Januar 1940 hatten die Firmen Bauch, Roßwein, und Grossfuß, Döbeln, von der Zuchthausleitung die Bereitstellung von Lehrenbauern, Schnitt- und Stanzenschlossern, Graveuren, Revolverdrehern und Fräsern gefordert.[209] Im Verlaufe des Krieges verlängerte sich die wöchentliche Arbeitszeit der Gefangenen auf 72 Stunden und mehr. Wenn auch politische Gespräche dadurch nicht gerade begünstigt wurden, so brachen sie doch auch in diesen schwierigen Jahren verschärfter Zuchthausbedingungen nie ab.

Bis zu ihrer Entlassung aus der Haft leisteten Georg Schumann, Horst Sindermann, Ernst Schneller, Fritz Selbmann und andere sehr viel für die politische Arbeit unter den Gefangenen. Immer wieder gaben sie Hinweise und Ratschläge und wirkten mit ihrer Haltung fördernd auf die Moral, Zuversicht und Standhaftigkeit der Mitgefangenen ein. Mit Kriegsbeginn im September 1939 und in den darauffolgenden Monaten hatten sich auf den meisten Belegschaften noch kleinere Zentren der politischen Arbeit gebildet. Und so wurden überall dort, wo politische Gefangene waren, auch politische Gespräche geführt. Viele Fragen wurden durch den Krieg neu aufgeworfen. Hans Lauter erinnert sich, daß es vor allem immer wieder um die richtige Bewertung des Charakters dieses Krieges ging.[210] Völlig einig konnte man sich darüber nicht werden. Während man über die Frage der Schuld schnell zu einheitlichen Positionen kam, war man verschiedener Ansicht in der Bewertung der Ursachen für die militärischen Erfolge der Faschisten. Es wurde mehr und mehr zur Gewißheit, daß es den Faschisten offensichtlich gelungen war, große Teile des deutschen Volkes irrezuführen und die Wirtschaft optimal auf einen Eroberungskrieg auszurichten. Der antifaschistische Widerstandskampf hatte das nicht verhindern können. In den Arbeitssälen, in den Zellen oder wo man auch Gelegenheit dazu fand, wurde darüber debattiert, mit wem man sich im antifaschistischen Kampf verbünden könne und welche Bedingungen dafür gegeben sein mußten. Das führte dazu, daß die Antifaschisten näher zusammenrückten, daß der eigene Kampfeswille gestärkt und dem überheblichen Auftreten des Wachpersonals entgegengetreten werden konnte.

Die meisten politischen Gefangenen setzten auf die Sowjetunion, auf deren militärische Kraft und internationalen Einfluß. Unter den Bedingungen des faschistischen Strafvollzuges bewährte sich einmal mehr die internationalistische Haltung der KPD-Mitglieder. Sie hatten ein klares und eindeutiges Verhältnis zum ersten Arbeiter-und-Bauern-Staat der Welt. Die Kriegsvorbereitungen Deutschlands hatten die politischen Gefangenen ständig mit der Sorge beobachtet, vor allem unter dem Gesichtspunkt, daß sich die Faschisten auf eine baldige Aggression gegen die UdSSR vorbereiteten. Dabei gingen sie von der Tatsache aus, daß trotz des Nichtangriffsvertrages der grundlegende historische Gegensatz zwischen Imperialismus und Sozialismus keineswegs aufgehoben worden war. Am 22. Juni 1941 wurden die wahren Absichten der Faschisten zur Gewißheit. Sie waren angetreten, den Sozialismus und sein Bollwerk, die Sowjetunion, zu vernichten. »Mit gewaltsamen Mitteln sollte der Grundwiderspruch der Epoche zwischen Sozialismus und Imperialismus zur Stabilisierung des imperialistischen Weltsystems unter deutscher Führung und Vorherrschaft gelöst werden.«[211] Tief beunruhigt und erschüttert nahmen die Antifaschisten die Nachricht vom faschistischen Überfall auf die UdSSR zur Kenntnis. Sie waren sich bewußt, daß dieser der Sowjetunion aufgezwungene Krieg gewaltige Opfer kosten würde. Keiner konnte voraussagen, wie lange diese Auseinandersetzung anhalten würde. Eines trat aber jetzt deutlich zutage. Der Charakter des Krieges begann sich zu wandeln. Mit dem Kriegseintritt der UdSSR hatte die entscheidende Auseinandersetzung zwischen Imperialismus und Sozialismus begonnen. Eine Auseinandersetzung, in der es um die nackte Existenz der beiden Kriegsparteien ging. Die Geschichte der Sowjetunion hatte bewiesen, daß der erste sozialistische Staat in der Welt in der Lage war, sich gegen einen zunächst übermächtigen Feind zu verteidigen und ihn schließlich zurückzuschlagen. Der Bürgerkrieg und die imperialistische Intervention der Westmächte hatten diese Tatsache gezeigt. Aus diesen Überlegungen heraus keimte die Hoffnung der politischen Gefangenen auf einen baldigen Sieg der Roten Armee.

Aber die ersten Wochen und Monate nach dem faschistischen Überfall waren bedrückend. Erich Quade erinnert sich an die damalige Stimmung unter den Politischen: »Über den anfänglichen Kriegsverlauf sank das Herz der Genossen ganz schön in die Hosentasche. Wir litten unter jedem Kilometer und jedem Kessel und machten Theorien über Raumtiefe und Vorteile durch Geländeaufgabe. Kein Genosse wollte sich 1941 eingestehen, daß die SU vom Krieg überrascht worden sei.«[212] Die Antifaschisten versuchten die Ursachen für die militärischen Erfolge der faschistischen Wehrmacht zu ergründen. Ihre politische Erfahrung und der Kriegsverlauf bis 1941 sagten ihnen, daß die Faschisten zu Beginn des Überfalls auf die SU über stärkere Kräfte an Menschen und Material sowie über reichere Kriegserfahrung verfügten. Der Überraschungseffekt war den Faschisten gelungen. Die faschistische Presse feierte die Siege der Wehrmacht mit großaufgemachten Sondermeldungen. »Der Leuchtturm« war voll davon. In der Ausgabe vom 27. Juli 1941 stand, daß ganz Europa gegen den Bolschewismus kämpfe.[213] Am 9. November 1941 folgte die Nachricht, daß 260 Sowjetdivisionen vernichtet worden seien und die bolschewistische Gefahr für Europa gebannt wäre.[214]

Auf Grund dieser Berichterstattung waren die politischen Gefangenen um so mehr an konkreten und wahren Informationen über die Ereignisse an der Ostfront interessiert. Sie wußten, daß die faschistische Presse kein realistisches Bild von den Kämpfen vermittelte. Sie waren auf Informationen von Besuchern oder loyalen Wachtmeistern angewiesen, die ausländische Sender abhören konnten oder an illegales Material der Widerstandsbewegung herankamen. Diese Quellen flossen aber nur sehr spärlich, denn die Faschisten begegneten dem Anwachsen der Widerstandsbewegung mit gesteigertem Terror. So wurden allein im zweiten Halbjahr 1941 von der Gestapo über 70 000 Antifaschisten und andere Kriegsgegner verhaftet. 1942 wurden durch die faschistische Justiz 3400 Gegner des faschistischen Regimes hingerichtet.[215]

In der ersten Periode des zweiten Weltkrieges kam es zur Konsolidierung großer Widerstandsgruppen, die vor allem in den beiden letzten Kriegsjahren hervortraten. Die Faschisten reagierten darauf mit einer erneuten Verschärfung ihres Terrors. Diesen Gruppen gehörten auch ehemalige Gefangene des Zuchthauses Waldheim an, unter ihnen Georg Schumann, Arthur Hoffmann, Karl Jungbluth. Andere Antifaschisten setzten den Kampf im Konzentrationslager fort. Dazu gehörten Ernst Schneller, Fritz Selbmann und Dr. Maria Grollmuß.

So intensiv, wie es im Zuchthaus möglich war, verfolgten die politischen Gefangenen den Kriegsverlauf. Erst mit Verspätung erfuhren sie von den Niederlagen der faschistischen Wehrmacht im Winter 1941/1942 vor Moskau. Im Dezember 1941 hatte die Rote Armee mit einer großangelegten Gegenoffensive begonnen, die bis zum April 1942 andauerte. In ihrem Verlauf verlor die deutsche Armee über eine Million Mann. In der Wehrmachtsführung brach eine tiefe Krise aus. Eine Reihe von Generalen trat zurück oder wurde entlassen. Der Blitzkriegsplan der Faschisten war gescheitert. Trotz dieser Tatsachen konnten die Gefangenen im »Leuchtturm« vom 12. April 1942 lesen: »Die jetzigen Sowjetangriffe sind gleichsam die letzten Zuckungen abgekämpfter Armeen, die vorstoßen und im deutschen Abwehrfeuer liegenbleiben.«[216] Die Antifaschisten hatten gelernt, zwischen den Zeilen zu lesen. Die Feststellung, daß es Sowjetangriffe gegeben hatte, weckte neue Hoffnungen. Wenn die faschistische Propaganda gezwungen war, über sowjetische Angriffe zu berichten, so mußten sie doch erhebliche Wirkungen verursacht haben. Positive Nachrichten über den Verlauf der Kriegshandlungen in der Sowjetunion waren von außerordentlicher Bedeutung für die Antifaschisten, gaben sie doch Zuversicht und machten Mut. Eine der wichtigsten Quellen für solche Informationen waren die Sendungen ausländischer Rundfunkstationen, wie Radio Moskau und BBC London. In der 21. Belegschaft, wo sich Hans Ziller befand, wurden unter anderem auch Radioapparate von Beamten repariert. Die Genossen, die daran beteiligt waren, führten die Reparaturen stets so aus, daß immer ein Apparat in der Werkstatt blieb. Hans Ziller kann sich genau an die Methode erinnern, die die Gefangenen anwendeten: »Erst wenn ein Beamter einen anderen Apparat zur Reparatur brachte, wurde der ›erste‹ fertig. So war die Spitze der Belegschaft (gemeint sind die führenden Genossen) stets über den Verlauf der Kampfhandlungen und die politische Perspektive informiert.«[217] In einem unterirdischen Gang – im Keller des Neuen Zellenhauses – hörte man ausländische Sender ab. Das bedeutete in jedem Falle Lebensgefahr für die betreffenden Antifaschisten. Walther Kirsten berichtet, daß es ihm gelang, Inspektor Siegert auf die Seite der politischen Gefange-

nen zu ziehen. Er wußte, daß die verlängerten Reparaturen von Radioapparaten dazu dienten, ausländische
Sender abzuhören. Er hatte aber selbst große Angst vor
einem Verrat dieses Umstandes, weil er nicht sofort eine
Meldung bei der Anstaltsleitung gemacht hatte. Ge-
deckt durch das loyale Verhalten Siegerts beschafften
sich die politischen Gefangenen auch den Schlüssel zur
Werkstatt, so daß sie sich notfalls auch einschließen
konnten.[218] Das Abhören ausländischer Sender war aber
nur eine Seite des Kampfes. Die andere bestand in der
Weiterverbreitung der aufgenommenen Informationen
unter den politischen Gefangenen. Walther Kirsten, der
als Anstaltselektriker im gesamten Bereich des Zuchthauses zu tun hatte, knüpfte Kontakte zu Gerhard Winkler, der als Kesselmaurer beschäftigt war. Genosse
Winkler gab die erhaltenen Informationen an Gefangene
verschiedener Belegschaften weiter. Er selbst hörte
auch ausländische Sender ab.[219] Hans Ziller gab die
Nachrichten an Genossen der 23. Belegschaft weiter.
Das geschah während der Benutzung eines gemeinsamen Waschraumes. So erfuhr ein ziemlich großer Teil
der politischen Gefangenen die Wahrheit über die Lage
an der Ostfront. Die Nachrichten gelangten über Angehörige der Wäsche- und Kübelkolonne und über Walther
Kirsten auch in das Frauenzuchthaus.

Trotz der pausenlosen faschistischen Siegesmeldungen wurde immer deutlicher, je länger der Krieg dauerte, daß es den Faschisten nicht gelingen würde, die
Sowjetunion militärisch zu vernichten. Das zeigte sich
auch im Verhalten einiger Beamter. Gerhard Winkler
schreibt dazu: »Ein Teil der Beamten war durch die
›siegreichen Rückwärtsbewegungen‹ der Nazis skep-
tisch geworden, und man konnte unter größter Vorsicht
mit ihnen diskutieren.«[220] Teilweise machte sich unter
den Wachtmeistern Angst vor der Zukunft breit. Einige
bekamen plötzlich humanistische Anwandlungen. »Das
unaufhaltsame Vordringen der Roten Armee war in einem Umdenken bei einigen Beamten zu spüren. Mancher Beamte pirschte sich vorsichtig an Genossen
heran, um zu erfahren, was das ›Später‹ mit sich
bringt.«[221] So erinnert sich Ferdinand Bartl. Unter dem

Eindruck der Erfolge der Roten Armee nahm die Intensität politischer Diskussionen wieder zu. Jede Gelegenheit, die sich bot, wurde zu einem Disput über die aktuelle Lage an der Front und in Deutschland genutzt. Niemand hat die Debatten darüber gezählt, wie das künftige Deutschland aussehen würde. Aber mit immer größerer Sicherheit konnten die Antifaschisten davon ausgehen, daß der Faschismus unter den mächtigen Schlägen der Antihitlerkoalition zusammenbrechen würde und das Ende ihrer Haft immer näher rückte.

Aus dem »Leuchtturm« und anderen Zeitungen erfuhren die Antifaschisten von den Ereignissen um den 20. Juli 1944. Diese verdeutlichten die tiefen Widersprüche, in die sich die faschistischen Machthaber verstrickt hatten. Selbst führende Generale erkannten die Sinnlosigkeit dieses Krieges, wenn auch unter anderem politischem Vorzeichen. Und auch ihre Absichten unterschieden sich von denen der Kommunisten und linken Sozialdemokraten. Die grausame Abrechnung Hitlers mit seinen Gegnern zeigte aber auch, daß der Faschismus noch nicht besiegt war. Trotzdem, die Breite der antifaschistischen Widerstandsbewegung nahm von Tag zu Tag zu, und der Sturz des Faschismus rückte in greifbare Nähe. Die Zuchthausgefangenen spürten auch bei der täglichen Arbeit in den verschiedenen Abteilungen des Zuchthauses, daß das Ende des Faschismus nahte. Ferdinand Bartl mußte für das Wanderer-Werk in Chemnitz Fernschreibgeräte montieren, die in der faschistischen Wehrmacht zum Einsatz kommen sollten. »Eine Sabotage erübrigte sich, denn die vom Werk gelieferten Einzelteile waren von so schlechter Qualität, daß sie uns unter den Fingern wie Streichhölzer zerbrachen. Auch dies war ein Anzeichen dafür, daß das Tausendjährige Reich mit Riesenschritten seinem Ende entgegenging.«[222]

Von der bevorstehenden Niederlage des Faschismus zeugte unter anderem auch, daß »Der Leuchtturm« im September 1944 sein Erscheinen einstellte. Diese Anzeichen und das Wenige, was über den Kriegsverlauf bis zu ihnen gedrungen war, gab der Diskussion unter den politischen Häftlingen neuen Auftrieb und stärkte ihr Vertrauen in die eigene politische Überzeugung. Die Erfolge der Roten Armee und des Sowjetvolkes erfüllten sie mit Hoffnung und bestätigten ihre klassenmäßige Einschätzung der faschistischen Aggression. Keine faschistische Propaganda und auch nicht das provokatorische Auftreten des Zuchthauspersonals konnte sie so von ihren Überzeugungen abbringen. Und es kündet vom ungebrochenen Siegeswillen und historischen Optimismus der ehemaligen politischen Häftlinge des Zuchthauses Waldheim, daß sie sich bereits während der Haftzeit auf neue Kämpfe einstellten.

Aktionen im Männer- und Frauenzuchthaus

Aus den geschilderten Haftbedingungen ergaben sich für den antifaschistischen Kampf relativ begrenzte Möglichkeiten. Dazu gehörten ohne Zweifel die vielfältigen Kontakte unter den politischen Gefangenen und die schon beschriebenen politischen Diskussionen. Aber die politischen Häftlinge nutzten auch noch andere Methoden, um sich untereinander zu helfen und dem faschistischen Zuchthausregime Widerstand entgegenzusetzen. Diese Kampfformen waren der Spezifik des faschistischen Strafvollzuges angepaßt. Erstes und wichtigstes Anliegen war die Aufhebung beziehungsweise die Durchlöcherung der durch die Faschisten auferlegten starken Isolation der politischen Gefangenen und damit die Sicherung des Überlebens im Zuchthaus. Das schloß natürlich die materielle Hilfe, also auch die illegale Weitergabe von Lebensmitteln, ein.

Durch die Anwendung des sächsischen Strafvollzuges, der das beschriebene Stufensystem einschloß, bestand etwa bis Ende 1939 die Möglichkeit, nach Erreichen der Mittelstufe für eine Reichsmark monatlich zusätzlich Nahrungsmittel, vor allem Zucker und Fett, einzukaufen. Während die kriminellen Gefangenen zum größten Teil diese Lebensmittel dazu benutzten, um Geschäfte mit anderen Gefangenen und auch mit den Wachtmeistern zu machen, boten sie den politischen Gefangenen eine Möglichkeit, sich gegenseitig aktiv zu unterstützen. Die Weitergabe von Lebensmitteln an andere Gefangene war strengstens verboten. Wie aus Erinnerungen vieler Politischer hervorgeht, zog es stets harte Maßnahmen nach sich, wenn ein Gefangener bei der illegalen Weitergabe von Lebensmitteln ertappt wurde. Meist verhängte man eine Arreststrafe, verbunden mit Strafkost und der sofortigen Rückstufung in die Unterstufe. Aber immer wieder wurde diese Form des Kampfes praktiziert, denn die aktive materielle Unterstützung war für viele Gefangene gleichbedeutend mit der Fortexistenz der Partei, der Fortsetzung ihres Kampfes hinter Kerkermauern, nicht zuletzt aber auch für viele mit der Chance zum Überleben. Auf diesem Gebiet handelten die politischen Gefangenen größtenteils auf sich allein gestellt, und hier bewährte sich einmal mehr ihre solidarische Haltung all jenen gegenüber, die unter den faschistischen Haftbedingungen zu leiden hatten. Besonders positiv wirkte sich die Unterstützung mit Lebensmitteln auf Gefangene aus, die erst wenige Tage im Zuchthaus waren und auf diese Weise zum erstenmal mit dem antifaschistischen Kampf der politischen Gefangenen in Berührung kamen. Gerade die ersten Tage und Wochen nach der Inhaftierung waren die schwerste Zeit. Das plötzliche Herausgerissensein aus dem normalen Alltag, die Trennung von der Familie, von Freunden, Bekannten und Kampfgefährten, all das mußte erst einmal verkraftet werden. Deshalb setzte hier so schnell wie möglich die aktive Solidarität der Antifaschisten untereinander ein. Vorrangig kümmerten sich die Genossen um Gefangene, die in Einzelhaft saßen. Ebenso wichtig war die Unterstützung der Antifaschisten, die im Krankenbau lagen und besonderer Hilfe bedurften. Welche Gefangenen konnten aber diese Hilfe leisten? Subjektiv wollte es bestimmt jeder tun, objektiv mußten dafür bestimmte Voraussetzungen gegeben sein. Die wichtigste war, daß der Betreffende möglichst unauffällig an Lebensmittel herankam. Das war bei Häftlingen der Fall, denen Funktionen bei der Verteilung von Lebensmitteln übertragen worden waren. An erster Stelle war es der sogenannte Speckschneider, dessen Aufgabe darin bestand, das Brot, die Marmelade, das Fett usw. für alle Belegschaften in Portionen vorzubereiten. Eine zentrale und wichtige Funktion, und es gelang, sie ab 1937 fast immer mit politischen Gefangenen zu besetzen. Der Speckschneider hatte ständigen Kontakt zu den sogenannten Brotschneidern auf den einzelnen Belegschaften, die das Essen auf die Zellen verteilten. Diese Tätigkeit verrichteten oft auch die jeweiligen Kalfaktoren.

Paul Großmann, als Kochältester in der Küche des Zuchthauses von 1936 bis 1939 beschäftigt, bewirkte gemeinsam mit Karl Bobach und Ernst Schneller, daß Max Schmidt die Funktion des Speckschneiders etwa 1937 übernehmen konnte. Damit war die zentrale Stelle für die Verteilung von Lebensmitteln mit einem politischen Gefangenen besetzt.[223] Paul Großmanns Einsatz als Kochältester war ebenfalls nicht zufällig, sondern auf Betreiben von Ernst Schneller und Karl Bobach erfolgt, die ihn bei Hauptwachtmeister Kirmse für diese Funktion vorgeschlagen hatten.[224] Neben Kirmse setzten auch andere Wachtmeister politische Gefangene in Funktionen ein, weil sie ihre Arbeit zuverlässig verrichteten und meist ihren kriminellen Vorgängern geistig überlegen waren. Diesen Vorteil nutzten die politischen Gefangenen geschickt aus; denn mit dem Einsatz in eine zentrale Funktion innerhalb des Zuchthausbetriebes verband sich die Suche nach geeigneten und vor allem zuverlässigen Verbindungsleuten, über die die Solidaritätsaktionen abgewickelt werden konnten. Sie mußten in jeder Hinsicht zuverlässig sein, damit alles vor den Kriminellen und vor dem Wachpersonal verborgen blieb. Genosse Herbert Hilse, der die Funktion des Speckschneiders Anfang 1940 übernahm und bis Juni 1941 ausübte, berichtet über seine Tätigkeit: »Immer versuchte ich herauszukriegen, ist der Brotschneider ein politischer oder ein krimineller Häftling? Die Kriminellen erhielten nur 1 bis 2 Portionen zusätzlich. Den Genossen gab ich einige Portionen mehr. Das hing von der Größe der Belegschaft ab, auffallen durfte es nicht.«[225]

Die Lebensmittel wurden von den Kalfaktoren auf den Belegschaften verteilt. Aber auch andere Genossen, die zur Küche gute Verbindungen hatten, nutzten diese, um für andere Gefangene zusätzliche Lebensmittel zu bekommen. Paul Eichler hatte solche Verbindungen zum schon erwähnten Genossen Max Schmidt, der ihn mit Lebensmitteln versorgte und auch anderen Gefangenen etwas zukommen ließ.[226] Die direkte Verbindung zur Küche ergab sich aus der Funktion von Paul Eichler, der als Heizer im Kesselhaus des Zuchthauses arbeitete. Das Kesselhaus erhielt das Essen direkt aus der Küche.

Wie riskant es war, Brot und andere Lebensmittel weiterzugeben, schildert Willy Kaden. Nachdem er einige Zeit in Einzelhaft zubringen mußte, wurde er als Zellenwärter eingesetzt. Er schreibt: »Von früh bis abends mußte ich scheuern, kehren, Essen austragen und vieles mehr. Die Füße waren durch die lange Zellenhaft weich geworden, und so kam es, daß ich bald nicht mehr laufen konnte. Mit der Zeit wurde ich aber immer dreister und gab einigen politischen Zelleninsassen mehr Brot und manchmal auch einen marinierten Hering. Auch Neuigkeiten wollten sie wissen, und soweit ich etwas erfahren hatte, teilte ich ihnen das mit ... Was ich machte, war sehr gefährlich, und eines Tages ging ich auch dabei ein. Ich hatte einem kriminellen Arrestanten Brot in seine Zelle gegeben, und dieser wurde zum Verräter. Schuld daran war eigentlich der Zellenwärter, der mein Vorgesetzter war. Es war ein Leipziger, und er schaute sehr oft durch die Spione an den Zellentüren, um festzustellen, was der Gefangene machte. Er sah, daß der Gefangene, dem ich Brot gegeben hatte, ein kleines Bleistiftchen besaß und etwas schrieb. Sofort ging er, meldete es dem Inspektor, der die Zellentür öffnete und den Bleistift verlangte. Der Gefangene rettete sich damit, daß er mich verriet und dem Inspektor sagte, daß ich ihm Brot gegeben hatte. Erst wollte der Inspektor mich in die Arrestzelle werfen, machte es aber dann doch nicht. Als Zellenwärter wurde ich sofort abgelöst und mußte von da an Badewärter machen.«[227]

Willy Kaden hatte noch Glück im Unglück, denn die Funktion des Badewärters war für den illegalen Kampf sehr wichtig. War doch das Bad ein zentraler Anlaufpunkt für alle Gefangenen. Jeder Häftling mußte nach Antritt seiner Strafe ins Bad. So war man über »Neuzugänge« unterrichtet. Darüber hinaus konnte im Bad so manche Information ausgetauscht werden. So setzte Willy Kaden die illegale Arbeit auch in der neuen Funktion als Badewärter fort. Er knüpfte enge Verbindungen zu Genossen, die Wannenbäder erhielten. Bei einem heimlichen Gespräch mit einem ihm bekannten Antifaschisten aus Rübenau wurde er von einem Wachtmeister ertappt. Es erfolgte daraufhin seine sofortige Ablösung als Badewärter, und die Anstaltsleitung ordnete die Verlegung des Gefangenen in das Elbregulierungslager Dessau/Roßlau an.[228]

Auf der 2. Belegschaft, wo sich die Schneiderei des Zuchthauses befand, hatten die politischen Gefangenen festgelegt, daß für die Neuankömmlinge regelmäßig Lebensmittel aus dem Einkauf der Gefangenen, die in der Mittelstufe waren, abgezweigt wurden. Eine gewisse Zeit ging das auch gut. Kriminelle Gefangene mußten aber etwas davon bemerkt haben, denn Ende November 1937 teilte Hauptwachtmeister Simon der Belegschaft vor Beginn der Arbeit folgendes mit: »Wenn die Politischen glauben, hier ihre Rote Hilfe organisieren zu können, dann können sie sich schon jetzt ausrechnen, wohin der Weg führt.«[229] Genosse Hugo Puff erhob Protest gegen diese Anschuldigungen und erhielt dafür fünf Tage verschärften Arrest. Das zeigt, wie die Anstaltsleitung gegen jede Art Widerstand seitens der politischen Gefangenen mit harten Maßnahmen vorging. Groß war die Unterstützung der älteren Genossen für die jüngeren Antifaschisten. Meist gaben sie ihnen von ihrer kärglichen Essenration noch etwas ab, um deren ständigen Hunger zu mildern. Richard Thiede war mit einem alten Kampfgefährten seines Vaters zusammen, der mit 65 Jahren eine Haftstrafe über sich ergehen lassen mußte. Er berichtet, wie dieser Genosse ihn unterstützte. »Er gab mir regelmäßig von seinen Pellkartoffeln einige ab und sagte: ›Junge halte dich – Du wirst noch gebraucht!‹, und wenn ich verschämt ablehnte, fügte er hinzu: ›Wir sind doch Genossen‹.«[230] Die Solidarität unter den politischen Gefangenen wirkte sich nicht nur rein physisch aus, indem der Betreffende bei Kräften blieb. Weit größer war die Bedeutung als Kraftquell in psychischer Hinsicht. Der Gefangene verspürte ein starkes Gefühl der Gemeinsamkeit und der Sicherheit, daß er in jeder Situation mit der Hilfe der anderen politischen Gefangenen rechnen konnte. Darum ging es den Genossen in erster Linie, wenn sie versuchten, gleich in den ersten Tagen der Haft den neuen politischen Gefangenen etwas an Lebensmitteln und immer ein paar Worte des Vertrauens zukommen zu lassen. Das nahm den Neuinhaftierten ein wenig von der Mutlosigkeit und der Angst, gab ihnen das Gefühl, nicht allein zu sein. Auf diese Weise stärkte man vor allem das Selbstvertrauen der Antifaschisten, die eine lange Zeit Einzelhaft zu überstehen hatten. Hans Ziller, etwa drei Jahre lang in Einzelhaft, erinnert sich an die erste Berührung mit dem antifaschistischen Kampf im Zuchthaus Waldheim: »Am 24. 12. 1936 steckte mir der Kalfaktor der 18. Belegschaft – namens Lorenz – vier Stück Würfelzucker und zwei Plätzchen Schokolade zu, mit der Bemerkung: Sofort essen! Das war der zweite Tag meines Aufenthaltes in Waldheim und bereits das erste Solidaritätszeugnis, welches nur von der Partei kommen konnte. In der strengen Einzelhaft waren bis Mitte 1939 – da wurde ich auf die 11. Belegschaft/Nordseite verlegt – solche Solidaritätsbeweise für mich die einzigen Anzeichen, daß die Partei im Wirken der Genossen weiterexistierte, die an ihrem Platz ihr Möglichstes taten.«[231] Genosse Hans Ziller war vom Volksgerichtshof am 4. Dezember 1936 zu der drakonischen Strafe von 12 Jahren Zuchthaus und 10 Jahren Ehrenrechtsverlust verurteilt worden.[232] Solch ein Strafmaß wirkte sich natürlich auf einen jungen Antifaschisten nicht nur physisch, sondern vor allem auch psychisch negativ aus. In dieser Situation half die Solidarität über vieles hinweg.

Unterstützung mit Lebensmitteln konnte eine Zeitlang auch den politischen Gefangenen gewährt werden, die in den Arrestzellen saßen. Kontinuierlich war das natürlich nicht möglich. Aktive Hilfe konnten nur Genossen leisten, die mit den Gefangenen in den Arrestzellen direkt in Berührung kamen. So erhielt beispielsweise Rudolf Eichler von Karl Winter aus Leipzig mehrere Male etwas Brot. Rudolf Eichler war 22 Jahre alt, und die

Zuchthauskost konnte seinen Hunger nicht stillen. »Auch wenn mal einer von uns Arrest hatte, wurde er die ersten Tage stets von unseren Genossen mit einer kleinen Abgabe von der eigenen Portion unterstützt«,[233] erinnert er sich.

1942/1943 übte Reinhold Hentschke die Funktion des Badewärters aus. Auch er nutzte diese Zeit, um politische Gefangene zu unterstützen, und führte einen umfangreichen Nachrichten- und Informationsaustausch. Der damalige Brotschneider, ein tschechischer Gefangener, hatte immer etwas Brot in Reserve, das er Genossen Hentschke illegal übergab. Einmal wurde es benutzt, um den Leiter des Bades zu bestechen, zum anderen aber versteckte Reinhold Hentschke immer etwas davon, um es im geeigneten Moment politischen Gefangenen zu übergeben. Ein Krimineller hatte davon etwas bemerkt und daraufhin mehrfach versucht, ihn beim Leiter des Bades zu denunzieren. Aber der hatte ja selbst Brot angenommen, so daß er es nicht wagte, Reinhold Hentschke bestrafen zu lassen. Wie schon Willy Kaden vor ihm, gab auch er Informationen an die Kalfaktoren weiter, die er von den Neuinhaftierten erhielt. Er war stets darüber informiert, wer neu eingeliefert worden war, mit welchem Strafmaß, auf welche Abteilung usw. Manchmal gelang es auch, ein kurzes Gespräch zu führen. Genosse Hentschke hat dann auch beim zuständigen Amtmann erwirkt, daß die wichtige Funktion des Badewärters nach seiner Entlassung wieder mit einem Genossen besetzt wurde. Es handelte sich um Felix Jahn.[234] Eine weitere Aufgabe des Badewärters bestand darin, Wäsche in das Waschhaus des Frauenzuchthauses zu bringen. Das zählte zu den ständigen Pflichten, und Reinhold Hentschke übergab dabei neben wichtigen Informationen auch Brot und andere Lebensmittel.[235] Manchmal mußte man zu einem Trick greifen, um mit einem bekannten Genossen, der neu eingeliefert worden war, in engeren Kontakt zu kommen. Eines Tages erkannte er unter den Neuankömmlingen einen seiner Kampfgefährten, Genossen Herbert Paulsen. Damit ihre Bekanntschaft dem Wachpersonal nicht auffiel, nahm Reinhold Hentschke Paulsen zur Seite und erklärte ihm sehr laut und eindringlich, daß er bei ihm Läuse festgestellt habe. Er müsse aus diesem Grunde sofort desinfiziert werden. Das Desinfektionsbad wurde von beiden zu einem längeren Gespräch genutzt, wobei Genosse Hentschke seinen Kampfgefährten mit den Gepflogenheiten des antifaschistischen Kampfes im Zuchthaus bekanntmachte. In der Folgezeit kam Herbert Paulsen mehrere Male in der Woche zum Bad, wo er von Reinhold Hentschke Lebensmittel erhielt. So konnte er eine Reihe von politischen Gefangenen unterstützen.[236] Außerdem gelangten auf diesem Wege auch Informationen an politische Gefangene auf den einzelnen Belegschaften.

Man kann es sich heute kaum vorstellen, aber auch im faschistischen Zuchthaus fanden politische Gefangene Möglichkeiten, kleinere Aktionen anläßlich von Gedenk- und Feiertagen der revolutionären Arbeiterbewegung durchzuführen. Natürlich waren diese den Zuchthausbedingungen angepaßt. Einige Beispiele für solche Gedenk- und Feierstunden sind uns überliefert. Eine Form, in der revolutionärer Ereignisse im Zuchthaus Waldheim gedacht wurde, bestand in der Durchführung von sogenannten Schweigestunden. Genosse Walter Hanig, von 1934 bis 1938 in Waldheim inhaftiert, erinnert sich an eine solche Aktion auf der 17. Belegschaft des Zuchthauses im Januar 1935. Dort befanden sich zu dieser Zeit auch die Genossen Hans Neumann, Konrad Böhm, Hans Tschirner, Paul Popp, Arno Hunger, Karl Hahn, Rudolf Tschamer, Arno Zahn und Rudolf Pfitzner. Auf Initiative der Genossen Paul Popp, Walter Hanig, Hans Tschirner, Arno Hunger und Konrad Böhm wurde beschlossen, im Januar 1935, zu Ehren der im Januar 1919 ermordeten Genossen Rosa Luxemburg und Karl Liebknecht sowie des im Januar wiederkehrenden Todestages von W. I. Lenin, eine Gedenkstunde durchzuführen. Nach Verabredung bekundeten alle politischen Gefangenen durch ein einstündiges Schweigen ihre Verehrung und Hochachtung für die drei hervorragenden Führer der deutschen und internationalen Arbeiterbewegung. Das heißt, es wurde auch kein Wort zu sonst notwendigen Arbeitsinformationen verloren. Walter Hanig berichtet: »Da wir erstmalig als Häftlinge getrennt waren – die Politischen auf der rechten Seite und die Kriminellen auf der linken Seite – fiel unser Schweigen den kriminellen Häftlingen besonders auf. Der Leiter der Belegschaft 17, Inspektor Bauch, veranlaßte sofort eine stärkere Bewachung durch die Wachtmeister. Sie hatten zunächst keine Erklärung für unser einstündiges Schweigen. Die Anstaltsleitung stellte Nachforschungen an, die zu dem Ergebnis führten, daß die Genossen Paul Popp, Konrad Böhm, Arno Hunger, Rudolf Tschamer, Karl Hahn, Hans Tschirner und Walter Hanig als Initiatoren dieser Gedenkstunde anzusehen seien.«[237] Die Anstaltsleitung reagierte auf die mutige Aktion der politischen Gefangenen gut eine Woche später mit einem Beschluß, von einem Oberregierungsrat unterzeichnet und vom 28. Januar 1935 stammend. Er hatte folgenden Wortlaut:

»Die Strafgefangenen Popp, Paul
Hanig, Walter
Tschirner, Hans
Hunger, Arno
Böhm, Konrad,

sämtliche Abteilung 11, sind mit Einzelhaft und Sonderbewegung zu bestrafen.

Die Strafgefangenen Hanig, Walter
Popp, Paul

sind mit 4 Wochen verschärftem Dunkelarrest in Palisade zu bestrafen.

Begründung:

Am 21. 1. 1935 führten die Genannten auf der Abteilung 17 eine illegale Feierstunde, anläßlich des Todestages der Führer des jüdischen Weltproletariats, Lenin, Liebknecht und Luxemburg durch. Popp und Hanig sind als Rädelsführer anzusehen, da sie in ihren Freizeitbeschäftigungen ihre Schreibhefte mit kommunistischen Gedichten beschreiben.«[238] Paul Popp und Walter Hanig hatten tatsächlich in ihre Schreibhefte Aussprüche der Klassiker oder anderer führender Persönlichkeiten der Arbeiterbewegung geschrieben. Auf der ersten Seite seines Schreibheftes hatte Walter Hanig notiert: »Wir haben nichts zu verlieren als unsere Ketten, aber eine Welt zu gewinnen!«[239]

167o/11. Schirmer hat in sein S.-B.-Heft Niederschriften eingetragen, die den S.-B.-Vorschriften nicht entsprechen.
Das gilt vor allem von den Einträgen Bl.1/b, 2/b, 8/b,
11, 11/b, 14/b, 15, die in ihrer Gesamtheit als Ausdruck staatsfeindlicher Gesinnung angesehen werden
können und die sich bezeichnender Weise zum großen
Teil auch in den Heften seiner Gesinnungsgenossen, die
gleichzeitig mit ihm auf der 17. Bel. waren, finden
(123o Hunger, 1395 Zschammer, 1693 Höhne, 1636 Hönig).
Aus dieser Übereinstimmung der S.-B.-Niederschriften
geht hervor, daß die genannten Gefangenen auf der 17.
Belegschaft ihre Hefte ausgetauscht haben; und sie sind
verdächtig, eine staatsfeindliche Gesinnungsgemeinschaft
gebildet zu haben.
   Vorschlag: dem Sch. wird die S.-B.-Genehmigung entzogen; das
Heft wird eingezogen.

IV. Abtlg. u. d. nsp. dn Vol.

4. Feb. 1935

[handschriftliche Notiz:] a/ Die genannten Gefangenen haben
am 15.1. als nachweislich anläßlich der
erfolgreichen Saarabstimmung nicht ge.

Für Paul Popp hatten die harten Bestrafungen mit verschärftem Arrest, verbunden mit einer völlig unzureichenden Ernährung, schwerste Folgen. Paul Popp hatte
sich für die Durchführung der Feierstunde zu Ehren
Lenins, Rosa Luxemburgs und Karl Liebknechts eingesetzt. Dafür war er bereits von Belegschaftsführer Hanzig mit drei Wochen Arrest bestraft worden. In der entsprechenden Akte hieß es dazu: »Popp hat sich bei der
Außenkolonne kommunistischer Umtriebe schuldig gemacht, indem er dem 1556 Hahn aufgegeben hat, die
Aufforderung zu einer Gedenkfeier zum Tod Liebknechts
und der Luxemburg unter den anderen politischen Gefangenen zu verbreiten. Mit 3 Wochen Arrest bestraft.
Belegschaftsführer Hanzig«[240] Den erschwerten Bedingungen im Arrest war Paul Popp nicht gewachsen. Es
traten akute Herzbeschwerden auf. Nach den Notizen in
den Zuchthausakten verstarb Paul Popp am 29. April
1935 gegen 15.15 Uhr an Hirnbluten.[241] Es kann kein Zweifel daran bestehen, daß sein Tod die Folge der Arreststrafe und der damit verbundenen schlechten Ernährung
und brutalen Behandlung war. Außerdem hatte Paul
Popp die Strafe trotz aufgetretener Beschwerden antre-

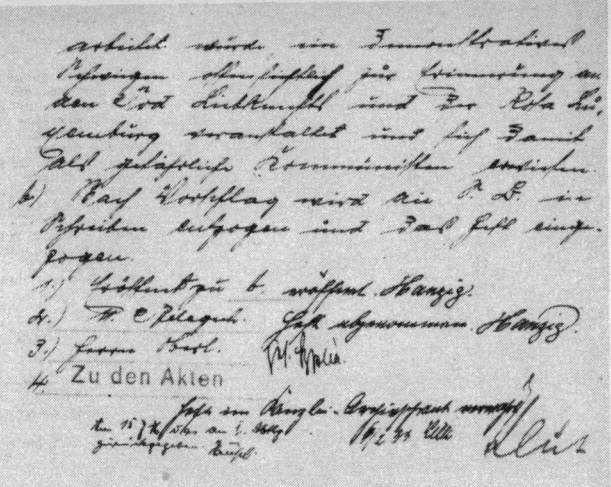

Entzug der Selbstbeschäftigungsgenehmigung
für den Gefangenen Schirmer

ten müssen. Hugo Bergmann, der über gute Verbindungen zu den Genossen in den Arrestzellen verfügte, informierte die Genossen über den Zustand von Paul Popp. Er teilte ihnen mit, daß Paul Popp bis zuletzt ungebrochen war und die Genossen aufforderte, den Kampf umsichtig und entschlossen fortzusetzen.[242] Hugo Bergmann spielte bei der Herstellung von Verbindungen zwischen den Genossen der 11. und 14. Belegschaft eine wesentliche Rolle. Er hatte Kontakte zu Ernst Schneller, Ernst Wabra, Karl Ferlemann sowie zu Ferdinand Bartl, Erich Krahl, Victor Dick, Fritz Selbmann und Fritz Unger.[243] Solche kleinen Feiern, wie die geschilderte, waren dennoch keine Seltenheit, und sie verfehlten ihre politisch-moralische Wirkung auf die Beteiligten nicht. Andererseits wird deutlich, daß die Zuchthausleitung mit harten Maßnahmen reagierte und nicht gewillt war, politischen Aktivitäten auch nur den kleinsten Spielraum zu geben.

Selbst in der Einzelhaft erlahmte der Wille zur politischen Demonstration nicht. Ferdinand Bartl berichtet, wie er auf die Idee kam, am 1. Mai 1935 eine rote Fahne (in Form eines Stoffrestes) aus dem Zellenfenster zu hängen: »Einige Tage vor dem 1. Mai 1935 besuchte mich ein Beamtenanwärter, den ich aus der Untersuchungshaft kannte, und erkundigte sich nach meinem Ergehen. Im Gespräch erwähnte ich, daß sich unter meinen Lumpen (Genosse Bartl sortierte Lumpen – *M. H.*) eine rote Fahne befindet, die ich am 1. Mai aus meinem Zellenfenster hissen würde. Am Vorabend des 1. Mai erschien der Oberamtmann Wendler in meiner Zelle und warnte mich: ›Wenn Sie Ihr Vorhaben ausführen, stehen Sie eine Stunde später an der Wand.‹ Auf seine Frage, nach welchem Modus ich die Lumpen sortierte, antwortete ich: ›Es gibt braune Lumpen, feldgraue Lumpen, schwarze Lumpen und ab und zu auch mal rote Lumpen.‹ Wendler, ein ehemaliger Stahlhelmer, schmunzelte und bezeichnete mich als einen ausgekochten Halunken. Nach einiger Zeit wurde mir dann eine andere Arbeit zugewiesen.«[244] Ferdinand Bartl verwirklichte sein Vorhaben nicht. Er tat gut daran, denn die Warnung Wendlers war ernst gemeint. Andererseits drückte sich in der Zuweisung einer neuen Arbeit eine gewisse Furcht davor aus, daß Genosse Bartl ähnliches zu einem späteren Zeitpunkt versuchen würde.

Obwohl sich schon in den ersten Wochen und Monaten nach der Errichtung der faschistischen Diktatur zeigte, daß Antifaschisten selbst durch härteste Unterdrückungsmaßnahmen nicht von ihrer politischen Überzeugung abzubringen waren, versuchten die Faschisten immer wieder, Einfluß auf die politische Haltung von Antifaschisten auszuüben. Im Strafvollzug geschah das mittels Schulungen, Vorträgen und kleineren Propagandaveranstaltungen. Für Gefangene im Alter bis zu 25 Jahren führte man – wie bereits geschildert – einen regelrechten Unterricht durch, dessen Hauptziel in der Einimpfung faschistischer Ideologie bestand.

Ende des Jahres 1935 fand im Zuchthaus Waldheim ein Ereignis statt, an das sich viele ehemalige politische Gefangene sehr gut erinnern können. Die Anstaltsleitung des Zuchthauses, allen voran Direktor Schiefer, hatte sich für die politischen Gefangenen etwas Besonderes ausgedacht. Ein Vortrag über die Sowjetunion, gehalten vom Nazi-Gauredner Drechsel, sollte den politischen Gefangenen den Standpunkt der Faschisten zum ersten sozialistischen Staat der Erde beibringen. Der Vortrag wurde im November 1935 in der Anstaltskirche gehalten und gestaltete sich zu einer einmaligen Demonstration der politischen Standhaftigkeit der eingekerkerten Antifaschisten.[245] An den Vorbereitungen konnten die politischen Gefangenen bereits erkennen, daß es sich um eine besondere Aktion der Anstaltsleitung handeln mußte. Zu unüblicher Zeit wurden die politischen Gefangenen rasiert und mußten ihre Tuchgarnitur anziehen, das Beste an Kleidung, was ein Gefangener besaß. Danach wurden sie in die Anstaltskirche geführt. Dort sahen sich viele Genossen nach langer Zeit zum erstenmal wieder. Walter Hanig schildert die Situation so: »Nach vielen Jahren saßen wir uns als Parteiarbeiter, Funktionäre unserer Partei gegenüber ... Die Blicke unserer Genossen schweiften suchend von einem zum anderen in das große Rund der Kirche. Sehr oft blitzte es in den Augen der Genossen auf, wenn sie den einen oder anderen erkannten, mit dem ihn die illegale Arbeit oder ein gleiches Gerichtsverfahren verband.«[246] Zwischen den Gefangenen hatten Strafvollzugsbeamte Platz genommen, um die Reaktionen der Antifaschisten genau beobachten zu können. Nachdem sich alle Gefangenen in der Kirche befanden, erschienen der Direktor des Zuchthauses, Dr. Schiefer, und der Redner der Veranstaltung. Schiefer erklärte das Vorhaben der Anstaltsleitung, die Politischen mit dem Neuesten aus der Sowjetunion vertraut machen zu wollen. Gleichzeitig betonte er, daß alles ein Versuch sei und daß die politischen Gefangenen bei entsprechendem Verhalten öfter die Gelegenheit haben würden, solche Vorträge zu hören.[247]

Nach dieser Einleitung erteilte Direktor Schiefer Drechsel das Wort, und er begann mit seinem Vortrag. Zunächst berichtete er aus seinem persönlichen Leben. Er wies darauf hin, daß er als Arbeitsloser mit großen Hoffnungen in die Sowjetunion gegangen sei, jedoch tief enttäuscht zurückkehren mußte. Mehr und mehr ent-

Bestrafungsbeschluß für Paul Popp

puppte sich dieser sogenannte Vortrag als eine »niederträchtige, vorbereitete, infame Provokation der Faschisten«.[248] Max Laue, damals unter den Zuhörern, erinnert sich an den Inhalt des Vortrages: »Drechsel sprach von der Sowjetunion, dort sei keine Ordnung, die Menschen könnten nicht wie Menschen leben, und es sei für einen vernünftig denkenden Bürger ausgeschlossen, sich eine Gesellschaftsordnung zu wünschen, in der man verhungern müsse.«[249] Die politischen Gefangenen bemerkten sofort, worauf diese Worte abzielten. Sie waren nicht bereit, diese ungeheuren Verleumdungen und Entstellungen widerspruchslos hinzunehmen. Zunächst wurden einige Bemerkungen des Redners mit Heiterkeit beantwortet. »Er hielt es für Zustimmung, er wurde frech und setzte zur nächsten Verleumdung der Sowjetunion an. Aber kaum war sie heraus, da brach ein Lachen los, als ob er gerade einen Witz erzählt habe.«[250] Zu dem anfänglichen Gelächter gesellten sich Füßetrampeln und laute Pfiffe. Das Ganze steigerte sich schließlich zu tumultartigen Szenen. Wie ein großes Kollektiv standen die politischen Gefangenen zusammen und verteidigten die Sowjetunion. Sie bedienten sich dabei des einzigen Mittels, das sie unter diesen Bedingungen besaßen, und lachten diesen Faschisten aus, hinderten ihn am Weitersprechen. Als der Lärm seinen Höhepunkt erreicht hatte, bemerkte auch der Zuchthausdirektor, daß die Absicht, die Politischen in irgendeiner Weise von ihrer Haltung zur Sowjetunion abzubringen, fehlgeschlagen war. Er schrie um Ruhe und griff wahllos einige Genossen heraus, die gelacht haben sollten. Auf seine Anweisung hin wurden sie sofort in die Arrestzellen gebracht. Der Vortrag mußte abgebrochen werden. Der Direktor erklärte, daß es nie wieder eine derartige »Vergünstigung« für politische Gefangene geben werde. Das war das Eingeständnis einer klaren Niederlage. Der Versuch der politischen Beeinflussung der Antifaschisten in nazistischem Geist war fehlgeschlagen. Aber die Anstaltsleitung ließ ihre ohnmächtige Wut an den Genossen aus, die sie in die Arrestzellen geworfen hatte. Walter Hanig erinnert sich daran, daß Genosse Pietzsch aus Breslau nach vier Wochen als verstorben gemeldet wurde.[251] Der Einschätzung von Max Laue über das Ergebnis dieser Aktion ist voll zuzustimmen, wenn er feststellt: »Auf heimtückische Weise, gestützt auf die faschistische Staatsmacht, wollten uns diese Gauner im Glauben an die Kraft der Arbeiterklasse und der Sowjetunion schwankend machen. Doch das Gegenteil trat ein. Gestärkt auf Monate und Jahre gingen wir zurück.«[252] Die Anstaltsleitung mußte feststellen, daß es ihr nicht gelingen würde, den Widerstandswillen der politischen Gefangenen mittels massiver politischer Beeinflussung zu brechen. Sie fürchtete nach diesem Vorgang noch stärker die Kraft der Solidarität unter den Antifaschisten. Bis 1945 hat es keinen zweiten derartigen Versuch der Beeinflussung politischer Gefangener seitens der Faschisten gegeben.

Bereits bei der Schilderung der Haftbedingungen wurde festgestellt, daß auch im Zuchthaus Waldheim für die Rüstungsindustrie des faschistischen Staates produziert wurde. Je länger die faschistische Herrschaft dauerte, um so mehr wuchs ihr Anteil an der Gesamtproduktion in den Werkabteilungen des Zuchthauses.

Der Bedarf an Rüstungsgütern wuchs ständig. Die Arbeitshetze wurde verschärft, das heißt, es wurde immer mehr Arbeitsleistung bei gleichzeitig sinkender Ernährungsgrundlage gefordert. Das führte bei vielen zu Mangelerkrankungen und Erschöpfungserscheinungen. Die schlechten Arbeitsbedingungen taten ein übriges. Gegen diese Willkür des faschistischen Zuchthausregimes versuchten sich die Antifaschisten organisiert zur Wehr zu setzen. Immer stellte sich die Frage, wie man die Produktion sabotieren könne. Das war sehr kompliziert, denn die meisten Werkmeister waren faschistisch eingestellt, und außerdem gab es viele kriminelle Gefangene, die durch besonders hohe Arbeitsleistungen eine vorzeitige Entlassung aus dem Zuchthaus erwirken wollten. Sie waren dazu bereit, politische Gefangene bei den Wachtmeistern zu denunzieren. Weiter muß man berücksichtigen, daß Sabotage mit der Todesstrafe bedroht wurde. Durch den Kriegsbeginn waren die entsprechenden gesetzlichen Bestimmungen weiter verschärft worden. Die angefertigten Werkstücke – Teile von Waffen, Fernschreibgeräten und anderes – wurden sehr genau kontrolliert. Wirksamer Schaden konnte nur unter größter Vorsicht angerichtet werden. Am sichersten war es deshalb, das Arbeitstempo nicht in dem von den Faschisten geforderten Maß zu erhöhen. Bei dieser Methode ließ sich immer Ungeschicklichkeit, zu wenig Erfahrung und ähnliches vortäuschen. Den politischen Gefangenen ging es in erster Linie darum, das Arbeitssoll auf einem Niveau zu halten, wo jeder die geforderte Mindestleistung erbringen konnte. Das hatte große Bedeutung, denn diejenigen Gefangenen, die das Arbeitssoll weit unterschritten, waren ständigen Schikanen durch die Wachtmeister ausgesetzt oder erhielten schlechtere Arbeiten zugeteilt, wie zum Beispiel Federn schleißen und Lumpen sortieren. Es kam auch vor, daß Gefangene Arbeiten verrichten mußten, bei denen ihnen die nötige Geschicklichkeit fehlte. Wirkte sich das spürbar auf das zu erbringende Soll aus, dann setzte die Hilfe der politischen Gefangenen untereinander ein. Auf der 6. Belegschaft wurden Wäscheknöpfe gestanzt. Ein Zivilarbeiter richtete die Maschinen ein, wechselte die

Werkzeuge und brachte die Arbeit. Werner Pufe berichtet über seine Tätigkeit in dieser Abteilung: »Die Arbeit wurde nach Einheiten vergütet. Wieviel Hundert oder Tausend eine Einheit waren, kann ich heute nicht mehr sagen. Monatlich wurde das Arbeitsergebnis in ein Arbeitsbuch eingetragen. Für eine Einheit gab es wohl 3 oder 5 Pfennige, je nach Größe der mit Leinen überzogenen Knöpfe. Für uns Genossen gab es einen ungeschriebenen Beschluß, dem sich später auch einige Kriminelle anschlossen. Monatlich sollten 20 Einheiten nicht überschritten werden. Wenn wir merkten, daß es zuviel werden konnten, sabotierten wir, indem wir dem Stempel einen kleinen Schlag gaben. Dadurch wurde das Leinen nicht eingezogen. Das gab viel Ausschuß, so daß der Wachtmeister die Arbeit einstellen ließ.«[253] Die Genossen achteten streng darauf, daß keiner die 20 Einheiten überschritt. Auf diese Weise wirkte man der Antreiberei wirksam entgegen. Wäscheknöpfe waren zwar kein bedeutendes Rüstungsgut, aber sie wurden dennoch dringend gebraucht. Außerdem wurde das Regime insofern geschwächt, daß Material und Arbeitszeit ohne verwertbares Ergebnis vergeudet wurden. Rudolf Lemmer, der auf der gleichen Belegschaft arbeiten mußte, erinnert sich, daß an Sonntagen, während die meisten Gefangenen zum Gottesdienst gingen, die Arbeitsleistungen untereinander ausgeglichen wurden.[254] So entgingen viele Genossen Drangsalierungen durch die Wachtmeister.

In einer so großen Haftanstalt, wie es das Zuchthaus Waldheim war, konzentrierte sich die illegale politische Arbeit auf die einzelnen Belegschaften und nicht auf eine das gesamte Zuchthaus erfassende illegale Leitung des antifaschistischen Kampfes. Über eine organisierte politische Arbeit auf einer der vielen Belegschaften des Zuchthauses berichtet Genosse Hans Ziller. Auf der 21. Belegschaft hatte sich in den Jahren 1939/1940 eine politische Führungsgruppe herausgebildet, zu der Fritz Schreiter, Karl Thomas und Alfred Jahn gehörten.[255] Schreiter war Mitglied der KPD (O), Thomas der SAP, Jahn der KPD. Hans Ziller erinnert sich, wie er in die Arbeit dieser Gruppe einbezogen wurde: »Nach meiner

Verlegung auf die 21. hatte mich die Gruppe innerhalb weniger Tage als politischen Häftling erkannt. Nach kurzer Zeit sagte mir Genosse Thomas ganz offen, daß alles, was hier getan wird, die Verhaltensweise jedes Genossen, von der Gruppe bestimmt wird. Damit gehörte ich wieder einem festen Kollektiv an. Fritz Schreiter war in der Werkzeugausgabe und konnte deshalb unmittelbar mit jedem Genossen in Verbindung treten. Um mich persönlich kümmerte sich Genosse Jahn. Er arbeitete an der Drehbank und fungierte als eine Art Vorarbeiter. Er fertigte auch für viele Beamte und andere Personen Feuerzeuge u. ä. an und erreichte damit, daß bei ihm sehr oft ein Auge zugedrückt wurde.«[256] Innerhalb dieser Gruppe politischer Gefangener fand ein regelmäßiger konspirativer Austausch über den Kriegsverlauf statt. Dabei stützten sich die Genossen auf Angaben, die sie von abgehörten ausländischen Rundfunksendungen hatten. 1943 wurde die illegale politische Arbeit durch den Kriminellen Gärtner verraten. Die Gefangenen Schreiter und Thomas wurden in eine andere Belegschaft gebracht. Genosse Schreiter wurde 1945 vom Volksgerichtshof zum Tode verurteilt und hingerichtet. Genosse Thomas wurde in das KZ Dachau überführt und dort ermordet.[257] Durch die Denunziation Gärtners erlitt die politische Arbeit auf der 21. Belegschaft einen Rückschlag. Später gelang es jedoch den politischen Gefangenen, Gärtner zu isolieren, und der antifaschistische Kampf wurde fortgesetzt.

Die Gefangenen der 21. Belegschaft wurden durch einen Betrieb aus Hartha mit Arbeiten für die Flugzeugindustrie beschäftigt. Es handelte sich dabei um Teile für Elektromotoren. Es mußten Dreh-, Bohr- und Entgratungsarbeiten ausgeführt werden. Hans Ziller schildert seine Tätigkeit: »Ich hatte mehr oder weniger aus Unachtsamkeit von defekten Ankern die Wicklungen einschließlich der Isolierungen zum Kern abgedreht. Damit waren die Ankerkerne für eine neue Wicklung unbrauchbar geworden. Werkmeister Gey drohte mir vor der gesamten Belegschaft eine Anzeige wegen Sabotage an. Jetzt wußte ich aber, wo und wie man Schaden zufügen konnte.«[258] Hans Ziller nutzte seine Kenntnisse aus der

Elektrotechnik und verlängerte die Prüfzeit für die anzu-
fertigenden Motoren willkürlich. Das führte zu einer erheblichen Verringerung ihrer Verwendbarkeitsdauer.
Solche Art von Sabotage war für die Wachtmeister und
Werkmeister kaum festzustellen. Sie machte sich erst
bemerkbar, nachdem die Motoren längst die Produktionsstätten im Zuchthaus verlassen hatten.

Großen Umfang nahm in Waldheim die Produktion
von Maschinengewehrteilen an. Sie konzentrierte sich
auf die 8. und 15. Belegschaft des Zuchthauses.[259] In den
Jahren 1942/1943 wurde bis zu 16 Stunden in den Werkstätten für den faschistischen Krieg geschuftet. Nur die
Gefangenen erhielten sogenannte Nachkost, die das
hohe Arbeitssoll erfüllten. Bei Nichterfüllung der gesetz-
ten Norm kam es zu Bestrafungen mit Arrest. Unter diesen Bedingungen entschlossen sich deutsche und tschechoslowakische Antifaschisten, gegen diese Verhältnisse zu kämpfen. Willi Grünert schildert die damalige
Situation: »Die Gruppe der Antifaschisten der Wasser-
kante (Hamburger Genossen – *M. H.*) beschloß daher
mit der tschechoslowakischen Gruppe, diese Verhältnisse zu ändern. Im Verlaufe einiger Monate gelang es,
durch persönliche, geschickt geführte Aussprachen, einen großen Teil der Gefangenen davon zu überzeugen,
daß das Pensum-System jeden einzelnen auf die Dauer
vernichten würde. Durch Erschwerung der Arbeitszutei-
lung und Verteilung wurden die über das Pensum lei-
stenden Gefangenen derartig bedrängt, daß nach kurzer
Zeit die Zuchthausinspektion und die Betriebsleitung gezwungen waren, die Nachkost gleichmäßig an alle Gefangenen zu verteilen. Nachdem dieser erste Stoß gegen die Betriebsleitung gelungen war, wurde durch die
Hamburger ein zweiter Stoß vorbereitet. Die Abteilung 8
und die Abteilung 15 wurden, da in der Abteilung 15 ein
Brand ausgebrochen war, zusammengelegt. Dadurch
wurde ein Teil der Hamburger Antifaschisten bei der
Kontrolle der fertigen Arbeit beschäftigt.«[260] Diesen Vorzug der Kontrolltätigkeit nutzten die politischen Gefangenen aus, um die Produktion von Maschinengewehrteilen zu drosseln. Die Gruppe der Kontrolleure machte der
zivilen Kontrollstelle und der Militärkontrollkommission

klar, daß, wenn die Sicherheit und volle Funktionstüchtigkeit der Waffen garantiert sein sollten, eine Produktionssenkung unumgänglich sei. »Trotz stärkster Kontrolle gelang es, die Kommission davon zu überzeugen, daß bei der Minderwertigkeit der Materialqualität nur eine Tagesleistung von 900 Stück möglich ist. Dadurch wurden pro Tag 350 Maschinengewehrteile weniger produziert und das Solidaritätsgefühl der tschechoslowakischen und deutschen Antifaschisten in der gemeinsamen Aktion gestärkt.«[261] Das war eine erhebliche Produktionssenkung, und sie bewies die Wirksamkeit spezifischer Kampfmethoden im faschistischen Zuchthaus. Das Antreibersystem in den Werkabteilungen wurde unterlaufen.

Ähnliches gelang den Genossen in der Buchbinderei, die die produktive Zeit an den Maschinen auf ein Minimum beschränkten.[262] Auf der 3. Belegschaft, wo sich die Buchbinderei befand, kam es auch zur Verweigerung der Brotzuteilung durch die Gefangenen. Max Kästner erinnert sich an dieses Ereignis wie folgt: »Auf meiner Belegschaft in der Buchbinderei hatten wir eines Tages unsere Zuteilung an Brot verweigert. Es war nicht genießbar. Es klebte im Mund fest. Einige hatten es angenommen, aber die Mehrzahl, darunter fast alle politischen Gefangenen, hatten es zurückgegeben. Alle warteten wir, was jetzt, nach der sogenannten Meuterei, kommen würde. Doch von der Zuchthausverwaltung wurde nichts unternommen.«[263] Von ehemaligen Gefangenen des Frauenzuchthauses wird diese Verweigerung ebenfalls bestätigt. Es handelte sich wahrscheinlich um verdorbenes Brot, mit dem das gesamte Zuchthaus beliefert worden war. Die Zuchthausleitung sah sich gezwungen, neues Brot zu beschaffen. 1938 war so etwas noch möglich, mit Beginn des Krieges hätte man die Gefangenen wohl hungern lassen.

Im Zuchthaus Waldheim existierte, wie in allen großen Strafanstalten, eine sogenannte Anstaltsfeuerwehr. Zu den regelmäßigen Übungen wurden auch Gefangene herangezogen. Eine günstige Gelegenheit, um dem tristen Zuchthausalltag für kurze Zeit zu entfliehen, vor allem aber eine Möglichkeit für die Entfaltung des antifaschistischen Kampfes. Walther Kirsten, von 1941 bis 1945 in Waldheim inhaftiert, wurde 1943 als Leiter der Anstaltsfeuerwehr eingesetzt. Er berichtet, daß es gelungen war, Inspektor Siegert so zu beeinflussen, daß dieser seinen Vorschlägen hinsichtlich der Teilnehmer an den Übungen zustimmte. Dadurch befand sich eine Reihe von Genossen in der Anstaltsfeuerwehr. Die zweimal im Monat stattfindende Übung wurde in vier von fünf Fällen in der Nähe des Neuen Zellenhauses oder im Gebäude selbst durchgeführt.[264] Die illegale Arbeit, die während der Übungen geleistet wurde, beschreibt Walther Kirsten so: »In meiner Eigenschaft als Leiter der Anstaltsfeuerwehr hatte ich die Möglichkeit, Nachrichten (gemeint sind Informationen aus abgehörten Rundfunksendungen – M. H.) unter den Mithäftlingen zu verbreiten. Bei den angesetzten Feuerwehrübungen, die zweimal im Monat stattfanden, kam ich beinahe mit Gefangenen aller Belegschaften des Zuchthauses zusammen. Bei sogenannten Isolierzellen (meistens Franzosen oder Polen) gingen wir sogar mit der großen Feuerlöschleiter am Zellenhaus hoch und warfen in unbeobachteten Augenblicken Brot und neueste Nachrichten (in Form von Kassibern) durchs Fenster.«[265] Für solche Aktionen war natürlich die genaue Kenntnis der örtlichen Gegebenheiten des Zuchthauses notwendige Voraussetzung. Walther Kirsten verfügte über diese Kenntnisse, da er auch als Anstaltselektriker tätig war. So wurde eine Reihe Verbindungen zu ausländischen Gefangenen hergestellt. Die aktive illegale Tätigkeit im Rahmen der Anstaltsfeuerwehr wird von Erich Quade bestätigt.[266] Auch ein Kindertransport, der Ende 1944 / Anfang 1945 in Waldheim eintraf, konnte von den Genossen mit Lebensmitteln unterstützt werden.

Neben den geschilderten Formen des antifaschistischen Kampfes bestimmte Solidarität in jeder denkbaren Form das Handeln der Antifaschisten. Das Wort von Genosse zu Genosse, die übermittelte Nachricht, der Kontakt zu alten Kampfgefährten hatten ebenso großen Wert wie die gegenseitige materielle Unterstützung. »Unsere Hauptmethode, um die einzelnen Genossen psychisch aufrecht zu erhalten, ihr Selbstvertrauen zu stärken und sie gleichzeitig ideologisch zu festigen, war die ständige vertrauensvolle Aussprache unter den Genossen. Dadurch wurden sie politisch-ideologisch gefestigt und in die Lage versetzt, eventuelle Schwächeanwandlungen, die bei dem einen oder anderen Genossen infolge von Zweifeln in die Kraft der Arbeiterklasse und in die Gesetzmäßigkeit der Entwicklung der Gesellschaft auftauchten, zu überwinden«,[267] erinnert sich Kurt Brünner. Die Bedeutung solcher Gespräche ist angesichts der Zuchthaushaft und deren Auswirkungen auf die Psyche der Gefangenen nicht hoch genug einzuschätzen. Selbst die bloße Zeichensprache unter den politischen Gefangenen hatte in dieser Beziehung ihren festen Platz im Rahmen des antifaschistischen Kampfes. Gerhard Winkler, einer derjenigen, die 12 Jahre im Zuchthaus Waldheim verbringen mußten, schätzt die Wirkung der Zeichensprache und gegenseitigen Aufmunterung so ein: »Bei der täglichen Bewegung im Freien ermutigten wir uns Genossen durch heimliche Zeichensprache. Das war unser einziger Halt.«[268] Alle Möglichkeiten wurden für die Herstellung von Verbindungen zwischen den Genossen genutzt, und oftmals wurden sie nur realisiert, weil ein loyaler Wachtmeister ein Auge zudrückte.

Franz Walther berichtet: »Ich lag auf der 12. Belegschaft im Zellenhaus und mußte für die Firma Steger & Michaelis arbeiten. Aus Lederabfällen wurden Dichtungen aller Art und Größe hergestellt. Zum Transport des Leders, das in Säcken ankam, mußten manchmal zwanzig Mann antreten, um diese Säcke vom Hof bis auf den Dachboden in die 5. Etage zu transportieren. Die Säcke wogen ca. siebzig bis achtzig Pfund. Wiederholt wurde ich dazu aus der Zelle geholt, und ich konnte die Wachtmeister so beeinflussen, daß meistens Genossen dazu kamen. So konnten wir alle Nachrichten gut untereinander austauschen und uns verständigen.«[269] Rudolf Divis gehörte zur Außenabteilung, deren Aufgabe es unter anderem war, das Essen auszutragen. Ebenso wurden von diesen Gefangenen Kartoffeln geschält und verschiedene Reinigungsarbeiten durchgeführt. Leiter der Kolonne war ein Genosse aus Dresden. Er sorgte dafür, daß nur Genossen in die Kolonne aufgenommen wurden. »Ganz genau erinnere ich mich«, schreibt Rudolf Divis, »wenn wir abends mit unseren Blechkübeln ins Frauengefängnis kamen, so war Olga Körner aus Dresden stets an ihrem Fenster, und wir begrüßten sie auf unsere Art.«[270] Genossin Körner gab die Grüße an andere politische Gefangene weiter.

Unter Zuchthausbedingungen wurden manchmal Mittel der politischen Demonstration angewandt, die ungewöhnlich sind. Gotthard Held, als Gefangener in der Gärtnerei des Zuchthauses tätig, grüßte die Mitgefangenen auf eine ganz besondere Weise. Er schreibt: »Während meiner Tätigkeit in der Gärtnerei mußte ich die Grünflächen im Zuchthausgelände kurz halten. Einmal habe ich, während des Rundganges der Zellenhausbelegung, Hammer und Sichel, die ich neben anderen Arbeitsgeräten bei mir führte, symbolhaft auf den Rasen gelegt, um die Genossen aufzumuntern.«[271] Wie das von den Genossen aufgenommen wurde, schildert Paul Großmann: »In der Außenkolonne der Gärtnerei hatte doch ein Genosse Hammer und Sichel nebeneinander gelegt. Für uns war diese Aktion eine große Freude, die entsprechend aufgenommen wurde. War es doch ein Beweis, daß es auch unter solchen Bedingungen im Zuchthaus Genossen gab, die schöpferisch alle Möglichkeiten nutzten und sich als standhafte, optimistische, antifaschistische Widerstandskämpfer bewährten.«[272] Immer wieder versuchten die erfahrenen Antifaschisten, den Jüngeren mit Rat und Tat zur Seite zu stehen. Kurt Liebermann erinnert sich unter anderem daran, daß im Zellenhaus Verbindungen zur Jungmännerabteilung geknüpft wurden. In dieser Abteilung befand sich auch Horst Sindermann. Die jungen Antifaschisten fragten an, welches Buch aus der Bibliothek studiert werden sollte. Die älteren Genossen empfahlen ihnen das Buch »Vom Proletariat zum Arbeitertum« von Robert Ley. Nicht aber, weil politische Gefangene Sympathien für den faschistischen Verfasser hatten, sondern vielmehr deshalb, weil sich in diesem Buch das Vorwort zur Kritik der Politischen Ökonomie von Marx befand. Sie sollten es auswendig lernen und durchdenken, um sich danach über die Hauptgedanken zu verständigen. Der briefliche

Kontakt dauerte mehrere Monate, und dabei leisteten Genossen, die als Arbeitsmaterialzuteiler bei der Firma Steger & Michaelis tätig waren, wertvolle Hilfe.[273] Horst Sindermann erinnert sich, daß die jungen Genossen einen Gedankenaustausch über Lenins Werk »Der Imperialismus als höchstes Stadium des Kapitalismus« durchführten. Das mußte aus dem Gedächtnis heraus geschehen, und man verständigte sich durch Kassiber und Klopfzeichen. Natürlich dauerte diese Art von Diskussion mehrere Monate.[274] Große Unterstützung für jüngere Genossen leistete in der 2. Belegschaft des Zuchthauses Arthur Hoffmann. Er führte kleinere politisch-ideologische Schulungen durch. »Die gegenseitige Erziehung und Aufmunterung trugen wesentlich dazu bei, das Klassenbewußtsein zu stärken und zu festigen.«[275] Ähnlich wirkte auch Georg Schumann, der seine großen politischen Erfahrungen für eine aktive Arbeit unter den politischen Gefangenen nutzte.

Besonders aber Ernst Schneller war während seines gesamten Zuchthausaufenthaltes in Waldheim ein Vorbild für jeden Antifaschisten. Sofort nach seiner Einzelhaft hielt er seine Mitgefangenen dazu an, sich gezielt mit politisch-ideologischen Fragen zu beschäftigen. Er stellte einen Tagesplan auf und sorgte dafür, daß er eingehalten wurde. Während der Arbeit beschäftigten sich die Gefangenen mit politischen Tagesthemen, mit dem Erlernen von Fremdsprachen und nicht zuletzt mit Grundfragen des Marxismus-Leninismus.[276] So trug die antifaschistische Arbeit dazu bei, das wichtigste Ziel des Kampfes im Zuchthaus zu erreichen: die Haft geistig und körperlich so gut wie möglich zu überstehen. Daran hatten die Genossen Ernst Schneller, Georg Schumann, Arthur Hoffmann, Horst Sindermann in den Jahren 1933 bis 1939 einen hervorragenden Anteil. Nach ihrer Entlassung traten andere Antifaschisten an ihre Stelle, so daß der antifaschistische Kampf bis zur Befreiung des Zuchthauses im Mai 1945 fortgeführt wurde.

Zur Spezifik des Zuchthauses Waldheim gehört die Tatsache, daß sich in den alten Mauern des ehemaligen Schlosses neben der Männeranstalt auch eine relativ große Frauenanstalt befand. Bis 1937 bestand sie aus einem Frauengefängnis, und danach wurde sie in ein Frauenzuchthaus umfunktioniert. Ungefähr 450 weibliche Gefangene betrug die maximale Belegungsfähigkeit.[277] Aber bald wurde diese überschritten, und 1942 befanden sich schon 929 Frauen in Haft. In den Belegschaften 1 und 2 mußten die Häftlinge Näharbeiten ausführen und die Beamten- und Gefangenenwäsche ausbessern. Im Waschhaus wurde die gesamte anfallende Wäsche des Zuchthauses gewaschen. Zu Beginn der faschistischen Herrschaft war der Anteil der weiblichen politischen Gefangenen noch relativ gering. Er stieg in der Folgezeit rasch an. 1936 betrug er im Frauengefängnis etwa 33 Prozent und ging bis 1939 auf etwa 15 Prozent zurück.[278] Nach Kriegsbeginn ist ein nochmaliges rasches Ansteigen der Zahl der politischen Gefangenen zu verzeichnen, insbesondere durch die Inhaftierung von tschechischen und später auch anderen ausländischen Frauen und Mädchen.

Für eine Frau stellte die Verbüßung einer Haftstrafe eine besonders schwere körperliche und seelische Belastung dar. Vor allem dann, wenn es sich bei der Gefangenen um eine junge Mutter handelte, die durch die Verhaftung und Verurteilung für lange Zeit von ihren Kindern und ihrer Familie getrennt wurde. Es gab viele solche Schicksale, und die Bewältigung der damit verbundenen Konflikte und Probleme verdient Hochachtung und Respekt. Johanna Kretzschmar zum Beispiel hatte zum Zeitpunkt ihrer Verurteilung einen dreijährigen Sohn. Sie litt sehr stark unter der Trennung. Um das Gefühl der Niedergeschlagenheit zu verdrängen, malte sie für ihn hinter Zuchthausmauern mit den ihr zur Verfügung stehenden primitiven Mitteln ein kleines Bilderbuch.[279] Elsa Henschke wurde durch die Inhaftierung von ihrem fünfzehnjährigen Sohn und ihrer zwölfjährigen Tochter getrennt. Nach langem Zittern und Bangen erfuhr sie, daß dem Sohn die Flucht in die Sowjetunion gelungen war. Wenig später mußte sie aber die schreckliche Nachricht zur Kenntnis nehmen, daß ihre kleine Tochter von den Faschisten sterilisiert worden war. Der Bruder von Erika Gottschalk, die vielen Genossinnen als Kalfaktor eine große Hilfe leistete, wurde in Dachau umgebracht. Ihre Schwester Helga kam in Theresienstadt um. Der Vater erlag in der berüchtigten »Kristallnacht« vom 9. zum 10. November 1938 in Leipzig einem Herzschlag.[280] So war die seelische Belastung, unter der die Antifaschistinnen im Zuchthaus zu leiden hatten, außerordentlich groß. Unter diesen Umständen erlangte die Solidarität der politischen Gefangenen eine entscheidende Bedeutung. Das Wichtigste, was neuinhaftierten Frauen vermittelt werden mußte, war das Gefühl der Gemeinsamkeit, die Gewißheit, daß es im Zuchthaus eine Reihe von Genossinnen gab, die aktive Hilfe leisten konnten. Maria Kubašec schildert die Situation einer Neuinhaftierten sehr realistisch: »Schlimm waren die Nächte, in denen die Gedanken keine Ruhe fanden. Nächte, die kein Hoffnungsschimmer erhellte. Stunden kamen, in denen alle stützenden Pfeiler zu wanken, alle Quellen geistiger Stärkung zu versiegen schienen.«[281] Diese Stimmungen durften bei den Gefangenen auf die Dauer nicht die Oberhand gewinnen. Deshalb stand an erster Stelle des antifaschistischen Kampfes auch im Frauengefängnis beziehungsweise Frauenzuchthaus die moralische und materielle Solidarität.[282] Darin war die Unterstützung bei persönlichen Problemen eingeschlossen. Den sehr jungen Mädchen und Frauen standen die älteren Widerstandskämpferinnen mit Rat und Tat zur Seite. Ilse Thäle, die zum Zeitpunkt ihrer Inhaftierung 18 Jahre alt war, wurde von den älteren Mitgefangenen liebevoll unterstützt. Sie halfen ihr, wo sie nur konnten.[283] Auch von Zuhälterinnen wurde Genossin Thäle durch die älteren politischen Gefangenen abgeschirmt.[284]

Schon in den ersten Tagen der Haft spürten die Neuankömmlinge die Solidarität im Zuchthaus. Erste aufmunternde Worte und kleinere Ratschläge halfen den Genossinnen, sich schneller zurechtzufinden, und schufen die ersten Verbindungen untereinander. Das war ein ganz wesentlicher Bestandteil der antifaschistischen Arbeit unter den politischen Gefangenen. Grundsätzlich galt für das Verhalten der Politischen folgende, von Johanna Kretzschmar zusammengefaßte Grundhaltung: »Man muß überhaupt sagen, die Mädels haben alle ihr Bestes gegeben, waren uneigennützig. Die gegenseitige

Hilfe war, trotz des Verbotes, für uns ein Gebot der parteilichen Disziplin. Es war unser Grundsatz, sich in jeder Lage so zu verhalten, wie es die Partei verlangte und wie es einem politischen Häftling zukam.«[285] Wegen der einseitigen und schlechten Ernährungslage hatten die politischen Gefangenen den Beschluß gefaßt, sich gegenseitig mit Lebensmitteln zu unterstützen. »Jede Genossin, die sich Lebensmittel kaufen konnte, betreute eine Genossin, die in der Unterstufe war.«[286] Die Mittel- und Oberstufe zu erreichen war für politische Gefangene — wie schon gesagt — nicht leicht. Aber dort, wo es reale Chancen dafür gab, wurden sie im Interesse des antifaschistischen Kampfes wahrgenommen. Anna Hempel erhielt von den Genossinnen sogar den Parteiauftrag, die Oberstufe zu erreichen. Nicht aber, um dadurch lediglich persönliche Vorteile zu erlangen, sondern in erster Linie, um die damit verbundenen Vergünstigungen in den Dienst der Solidarität zu stellen. »In der Oberstufe hatte sie die Möglichkeit, nicht nur Solidarität zu üben, sondern auch eine politische Tätigkeit durchzuführen. Dadurch konnten Informationen, Instruktionen und auch Schulungen, letztere in begrenztem Umfang, gegeben werden«,[287] berichtet Elfriede Bochmann.

Jede der Frauen, die einmal in den Genuß der Hilfe durch andere gekommen war, dankte dies mit der sofortigen Bereitschaft zu aktiver Solidarität. Kurze Zeit nach ihrer Inhaftierung erfuhr Johanna Kretzschmar das erstemal, wie man sich gegenseitig unterstützte. »Schon nach ein paar Tagen konnte ich verspüren, was Solidarität bedeutet und wie sie imstande ist, Mut und Zuversicht zu spenden. Die Genossin Anni Sindermann, die die Verteilung des Essens vornehmen mußte, steckte mir heimlich ein paar Scheiben Brot zu.«[288] In ihrem Spind fand Johanna Kretzschmar ein paar Tage später ein Viertelpfund Speck und ein Viertelpfund Zucker, gespendet von den politischen Mitgefangenen.[289] Eine Schlüsselfunktion für solche Aktionen kam den politischen Gefangenen zu, die im Speisesaal arbeiteten. Diese Tätigkeit übten unter anderen Erika Gottschalk und Herta Mättig aus, letztere als Kalfaktorin im Belegschaftsbereich. Erika Gottschalk hat während ihrer Haftzeit viele Gefangene mit Lebensmitteln unterstützt. Ein besonders beeindruckendes Beispiel aktiver Solidarität schildert wiederum Johanna Kretzschmar: »Ich verlebte meinen 28. Geburtstag. Die Genossinnen vom Speisesaal hatten mir als Geburtstagsgeschenk 5 kleine Näpfchen (je 10 g) Margarine und 5 mit Marmelade in den Spind getan.«[290] Die Freude darüber war verständlicherweise sehr groß und gab vor allem neue Kraft. Weihnachten 1937 fand Irmgard Reich, die im Waschhaus des Zuchthauses arbeitete, in einem der Körbe, in denen Wäsche verstaut war, einen versteckten kleinen Stollen. »Welche Freude, aber auch welche Sorge entdeckt zu werden. Am Abend brachte ich den Stollen, unter der Schürze gut versteckt, durch die Kontrolle auf den Schlafsaal. Nun sollte jede Genossin davon etwas abbekommen. Unter den Betten langkriechend, ohne von der Schlafsaalältesten, einer Kriminellen, bemerkt zu werden, schaffte ich es. So war für alle ein kleiner Höhepunkt geschaffen.«[291]

Häufig war es auch notwendig, sich bei der Überbringung von Lebensmitteln krimineller Gefangener zu bedienen, so daß die Spenden nicht immer zu den Gefangenen gelangten, für die sie bestimmt waren. Deshalb war es immer vorteilhafter, wenn man eine direkte Übergabe durch Politische organisieren konnte. Als Mitte 1937 die ersten weiblichen Zuchthausgefangenen eingeliefert wurden, übten die Politischen aus dem Frauengefängnis sofort Solidarität. Jutta Joos erinnert sich: »Jede Gefangene erhielt damals ein kleines Tütchen Zucker. Es gab einzelne wenige Gefangene, die ihren Zucker oder einen Teil davon ins Frauenzuchthaus hinüber schickten, weil wir gehört hatten, daß politische Gefangene eingeliefert worden wären, die krank seien. Als wir durch einen einmaligen Zufall ein Glas Honig und später ein Viertelpfund Leberwurst erhielten, wanderte dies auch dorthin. Leider erreichten unsere Spenden nicht immer unsere Genossinnen, sondern blieben, wie wir später erfuhren, manchmal bei den Kriminellen, die unsere Mittler waren, hängen.«[292] Genau wie in den Werkabteilungen im Männerzuchthaus herrschte in den

Belegschaften des Frauenzuchthauses eine starke Arbeitshetze, die durch ein hohes Arbeitssoll erzwungen wurde. So gab es Gefangene, die das gestellte Arbeitspensum nicht von Anfang an bewältigen konnten. Um aber Repressalien aus dem Wege zu gehen und um sich die Mittelstufe nicht zu verbauen, die die bereits erwähnte Bedeutung für die aktive Solidarität mit Lebensmitteln hatte, unterstützten sich die politischen Gefangenen gegenseitig bei der Erfüllung des Arbeitssolls. Außerdem war seine Erfüllung mit dem Erhalt einer Zusatzration an Lebensmitteln verbunden. Ziel der gegenseitigen Unterstützung war es schließlich auch hier, Politische an ganz bestimmte Arbeitsplätze zu bringen. Erfüllte eine Gefangene nicht das gestellte Arbeitssoll, so bestand die Gefahr, daß sie durch die Wachtmeisterin an einen anderen Arbeitsplatz versetzt wurde. Deshalb gaben die älteren erfahrenen Genossinnen den jüngeren und neuen Gefangenen jede erdenkliche Hilfe. Ilse Thäle meldete sich im Auftrag der politischen Gefangenen an einen Nähplatz. Anfänglich hatte sie große Schwierigkeiten, das Arbeitssoll zu erfüllen. Durch die Hilfe der anderen politischen Gefangenen und durch heimliches Anlernen wurden diese Schwierigkeiten relativ rasch überwunden.[293]

Einen ständigen Kampf führten die Frauen gegen die sukzessiven Erhöhungen des Arbeitssolls. Da einige kriminelle Gefangene bestrebt waren, mit besonders hohen Arbeitsergebnissen aufzufallen, wurde die Situation immer wieder verkompliziert. Kriminelle erhofften sich durch besondere Leistungen bestimmte Sonderrechte oder gar eine frühzeitige Entlassung. Aufgabe des Kampfes der Politischen mußte es deshalb sein, die Steigerung des Arbeitssolls in erträglichen Grenzen zu halten oder ganz zu verhindern. Das war jedoch sehr gefährlich, denn man geriet sehr leicht in den Verdacht der Sabotage. Johanna Kretzschmar bestätigt diese Tatsache: »Da durch die Kriminellen das Pensum immer höher geschraubt wurde, wollten wir dem entgegentreten, indem wir statt 12 Einkaufsnetze nur 6 Stück anfertigten. Wir hatten es wohl zu auffällig gemacht, denn eines Tages mußten wir zum Oberamtmann, und man sagte uns, daß wir in Arrest kämen, wenn wir es weiter so treiben würden. Man bezeichnete unser Tun als Sabotage.«[294] Marga Jung übte in der 7. Belegschaft die Funktion der Arbeitsältesten aus. Zu ihren Aufgaben gehörte das Notieren der Arbeitsleistung der einzelnen Gefangenen. Auf Betreiben der Politischen hatte sie die Funktion von Liesel Kutter übernommen, als diese entlassen wurde. Zum einen nutzte Marga Jung die tägliche Arbeitsausgabe, um Informationen und Nachrichten zu übermitteln, zum anderen aber auch, um erbrachte Mehrleistungen der Kriminellen politischen Gefangenen gutzuschreiben, so daß das Arbeitspensum von keiner unterschritten wurde.[295]

Überall im Zuchthaus, wo es Funktionen mit größerer Bewegungsfreiheit gab, bemühten sich die politischen Gefangenen darum, sie mit vertrauenswürdigen Antifaschisten zu besetzen. Etwa 1936/1937 berieten die politischen Gefangenen darüber, wer von ihnen in die sogenannte Kübelkolonne der Frauenanstalt gehen sollte. Erika Gottschalk hatte an diesen Diskussionen wesentlichen Anteil. Charlotte Fischer übernahm schließlich diese schwere Aufgabe. Die Kolonne brachte täglich die Fässer mit den Abfällen der Toiletten zum Tor des Frauenzuchthauses, wo sie von der »Männerkolonne« abgeholt wurden. Diese Arbeit war sehr schmutzig und ekelerregend, weshalb man den dort Beschäftigten auch kleinere Vergünstigungen gewährte, wie zum Beispiel eine zusätzliche Essenration. Die Bewegungsfreiheit war kaum eingeschränkt, da die meisten Wachtmeister es vorzogen, dieser Arbeit fernzubleiben. Die zusätzliche Essenration wurde unter den Politischen verteilt, und so leistete Charlotte Fischer ihren spezifischen Beitrag zur Solidarität der politischen Gefangenen.[296] Außerdem wurden natürlich Informationen und andere Neuigkeiten bei dieser Gelegenheit ausgetauscht.

In der sogenannten Nummernkammer des Zuchthauses türmte sich die Wäsche, die ausgebessert werden mußte. Die dort tätigen Gefangenen hatten die Möglichkeit zum Informationsaustausch, und darüber hinaus sorgten sie dafür, daß Politische gut erhaltene Wäsche bekamen. Wie das gemacht wurde, davon berichtet Johanna Nötzold: »Ich habe die Genossin Anni Runge in dieser Funktion abgelöst und mußte mir, bevor sie entlassen wurde, eine Reihe von Nummern Politischer einprägen. Die Genossen im Männerzuchthaus kamen auf diese Weise zu neuer Wäsche und guten Strümpfen. Ich habe mit den Zähnen die alten Nummernfleckchen abgerissen und dafür neue Wäsche einstempeln können.«[297] Es wurde schon davon berichtet, daß die Reparaturkolonnen des Zuchthauses große Bewegungsfreiheit hatten. Fast auf dem gesamten Zuchthausgelände wurden sie gebraucht. Diesen Umstand nutzten die Politischen der Frauenanstalt, um Verbindungen zum Männerzuchthaus herzustellen. Anna Hempel zerbrach mehrfach »zufällig« eine der großen Fensterscheiben in der Wäscherei, wodurch ein Anrücken der Glaserbrigade erforderlich wurde. Ihr gehörte August Nebel aus Chemnitz an, der dabei wichtige Informationen und Lebensmittel überbrachte.[298]

Mutig und entschlossen stellten sich die weiblichen Zuchthausgefangenen dem faschistischen Zuchthausregime entgegen. Ebenso wie ihre männlichen Leidensgenossen gaben sie sich nicht mit der manchmal miserablen Qualität des Essens zufrieden, sondern verweigerten dessen Annahme. Gertrud Keller schreibt: »Als eines Tages der aus Rübenblättern bestehende ›Spinat‹ wieder mal gegoren und stinkend aus den Kübeln quoll, gaben wir die Parole durch: ›Nicht essen!‹ Sie wurde befolgt, auch von Kriminellen. Große Aufregung, Geschimpfe und Gerenne bei den Aufseherinnen. Die herbeigerufene Hauptwachtmeisterin Mordhorst drohte mit harten Strafen, doch wir blieben lieber hungrig, als den Schlangenfraß zu uns zu nehmen.«[299] Dieser Aktion der Politischen folgten seitens der Anstaltsleitung keine weiteren Maßnahmen.

Die Haftanstalten bekamen des öfteren von den verantwortlichen Nazigrößen Besuch. Dabei entstand häufig eine schwierige Situation für politische Gefangene. Im direkten Frage- und Antwortspiel mußten sie sich gegenüber ihren Peinigern äußern. Der Reichsstatthalter der NSDAP für Sachsen, Martin Mutschmann, besuchte das Zuchthaus Waldheim schon im Oktober 1934. Wo-

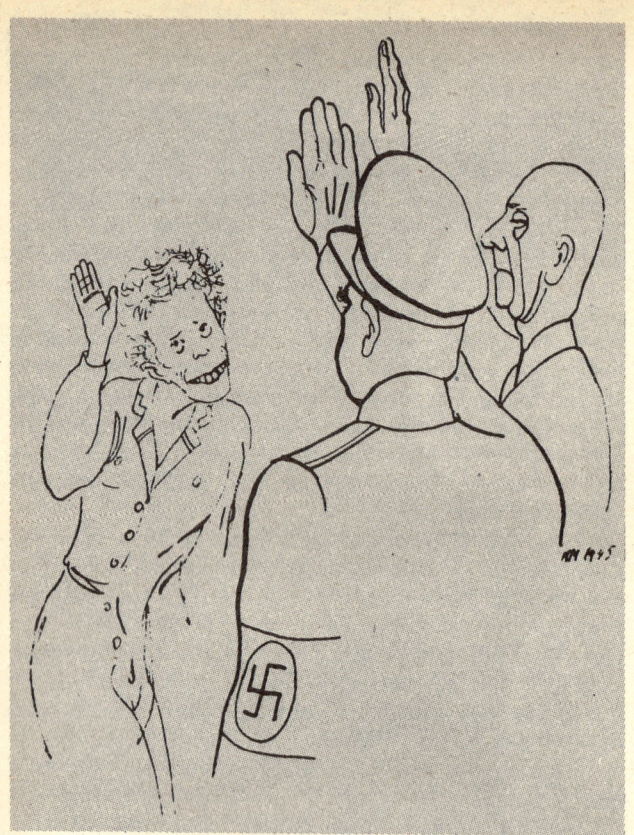

»Besuch«, Zeichnung von Milada Marešova

chen vorher wurden die Gefangenen über das bevorstehende »Ereignis« informiert. Alles mußte gründlich gesäubert werden, die Arbeitssäle, die Flure und die Zellen. Jeder Gefangene erhielt eine Belehrung darüber,
wie er sich zu verhalten hatte. Mutschmann hatte es vor
allem auf die politischen Gefangenen abgesehen. Beinahe schablonenhaft tat er immer wieder dasselbe. Erst
die Frage nach der begangenen »Straftat« und dann der
massive Versuch der Einschüchterung. Jutta Joos war
Zeuge dieses abscheulichen Schauspiels, und als sie

selbst von diesem eingefleischten Nazi befragt wurde, gab sie durch ihr mutiges Auftreten für alle Politischen ein Beispiel. Sie schildert den Vorgang so: »Mir war immer unerträglicher geworden mitanzuhören, wie dieser hochmütige, aufgeblasene Nazi unsere Genossinnen einschüchterte und demütigte. Das bestärkte mich in meinem Entschluß, diesem Kerl gegenüber unsere Sache zu vertreten.«[300] Auf die Frage, wie sie zur illegalen Arbeit für die KPD gekommen sei, erklärte sie: »Ich war Arbeiterin in einem Großbetrieb und bin auf Grund meiner eigenen Erfahrung zu der Überzeugung gekommen, daß die Kommunistische Partei die einzige Partei ist, die die Interessen der Arbeiterklasse vertritt.«[301] Mutschmann begann auf Grund dieser mutigen Antwort zu toben und schrie lauthals herum, dennoch folgten keine Repressalien. Davor hatten vor allem die kriminellen Gefangenen Angst. Sie beschuldigten Jutta Joos, in ihren Äußerungen doch zu weit gegangen zu sein. Aber sie ließ sich nicht beirren und blieb bei ihrem Standpunkt, daß man solchen Leuten die Wahrheit ins Gesicht sagen muß. Natürlich hatte ihr entschlossenes Auftreten positive Auswirkungen auf die Moral der Antifaschistinnen.

Fast gleichartig lief ein Besuch Mutschmanns 1943 ab, weshalb an dieser Stelle einige Bemerkungen dazu gemacht werden sollen. Mutschmann führte diesen Besuch vor allem durch, um sich über die Rüstungsproduktion im Zuchthaus zu informieren. Der Kriegsverlauf zwang die Faschisten, größere Aufträge für die Produktion von Rüstungsgütern den Haftanstalten zu übertragen. Hans Lauter, der den Besuch Mutschmanns auf der 17. Abteilung selbst miterlebte, berichtet: »Vorn, unmittelbar an der Eingangstür zum Arbeitssaal, wurde ein weißgedeckter Tisch aufgestellt, auf dem die Erzeugnisse der Produktion dieser Abteilung, die für die Firma Carl Bauch, Roßwein, arbeitete, säuberlich ausgebreitet wurden. Damals arbeitete ich an einem Gewindestrehler, den ich zum Schneiden eines Trapezgewindes einrichtete, und am zweiten Gewindestrehler nebenan arbeitete ein aus Dresden stammender Jungkommunist, der jüdische Eltern hatte. Er hieß Hans Dankner, war von Beruf Gärtner und durch uns als Genossen auf diese

Abteilung ›organisiert‹ und für die Ausübung einer Arbeit als Dreher qualifiziert worden. An einem Vormittag des Jahres 1943 ging die Eingangstür auf, der Hauptwachtmeister machte Meldung, die wir infolge des Maschinenlärms nicht verstehen konnten, worauf Mutschmann bedeutete: ›Weitermachen!‹ Zu seiner Begleitung gehörten etwa 12 Personen. Etliche dieser Herren gingen ihm voraus und blieben an Maschinen stehen, an denen eine für sie interessante Arbeit verrichtet wurde. Da die Maschine, an der ich arbeitete, an der der Eingangstür gegenüberliegenden Wand stand, mußte ich mich umdrehen, wenn ich diese Gruppe sehen wollte. Das konnte ich, obwohl es verboten war, weil ich so tun konnte, als ob diese Bewegung zum Einrichten der Maschine und zum Prüfen der Genauigkeit des Werkstücks gehöre. Bei einer solchen Bewegung sah ich, wie Mutschmann von sich aus Häftlinge ansprach. Weil einige seiner Begleiter an ›meiner Maschine‹ stehengeblieben waren, dachte ich, daß Mutschmann auch mich ansprechen wird. Mein Innerstes sagte mir, ihm eine klassenbewußte Antwort zu erteilen, aber ohne ihm eine Handhabe zu geben, aus diesem Grund gegen mich vorzugehen. Und so kam es auch. Mutschmann klopfte mir mit einem Finger auf die rechte Schulter, um anzudeuten, daß er mit mir sprechen will. Daraufhin schaltete ich meine Maschine aus, machte die vorgeschriebene Meldung in vorgeschriebener Haltung und wartete, bis er mich ansprach. Seine Begleitung stand im Halbkreis rings um uns beide. Er, mit verschränkten Armen und ein wenig breitbeinig vor mir stehend, sprach mich nach längerer Betrachtung mit den Worten an: ›Wo sind Sie her?‹ Meine Antwort: ›Aus Chemnitz.‹ Darauf er: ›Da sind wir ja gar nicht so weit voneinander entfernt her.‹ Dann, nach einer Pause: ›Was ham Sie ausgefressen?‹ Darauf ich: ›Ich wurde wegen Vorbereitung zum Hochverrat verurteilt!‹ Mutschmann: ›Was ham Sie da gekriegt?‹ Ich: ›Zehn Jahre Zuchthaus.‹ Mutschmann: ›Was ham Sie davon weg?‹ Ich: ›Siebeneinhalb Jahre.‹ Mutschmann: ›Und wie alt sind Sie jetzt?‹ Ich: ›Siebenundzwanzig Jahre!‹ Mutschmann: ›Dann waren Sie wohl ein kommunistischer Jugendführer?‹ Ich: ›Ich war Funktionär der Arbeiterjugend!« Mutschmann musterte mich eine ganze Weile von oben bis unten und fragte dann: ›Nun sagen Sie mal, sind Sie denn nun von ihren Wahnsinnsideen geheilt?‹ Ich: ›Herr Reichstatthalter, ich kann gar nicht von Wahnsinnsideen geheilt werden, weil ich niemals an Wahnsinnsideen gelitten habe.‹ Zunächst schien er, mich groß ansehend, meine Antwort nicht zu begreifen. Dann schlug er sich, zu mir gewandt, mit der flachen Hand auf die Stirn und schrie zum entfernt stehenden Aufsichtsbeamten: ›Herr Hauptwachtmeister, der Kerl macht hier weiter!‹ Nachdem sich Mutschmann zum Gehen gedreht hatte, ging er schräg zurück und fragte meinen Nachbarn, Hans Dankner: ›Was haben Sie ausgefressen?‹ Hans Dankner darauf: ›Vorbereitung zum Hochverrat!‹ Mutschmann: ›Hassen Sie die Juden?‹ Hans Dankner: ›Ich liebe alle arbeitenden Menschen!‹ Darauf Mutschmann, ziemlich zornig schreiend: ›Herr Hauptwachtmeister, die Kerle machen hier weiter in Hochverrat!‹ Danach verließ die ›Mutschmanntruppe‹ den Saal. Konsequenzen hatte dieses Ereignis zunächst für uns nicht ...«[302] Die geschilderten Ereignisse zeigen, daß sich die politischen Gefangenen auch in solchen Situationen bewährten und den Faschisten mutig entgegentraten.

Besondere Unterstützung gewährten die politischen Gefangenen des Frauenzuchthauses der Genossin Lena Fischer, die am 29. Juli 1936 vom Volksgerichtshof wegen »Vorbereitung zum Hochverrat« zu lebenslangem Zuchthaus verurteilt worden war.[303] Sie hatte strenge Einzelhaft und wurde durch die Hauskalfaktorin und die Gefangenen der Küche betreut. Diese Versorgung bezeichnet Dora Parade als vorbildlich.[304] 1937 unterbreiteten die Faschisten Lena Fischer den Vorschlag, sie in die Sowjetunion im Zuge eines Austausches zu entlassen. »Bevor sie ihre Zustimmung gab, fragte sie uns andere politische Gefangene über die Genossin Anni Sindermann, ob sie diesen Schritt gehen sollte. Sie wollte uns nicht allein lassen. Darüber hinaus konnte es aber auch eine Falle sein. Der überwiegende Teil unserer jüngeren Genossinnen hatte 2–6 Jahre Zuchthaus, so entschieden wir uns gemeinsam, der Genossin Fischer zu raten, den Austausch anzunehmen. Hier zeigte sich wieder einmal die Solidarität mit den Genossinnen aus der Sowjetunion, auch in der illegalen Arbeit. Zur Gewißheit, ob die Genossin Fischer auch tatsächlich nach Moskau gebracht wurde, sollte sie nach der ČSR zur Genossin Edith Baumgarten schreiben, von dort ging die Nachricht nach Chemnitz zu deren Tante und von da ins Zuchthaus Waldheim zu Paula Baumgarten. Diese komplizierte Organisation klappte. Wir erhielten die Nachricht, daß alles in Ordnung gegangen war. Wie ein Lauffeuer verbreitete sich die Nachricht, und die Freude war groß«,[305] erinnert sich Irmgard Reich. Aus den Akten des Zuchthauses Waldheim ergibt sich die volle Bestätigung der geschilderten Vorgänge bis zur Haftentlassung Lena Fischers. In einem Schreiben vom 23. Juni 1937 forderte der Reichsanwalt beim Volksgerichtshof die Strafunterbrechung und Haftentlassung von Lena Fischer.[306] Die Gestapo bestätigte die Haftentlassung und Überführung nach Berlin.[307] Weiter findet sich in den Akten der Vermerk, daß Lena Fischer durch Verfügung des Polizeipräsidenten von Berlin am 8. Januar 1938 aus dem Reichsgebiet ausgewiesen worden sei.[308] Der Austausch wurde also tatsächlich vollzogen, und die politischen Gefangenen hatten ihren speziellen Beitrag dazu geleistet. Verständlich war ihre Freude, als die Nachricht bekannt wurde, daß Lena Fischer wohlbehalten in Moskau angekommen war.

Revolutionäre Traditionen und Feiertage der Arbeiterbewegung blieben auch im Frauenzuchthaus lebendig. Wo sich die Gelegenheit dazu ergab, würdigte man sie entsprechend den gegebenen Bedingungen. Ein festes Datum, an dem man sich immer etwas einfallen ließ, das war der 1. Mai. Elly Pippig berichtet darüber, wie die Frauen den 1. Mai 1937 auf ihre Art begingen. In der Freistunde war es unter anderem auch gestattet, Lieder zu singen. Die politischen Gefangenen beschlossen deshalb, an diesem Tag solche Lieder auszuwählen, die in enger Beziehung zur Situation der Antifaschisten im Zuchthaus standen. So erklangen Lieder wie »Die Gedanken sind frei«, »Wann wir schreiten Seit an Seit« und »Fest und stark hält uns ein Band umschlungen«. »Es wurde ein richtiges Programm, und wenn wir uns dabei anschauten, wußte jeder vom anderen, was er dabei für Gedanken hatte.«[309]

Es wurde bereits erwähnt, welche Rolle der Anstaltsarzt, Dr. Rath, im Zuchthaus spielte. Für ihn galten Leben und Gesundheit eines Politischen nur sehr wenig, und er setzte sich eifrig für die Realisierung des Euthanasieprogramms ein. Als die Frauen von den ersten Sterilisationen erfuhren, steigerte sich ihre Furcht vor diesem Verbrecher. Mit Schrecken erfüllten sie auch Informationen über größere Transporte jüdischer Gefangener in das Vernichtungslager Auschwitz.[310] Rath führte zum Zwecke der »Auswahl« für Sterilisationen und für bevorstehende Transporte sogenannte Intelligenzprüfungen durch. Für diejenigen, die sie nicht bestanden, gab es keine Hoffnung mehr. Gefangene, die von dieser Maßnahme bedroht waren, konnten nur gerettet werden, indem man diese Prüfungen geschickt manipulierte, und man brauchte eine Politische, die an die schriftlichen Unterlagen herankam. Ausführlich beschreibt Eva Lippold in ihrem Buch »Leben, wo gestorben wird«, wie es ihr gelang, die Aufmerksamkeit Raths auf sich zu ziehen und bei ihm Vertrauen zu gewinnen.[311] Im Frühjahr 1942 wurde sie Rath als Hilfskraft für drei Tage in der Woche zugeteilt. In dieser Funktion nahm sie an zahlreichen Sprechstunden des Anstaltsarztes teil und studierte genau seine Methoden im Umgang mit den Gefangenen. Unter anderem hatte sie die Krankenbögen der Gefangenen zu führen. Vor den geplanten Sterilisationen führte Rath die oben erwähnten Tests durch. Eva Lippold notierte heimlich die Fragen und Antworten und leitete sie an die betreffenden Gefangenen weiter.[312] Die Gefangenen lernten alles auswendig und bestanden den Test. Rath konnte sie nicht belangen, und sie waren gerettet. »Solch eine Aktion bedurfte bei absoluter Geheimhaltung durch alle davon Betroffenen außer der gründlichen Vorbereitung auch erfahrener Menschenkenntnis und einer unbestechlichen Beurteilung der Auszuwählenden, um Irrtümer so gering wie möglich zu halten, da ganz sie auszuschließen, keine der Genossinnen sich unterfing.«[313] So konnte eine große

Zahl Gefangener vor einer Sterilisation bewahrt werden. Eva Lippold nutzte ihre Funktion bei Rath auch dazu aus, Krankenbögen zu Gunsten der Gefangenen zu verändern. Rath führte ja die Untersuchung der »Neuzugänge« durch, wobei er vor allem die Entscheidung über die Arbeit fällte, die die Gefangene verrichten sollte. Durch die Manipulierungen Eva Lippolds blieben viele Frauen von der Zuteilung schwerer und gesundheitsschädigender Arbeit verschont, und für manche war es sicherlich die Chance zum Überleben.[314] Die Rauschgiftsucht Raths und sein blindes Vertrauen zu Eva Lippold begünstigten diese Aktionen. Rath prüfte die Eintragungen in den seltensten Fällen nach und unterschrieb sie widerspruchslos. Trotzdem war das Handeln Eva Lippolds ebenso mutig wie risikovoll. Sie hat mit ihrem Wirken viele Gefangene vor noch Schlimmerem als der ohnehin schon harten Zuchthaushaft bewahrt. Geschickt nutzte sie im Einvernehmen mit anderen politischen Gefangenen ihre Position für die Ziele des antifaschistischen Kampfes gegen das Zuchthausregime aus.[315]

Zusammenfassend kann man feststellen, daß die Frauen und Mädchen den Männern im Kampf gegen den Faschismus in Gestalt der Zuchthaushaft nicht nachstanden. Politische Beratungen und Gespräche, kleinere Schulungen, gezielte Beschäftigung mit entsprechender Literatur, Herstellung von stabilen Verbindungen untereinander, Hilfe mit Lebensmitteln, all das waren Elemente des antifaschistischen Kampfes. Während der Tätigkeit von Elfriede Küster in der Anstaltsbücherei tauschten die Gefangenen auch illegal Bücher aus.[316]

Eine das gesamte Frauenzuchthaus umfassende illegale Widerstandsorganisation hat es — wie auch im Männerzuchthaus Waldheim — nicht gegeben. Jede politische Gefangene hat aber mit ihrem persönlichen Einsatz den Kampf gegen die Faschisten aufgenommen und sich den Bestimmungen des Zuchthausregimes widersetzt, wo das im Interesse der politischen Gefangenen lag. Der Kampf gegen das faschistische Regime wurde zu keinem Zeitpunkt der faschistischen Herrschaft unterbrochen. Das ist das Verdienst der politischen Gefangenen.

Im Verlaufe der Naziherrschaft verbüßten im Zuchthaus Waldheim, wie in vielen anderen Haftanstalten und Konzentrationslagern Deutschlands auch, Angehörige einer Reihe europäischer Nationen eine Haftstrafe. Hauptsächlich handelte es sich um tschechoslowakische Staatsbürger, sieht man von den Kriegsgefangenen und den Sondertransporten ab, mit denen viele Ausländer 1944/1945 in das Zuchthaus gelangten. Durch die widerrechtliche Einverleibung tschechoslowakischer Territorien erweiterte sich die Zuständigkeit des Zuchthauses Waldheim, über das Gebiet des Deutschen Reiches hinaus, auf das sogenannte Protektorat Böhmen und Mähren.[317] So gelangte eine ständig wachsende Zahl tschechischer Häftlinge in das Zuchthaus. Befanden sich im Jahre 1939 lediglich 3 verurteilte Tschechen im Männerzuchthaus, so waren es 1940 bereits 572. Im Gesamtzeitraum von 1939 bis 1944 wurden 1492 Tschechen im Männerzuchthaus inhaftiert.[318] Die Zahl weiblicher tschechischer Gefangener wuchs von 33 im Februar 1941 auf 87 im November des gleichen Jahres.[319] Bei Kriegsende betrug der Anteil tschechischer Frauen an der Gesamtzahl der Häftlinge etwa 25 Prozent, genau 119.[320]

Bei den Gefangenen aus der Tschechoslowakei handelte es sich nicht nur um Politische, sondern die Mehrzahl von ihnen war wegen krimineller Delikte verurteilt worden. Für die Aufnahme von Kontakten war größte Vorsicht geboten. Darum mußte zunächst Klarheit darüber bestehen, ob es sich bei dem betreffenden Gefangenen um einen Politischen handelte. Viele der tschechischen politischen Gefangenen waren von deutschen Gerichten verurteilt worden, da sie einen organisierten Widerstand gegen die faschistischen Eindringlinge geführt hatten. Sie wurden in der Regel wegen »Vorbereitung zum Hochverrat«, teilweise auch wegen »Landesverrat«, Abhören und Verbreiten von ausländischen Rundfunksendungen und anderer Delikte verurteilt. Die meisten Tschechen verurteilte das Oberlandesgericht Dresden, soweit sie nicht gar vor den Freislerschen Volksgerichtshof gezerrt wurden. Später kamen noch Gerichte in

Prag, Leitmeritz (Litoměřice), Troppau (Opava) und anderen Orten des sogenannten Protektorates hinzu. Das Zentrum des tschechischen antifaschistischen Widerstandes war Prag, da hier trotz der Besetzung noch die günstigsten Bedingungen für eine konspirative Arbeit gegeben waren. Widerstandsgruppen gab es aber auch in verschiedenen anderen Orten des sogenannten Protektorates Böhmen und Mähren. Oft wurden ganze Gruppen von tschechischen Widerstandskämpfern im Zuchthaus Waldheim eingeliefert, wie das aus den Zugangsbüchern des Zuchthauses ersichtlich ist.[321] Die Kontaktaufnahme zu tschechischen Antifaschisten war nicht einfach, denn persönliche Bekanntschaften aus der illegalen Arbeit mit deutschen Antifaschisten waren die Ausnahme. Darüber hinaus bestand häufig auch eine Sprachbarriere. Das führte dazu, daß die Kontakte zwischen deutschen und tschechischen Gefangenen relativ begrenzt blieben. Hinzu kam noch die Bestimmung des faschistischen Strafvollzuges, daß Deutsche von Ausländern zu trennen seien, was aber nicht in jedem Falle eingehalten werden konnte. In den Arbeitssälen war eine Trennung ohnehin nicht zu realisieren, so daß es immer wieder zu Kontakten zwischen den Gefangenen kam. Das veranlaßte den Generalstaatsanwalt von Dresden, die Anstaltsleitung in einem Schreiben vom 15. September 1943 eindringlich darauf hinzuweisen, daß die deutschen und tschechischen Gefangenen strikt zu trennen sind.[322] Trotz dieser Maßnahmen knüpften deutsche und tschechische Antifaschisten immer wieder Kontakte, vorrangig in den zentralen Einrichtungen des Zuchthauses, wie beim Friseur, in den Duschräumen und im Krankenbau.

Eine gemeinsame Leitung des illegalen Kampfes deutscher und ausländischer Antifaschisten konnte nicht gebildet werden. Genau wie die deutschen Antifaschisten wirkten die ausländischen Gefangenen in kleineren Gruppen, die mehr oder weniger auf eine Belegschaft begrenzt waren. Das heißt aber nicht, daß es zu keinen gemeinsamen Aktionen gegen das faschistische Zuchthausregime gekommen wäre; denn sie verband, daß deutsche und ausländische Gefangene ein und denselben Feind hatten, der sie durch Terror und Gewalt zum Schweigen bringen wollte. Gleichzeitig besaßen alle Antifaschisten in der Sowjetunion einen gemeinsamen Freund, auf dessen baldigen Sieg über den Hitlerfaschismus die politischen Gefangenen hofften. Wirksame Hilfe konnte den ausländischen Antifaschisten durch politische Gefangene gewährt werden, die beispielsweise als Kalfaktoren, Mitglieder von Reparatur- und Baukolonnen, als Arzthelfer, Sanitäter, Friseur im Zuchthaus tätig waren. Über sie entwickelten sich auch die Kontakte zu ausländischen Gefangenen. Die Kontaktaufnahmen begannen verstärkt etwa 1939/1940 und nahmen noch einmal gegen Ende des Krieges zu, als viele Kriegsgefangene und Zwangsarbeiter eingeliefert wurden. Außerdem kam später auch eine große Zahl Ausländer aus den Haftanstalten, die von den Faschisten vor den anrückenden sowjetischen Truppen bzw. den Truppen der Antihitlerkoalition geräumt werden mußten, nach Waldheim. Unter den Tschechen, die kurz nach der Annexion der ČSR durch die deutschen Faschisten inhaftiert und eingekerkert wurden, befanden sich mehrere Offiziere der tschechoslowakischen Armee. Sie stifteten unter den politischen Gefangenen Unruhe, indem sie behaupteten, die Sowjetunion sei ihren Bündnisverpflichtungen gegenüber der ČSR nicht nachgekommen. Die deutschen Genossen versuchten sie über die wahren Hintergründe aufzuklären, soweit das unter Zuchthausbedingungen und auf Grundlage ihrer Informationen möglich war.[323]

Ein Zentrum der Kontakte zwischen deutschen und ausländischen Gefangenen bildete sich in der Druckerei des Zuchthauses heraus. Hier befanden sich neben tschechischen Gefangenen auch Sowjetbürger, Österreicher, Norweger und andere.[324] Durch die Arbeitsorganisation und den Arbeitsablauf konnte in der Druckerei keine ständige und straffe Kontrolle der Gefangenen erfolgen, was die Kontaktaufnahme begünstigte. Solche etwas erleichterten Bedingungen herrschten auch in den Außenkommandos des Zuchthauses vor. So arbeiteten zum Beispiel deutsche und tschechische Gefangene in einer Arbeitskolonne, die in der ehemaligen Möbelfabrik Otto und Zimmermann beschäftigt war. Wie in so vielen Kleinbetrieben, war auch dort die Produktion auf die Belange des Krieges umgestellt worden. Man fertigte Bedarfsartikel aus Holz für die faschistische Wehrmacht an.[325] Bedrich Pauer erinnert sich an die Arbeit in der Möbelfabrik: »Unsere Arbeitskolonne war meiner Meinung nach wirklich eine antifaschistische Einheit, sowohl im Zuchthaus als auch in der Fabrik. Ihre politische und antifaschistische Tätigkeit wurde vor allem durch die ungenügende Aufsicht in der Fabrik, durch die Ausdehnung des Fabrikobjektes und durch unseren Erfindungsgeist ermöglicht.«[326] Bei der Ausnutzung der gegebenen Bedingungen für den antifaschistischen Kampf bewährte sich einmal mehr der proletarische Internationalismus. Deutsche und tschechische Gefangene versuchten gemeinsam, dem faschistischen Zuchthausregime dort, wo das möglich war, Schaden zuzufügen. Erioh Krahl, ein deutscher Kommunist, entdeckte einen Fehler in der elektrischen Anlage der Werkstatt der Firma Otto und Zimmermann. Nur er und einige Antifaschisten hatten davon Kenntnis. Mehrere Male nutzten die Antifaschisten diesen Fehler, um unbemerkt einen Kurzschluß in der gesamten Anlage auszulösen. Es gelang, die Arbeit in der Werkstatt für längere Zeit lahmzulegen. Die Produktion stockte, und es konnte weniger Kriegsmaterial produziert werden. Erich Krahl war es auch, der den in der Fabrik beschäftigten Werkmeister Voigt im Sinne der politischen Gefangenen beeinflussen konnte. Voigt verhielt sich sehr loyal und unterstützte den Zusammenhalt von deutschen und tschechischen Gefangenen auf vielerlei Art. So ermöglichte er den tschechischen Gefangenen das Lesen von deutschen Zeitungen, die er selbst beschaffte. Für ihn war das keineswegs ungefährlich, denn der Kontakt zu Ausländern über die Bestimmungen der Anstaltsordnung und die arbeitsorganisatorisch bedingten Kontakte hinaus war strengstens verboten und wurde hart bestraft. Regelmäßig gab Voigt politische Informationen an die Gefangenen weiter. Gemeinsam hatten deutsche und tschechische Gefangene bewirkt, daß ein Werkmeister antifaschistisch tätig wurde. Das bestätigt die Meinung Bedrich Pauers: »Seine Informationen erweckten den Eindruck, daß er offensichtlich auch die verbotenen ausländischen Sender hörte. Er war ein Antifaschist. Er wußte auch von einigen unserer Sabotageaktionen in der Fabrik. Er war bemüht, uns zu helfen. Er unterstützte auch eine Kolonne sowjetischer Häftlinge, die ebenfalls in der Fabrik eingesetzt war.«[327] Die Informationen, die die deutschen und tschechischen Gefangenen von Voigt erhielten, gelangten in die verschiedenen Belegschaften des Zuchthauses.

Die Herstellung von Verbindungen zu ausländischen Antifaschisten war sehr kompliziert; denn unter den Ausländern befanden sich, wie schon gesagt, viele kriminelle Gefangene und andere Elemente, die durchaus dazu bereit waren, andere bei den Wachtmeistern zu denunzieren. Deshalb mußte immer die nötige Vorsicht am Platze sein. Wichtig war stets auch ein Minimum an Sprachkenntnissen, um die Verständigung zu sichern. Darüber berichtet Hans Ziller: »Neben unserer Gruppe bestand eine starke tschechische Gruppe ...

Da ich von der Emigration her einiges Tschechisch verstand, war eine Verständigung möglich. Natürlich waren die tschechischen Genossen außerordentlich vorsichtig. Ich kann mich erinnern, daß ein Genosse Noack offene Tbc bekam und von den Genossen Wege gesucht wurden, einen Abtransport zu verhindern. Ich konnte zwar dazu beitragen, Noack einige Schläge mehr Essen zu besorgen — ich war inzwischen zum Schüsselwäscher aufgerückt —, aber der Abtransport war nicht zu verhindern.«[328] Auch wenn, wie in diesem Fall, das Schlimmste nicht verhindert werden konnte, das gemeinsame Ringen um das Überleben eines Mitgefangenen stärkte das Zusammengehörigkeitsgefühl und ließ die Antifaschisten noch näher zusammenrücken. Auch zuverlässige kriminelle Gefangene bezog man in die antifaschistische Arbeit mit ein. Damit wurde die Front der Kriminellen gesprengt, und das erwies sich als sehr nützlich.

Paul Auerswald hatte bei der Arbeit für die Firma Steger und Michaelis entdeckt, daß schon vor Kriegsbeginn Rüstungsgüter im Zuchthaus Waldheim produziert wurden. Dabei handelte es sich um Kartuschendeckel, die unter der Tarnbezeichnung »Elementengläserdeckel« hergestellt wurden. Nachdem er die deutschen Verbindungsleute darüber informiert hatte, war er bestrebt, diese Tatsache auch aus dem Zuchthaus nach draußen zu tragen. Dazu nutzte er den Kontakt zu einem tschechischen Gefangenen, der zwar ein Krimineller war, seinerseits aber über gute Verbindungen zu anderen tschechischen politischen Gefangenen verfügte. Er vermittelte den weiteren Kontakt zu einem tschechischen Genossen. Paul Auerswald schildert die Ereignisse so: »In den folgenden Wochen kam ich auch mit diesem Genossen zusammen. Ich mußte Arbeitsmaterial verteilen, wohl unter Aufsicht, aber der Hauptwachtmeister Kirmse nahm es nicht so genau, und somit hatte ich die Gelegenheit, mit dem Gefangenen aus der ČSR zu sprechen. Er hieß Stracke und hatte noch zwei Monate zu verbüßen ... Er war sehr gegen Hitler aufgebracht und äußerte sich mir gegenüber ganz und gar gegen das Dritte Reich. Unter anderem sagte er mir, daß er dafür sorgen werde, daß eine Broschüre geschrieben wird, wie es den politischen Gefangenen in Waldheim geht. Ich nutzte die Gelegenheit und sagte ihm, daß er auch mit schreiben soll, daß im Zuchthaus Waldheim heimlich für den Krieg produziert wird.«[329] Offensichtlich machte der tschechische Genosse sein Versprechen wahr, denn nach einigen Wochen wurde Paul Auerswald von seinem Posten als Packer abgelöst und kam in Einzelhaft. Täglich wurde er verhört, und man wollte von ihm wissen, ob er Kenntnis über die Produktion von Kartuschendeckeln 7,5 Millimeter habe. Er bestritt das energisch und war froh, daß es ihm gelungen war, die Tatsache der heimlichen Rüstungsproduktion im Zuchthaus an die Öffentlichkeit zu bringen.

Für die ausländischen Gefangenen hatte sich die deutsche Justiz eine besonders schikanöse Maßnahme einfallen lassen. Man verbot ihnen die Benutzung ihrer Muttersprache. Damit sollte ihr Zusammengehörigkeitsgefühl untergraben und die Isolation von anderen Gefangenen verstärkt werden. Wer gegen dieses Verbot verstieß, wurde mit Arrest bestraft. Gleichzeitig führte dieses Verbot aber auch dazu, daß man sich der deutschen

Sprache bediente, und so kamen neue Verbindungen zwischen den Gefangenen zustande. Ausländische Gefangene erhielten immer wieder gezielte Hinweise und Ratschläge zum Verhalten unter Zuchthausbedingungen. Ihre deutschen Mitgefangenen waren mit den Bestimmungen des Strafvollzuges bestens vertraut, und nicht zuletzt kannten sie genau die Charaktere und Methoden der einzelnen Wachtmeister. Deshalb waren solche Informationen für Neuankömmlinge von großem Wert. Ausländer litten besonders unter den Schikanen der Wachtmeister. Das entsprach der faschistischen Rassenideologie und einem übersteigerten Nationalismus, der alles Ausländische als minderwertig diffamierte. Unter diesen Umständen stärkten deutsche Genossen den Mut und das Selbstwertgefühl der Ausländer, indem sie offen Solidarität übten. František Holicky erinnert sich an deutsche Genossen, die tschechische Gefangene unterstützten. Einmal war das der deutsche Kommunist Maslow. »Er war uns ein guter Ratgeber, er munterte uns sehr auf und ließ trotz der Schikanen nie den Mut sinken ... Ein weiterer guter deutscher Kommunist war der Bergmann Karl Marx, der so furchtlos und mutig war, daß er schon im Herbst 1940 dem Oberwachtmeister Hahn widersprach und schon damals behauptete und glaubte, daß Deutschland den Krieg verlieren würde.«[330] Dieses Auftreten deutscher Kommunisten hatte beispielhafte Wirkung auf die ausländischen Gefangenen, spürten sie doch, daß es außer Faschismus und Terror auch ein anderes Deutschland gab, ein Deutschland, das den Faschismus verabscheute und die humanistischen Ideale verteidigte. Viele deutsche Antifaschisten haben im Zuchthaus Waldheim eine derartige Haltung an den Tag gelegt und gemäß der Verpflichtung zum proletarischen Internationalismus gehandelt. Und wenn auch viele solcher Taten in ihren Einzelheiten nie bekannt werden, so bleiben sie dennoch geschichtliche Realität.

Jaroslav Steiner lernte in den fünf Jahren seiner Zuchthaushaft Gefangene verschiedenster Nationalitäten kennen. Mit Achtung und Bewunderung erinnert er sich an Hans Lauter, Ernst Wabra, Fritz Major und Eugen

Lange. In der für die politischen Gefangenen wohl schwersten Zeit, unmittelbar nach dem faschistischen Überfall auf die Sowjetunion, als Tag für Tag die Erfolgsmeldungen vom faschistischen Vormarsch verlesen wurden, war es Hans Lauter, der die deutschen und tschechischen Gefangenen mit den Worten aufmunterte: »Laßt die Köpfe nicht hängen und glaubt an die Sowjetunion. Ich bin dort gewesen, ich habe die sowjetischen Menschen kennengelernt. Denkt daran, es gibt keine Kraft auf der Welt, die in der Lage wäre, sie zu besiegen.«[331] Immer wieder versuchten deutsche Kommunisten auf diese Weise, ihren tschechischen Klassengenossen Mut zu machen und die gemeinsame Zuversicht in den Sieg über den Faschismus zu stärken. Hans Lauter war mit anderen politischen Gefangenen, meist Kommunisten aus Deutschland, der Tschechoslowakei, Frankreich, Norwegen und Belgien in der 17. Belegschaft des Zuchthauses untergebracht. In einer Baracke arbeiteten sie an Drehbänken, Fräsmaschinen, Bohrmaschinen und Werkbänken. »Unter den tschechischen Freunden gab es mehrere, die sich an einer bürgerlich-nationalen Befreiungsbewegung beteiligt hatten. In der Haft stellten wir zu ihnen enge, freundschaftliche Beziehungen her und halfen ihnen, wo wir konnten.«[332] Aus diesen engen Beziehungen heraus entwickelte sich eine gemeinsame Aktion, die Hans Lauter schildert: »Unter uns politischen Gefangenen war es schon zur Tradition geworden, Kampf- und Gedenktage der Arbeiterbewegung unter den Bedingungen faschistischer Haftanstalten würdig zu begehen. Selbstverständlich gehörte der 1. Mai als Kampftag des internationalen Proletariats dazu ... Wir waren übereingekommen, den 1. Mai im Jahre 1943 durch eine gleichzeitige, zehn Minuten dauernde Arbeitsniederlegung zu begehen. Da die Nazis diesen Tag unter demagogischem Mißbrauch der Kampftraditionen der Arbeiterklasse zum ›nationalen Feiertag des deutschen Volkes‹ erklärt hatten, war von allen politischen Gefangenen beschlossen worden, die zehn Minuten dauernde Arbeitsniederlegung am Tage vorher, und zwar ein jeder an seinem Arbeitsplatz, durchzuführen. Die Maschinen sollten aber weiterlaufen, damit Strom, Öl usw. verbraucht und der dem Kriege dienenden Produktion entzogen wurden. Als wir zur festgesetzten Zeit die Aktion begannen, wanderten unsere Augen in alle Richtungen, um zu sehen, ob sich auch alle politischen Gefangenen an ihr beteiligten. Die Kriminellen arbeiteten weiter. Der Wachtmeister saß auf dem Podium hinter dem Pult und starrte mit dösendem Blick in den Saal. Als ich zur linken Seite des Saales hinübersah, wo unser tschechischer Freund František arbeitete, der kein Genosse war, glaubte ich meinen Augen nicht zu trauen. Franz – so nannten wir ihn kurz – arbeitete weiter. Er nahm seine Leiter und stieg zum Materiallager hoch, das unter der Decke angebracht war. Enttäuscht dachte ich: ›Das hätte ich vom Franz am wenigsten geglaubt.‹ In gewohnter Weise säuberte er dort oben unter dem Barackendach einige Stangen Rohmaterial. Für einen Moment schaute ich etwas erregt zu den Arbeitsplätzen der anderen Freunde, die sich alle an der Arbeitsniederlegung beteiligten. Als ich wieder zu Franz blickte, war er gerade im Begriff, mit zwei, drei Eisenstangen in der Hand, die Leiter herunterzuklettern. Ich sah, daß am Ende eines Stangenbündels, direkt dem Saale zugewandt, ein rotes Tuch herabhing. Man hätte annehmen können, es handele sich um den Rest eines größeren, noch sauberen, Putzlappens. Wir wußten jedoch, was dieses Stück Tuch zu bedeuten hatte. Franz hatte damit zugleich den Weg zur Organisation der Arbeiterklasse gefunden. Als ob nichts geschehen wäre, ging er an seinen Arbeitsplatz, stellte die Stangen an die Bank und nahm erst dann ein Werkzeug in die Hand, als die zehn Minuten vorüber waren.«[333]

Durch den Kriegsverlauf in den Jahren 1942/1943 bedingt, wandelte sich im Zuchthaus allmählich das politische Klima, während sich die Haftbedingungen weiter verschlechterten. Die Zuchthausleitung sah sich gezwungen, das Verlesen der Frontberichte einzustellen. Der letzte Bericht über den Kriegsverlauf, der auf jeder Belegschaft ausgehängt worden war, sprach von der Vernichtung der Roten Armee und davon, daß das deutsche Heer nur noch Säuberungsaktionen durchführt.[334] Bis Kriegsende gesellte sich kein einziger Bericht hinzu, denn die Niederlagen der faschistischen Wehrmacht sollten den Gefangenen verborgen bleiben. Doch sie erfuhren auch so vom Vormarsch der Roten Armee und schlossen sich noch fester zusammen. Der deutsche Antifaschist Eugen Lange verfaßte in diesen Wochen und Monaten, da die deutschen Truppen unaufhaltsam zurückgeworfen wurden, ein Gedicht über die Rote Armee, das er deutschen und tschechischen Gefangenen vortrug.[335] Darin bezeichnete er die Rote Armee als »unsere Armee«. Das war Ausdruck tiefen internationalistischen Geistes, und es beweist, daß auch im faschistischen Zuchthaus die Idee des proletarischen Internationalismus weiterlebte.

In der 6. Belegschaft des Zuchthauses war der tschechische Dichter Vaclav Dedek aus Jungbunzlau (Mladá Boleslav) inhaftiert. Er kämpfte auf seine Weise gegen das faschistische Zuchthausregime. Zweimal schrieb er eine Art Zeitschrift auf Klosettpapier, die unter ausgewählten tschechischen Gefangenen kursierte. Jaroslav Steiner las diese mit Bleistift in kleinen Druckbuchstaben geschriebenen Nummern. »Sie beinhalteten politische Artikel, in denen der Autor hauptsächlich die Ursachen erklärte, die Hitler an die Macht gebracht hatten. Außerdem gab es dort Witze, die von Karikaturen ergänzt wurden.«[336] Leider ist keine der kleinen Zeitschriften erhalten geblieben.

Je näher das Ende des Krieges rückte, um so häufiger trafen im Zuchthaus Transporte mit Sowjetbürgern ein. Meist handelte es sich um Kriegsgefangene und Zwangsarbeiter. Sie waren besonderen Schikanen ausgesetzt und bedurften der Hilfe und Unterstützung durch politische Gefangene. Es war aber eine Seltenheit, wenn es gelang, ständige Kontakte zu solchen Gefangenen herzustellen. Erich Quade schildert eine solche Begebenheit. »Unvergeßliche Kontakte knüpfte ich 1944 zu einem jungen Sowjetbürger, der als Kriegsgefangener wegen angeblichen Brotdiebstahls in Waldheim saß. Sein Vorname war Sascha. Er verstand kein Wort deutsch, war aber sehr hilfsbedürftig und brauchte Kontakt. Als er merkte, daß ich ihn verstand, nutzte er dies. Er gehörte zur 7. Belegschaft, die mit der 3. (Drukkerei) gemeinsam täglich 20 Minuten Bewegung hatte. Wir verstanden es häufig, uns hintereinander im Kreis einzuordnen, und da zu dieser Zeit die Belegschaften im ›Z‹ überfüllt waren, wurden zwangsläufig die Abstände beim Laufen geringer, so daß bei entsprechender Sorgfalt die Verständigung nach vorn und hinten möglich war. Wir summten gemeinsam bekannte Kampflieder, so auch die Internationale. Wir beschlossen, uns gegenseitig den Text in der jeweiligen Muttersprache beizubringen. Etwa 4 Monate benötigten wir, dann saßen die Verse, und noch heute sitzt der Text in meinem Kopf. Ende 1944 ging Sascha auf Transport. Sein Zuname blieb mir leider unbekannt.«[337]

Auch im Frauenzuchthaus leisteten die politischen Gefangenen den ausländischen Antifaschistinnen jede denkbare Hilfe. Und ebenso erhielten die deutschen politischen Gefangenen Unterstützung von den Ausländerinnen. Eva Schulze-Knabe befand sich in einer Belegschaft, wo neben Deutschen auch Französinnen und Belgierinnen inhaftiert waren. Sie erinnert sich, daß sie große Schwierigkeiten hatte, das geforderte Arbeitspensum zu erfüllen. Eine französische Gefangene unterstützte sie, indem sie einen Teil der von ihr geleisteten Arbeit für Genossin Schulze-Knabe gutschrieb. Die Erfüllung des Arbeitssolls war mit dem Erhalt einer zusätzlichen Schnitte Brot verbunden, was bei dem damaligen körperlichen Zustand von Eva Schulze-Knabe lebenswichtige Bedeutung hatte. Auf der Belegschaft tauschten sich die politischen Gefangenen über die militärische Lage aus. Informationen darüber kamen von Genossinnen, die im Waldheimer Rosodont-Werk arbeiten mußten.[338] Welche Wirkung die Kontakte zu den ausländischen Mitgefangenen hatten, schildert Eva Schulze-Knabe mit den Worten: »Die Kontakte zu den Französinnen und Belgierinnen erhielten mich aufrecht. Ich hatte auf dieser widerwärtigen Belegschaft Freunde gefunden, die mir halfen, das Leben erträglicher zu machen. Ich werde das diesen Frauen nie vergessen.«[339]

Deutsche und ausländische Gefangene hatten vor allem in den letzten drei Kriegsjahren unter der erheblichen Überbelegung des Zuchthauses zu leiden. Neben den regulären Transporten kamen immer mehr Sondertransporte im Zuchthaus Waldheim an. Um in dem einen oder anderen Zuchthaus Platz für weitere Einlieferungen zu schaffen, wurden Gefangene von einer Anstalt in die andere transportiert. Hierfür gab es eine Reihe von Beweggründen. Im zweiten Halbjahr 1944 begannen die Räumung der Strafanstalten in den Ostgebieten und die Verlegung der Strafgefangenen nach den Strafanstalten Mitteldeutschlands.[340]

Je mehr Transporte aus dem Osten im Zuchthaus Waldheim ankamen, um so deutlicher zeichnete sich die Niederlage des deutschen Faschismus ab. Das Zuchthaus bot 1944 ein buntes Bild von Gefangenen aus ganz Deutschland sowie aus den besetzten und ehemaligen besetzten Gebieten. Der körperliche Zustand der Gefangenen, die mit den Transporten in Waldheim eintrafen, war sehr schlecht. Durch den Krieg hatte sich die Ernährungslage fortwährend verschlechtert. Für einen Transport, der mehrere Tage dauerte, erhielten die Gefangenen ganze zwei Scheiben trockenes Brot. Viele waren bei der Ankunft am Bestimmungsort völlig erschöpft, und eine große Anzahl erlebte die Ankunft gar nicht mehr, schreibt Greta Kuckhoff.[341]

Charlotte Georgi gehörte zum Transport des Zuchthauses Cottbus, der am 2. Februar 1945 nach Waldheim ging. Sie arbeitete im Außenlager Coswig. Dort mußten die Frauen Ziegelsteine ausladen und Schützenlöcher um das Werkgelände ausheben. Von sowjetischen, jüdischen und französischen Gefangenen wurden sie streng getrennt. »Dennoch ergab sich manchmal bei Fliegeralarm im Bunker eine Verständigung mit ihnen. Wir hungerten noch mehr als im Zuchthaus, da die Beamtinnen die uns zugeteilten Lebensmittel für sich zusammenhamsterten. So erhielten wir zum Beispiel eine Woche lang als Mittagessen nur Rübenwasser ohne Salz oder anderen Zusatz. Wer Glück hatte, fand in seiner Schüssel ein oder zwei Löffel voll Rübenstückchen.«[342] In dieser Situation bewährte sich einmal mehr die internationale Solidarität. »Die französischen Gefangenen stellten uns heimlich ab und zu einen kleinen Sack mit Pferdefutter (getrocknete Rübenschnitzel) in irgendeine Ecke. So

Von den tschechischen Gefangenen im Frauenzuchthaus
illegal hergestellte Zeitschrift

unbekömmlich das Zeug war, so füllte es doch erst einmal den Magen.«[343] So erinnert sich Charlotte Georgi.
Sie erlebte ein bewegendes Beispiel des proletarischen
Internationalismus. »Als ich einmal im Bunker die zusammengeraubten Sachen der Beamtinnen bewachen
mußte, fand mich dort ein sowjetischer Gefangener. Er
fragte mich, woher ich sei und warum in der Kleidung ei-

ner Kriminellen, und es fiel nicht schwer, sich weiter mit ihm zu verständigen. Am anderen Tag erschien er wieder mit einer großen gesäuberten und geschnittenen Kohlrübe. Das war Solidarität in schwerster Zeit für eine deutsche Widerstandskämpferin von seiten eines selbst in großer Not lebenden Menschen.«[344]

Als hervorragendes Zeugnis lebendigen proletarischen Internationalismus' im Frauenzuchthaus muß die Herausgabe einer illegalen Zeitschrift durch tschechische Häftlinge bewertet werden. Sie erschien in den Jahren 1943/1944 unter dem Titel »Rudá Zář« (»Rote Glut«). Wie viele Nummern dieser Zeitschrift hergestellt wurden, ist nicht bekannt. In dem Exemplar, das erhalten geblieben ist, findet sich die Kennzeichnung »2. Jahrgang/Nummer 50, August 1944«. Es muß aber bezweifelt werden, daß es gelang, wirklich 50 Nummern der Zeitschrift herzustellen. Eher ist anzunehmen, daß die Nummer des Heftes willkürlich ausgewählt wurde, um bei etwaiger Entdeckung durch das Zuchthauspersonal keine konkreten Anhaltspunkte zu liefern. Man kann aber davon ausgehen, daß eine größere Zahl Zeitungen unter den Gefangenen verbreitet wurde. Sie waren ausschließlich in tschechischer Sprache verfaßt. Die Herausgeber der Zeitung sind unbekannt, wenn man von der Verfasserin eines Artikels zu einem Russisch-Kurs absieht. Der kleine Beitrag ist mit Josefka L. Klučkova unterschrieben. Der Russisch-Kurs wurde mit tschechischen politischen Gefangenen durchgeführt. Unter der Fragestellung: »Warum wir die russische Sprache lernen«, schreibt Josefka L. Klučkova: »Dieser Gedanke entstand in Ma...s Kopf. Zuerst wollte sie nur das Alphabet wissen, das heißt in Druck- und Schreibbuchstaben, und sie bat mich, ihr das aufzuschreiben. ›Gut, ich werde Dir nicht nur das Alphabet aufschreiben, sondern ich werde Dich alles lehren, was ich von der russischen Sprache kenne‹, lautete meine Antwort. Von unserem Plan erzählten wir auch Bo..., die sich uns mit großem Enthusiasmus anschloß.«[345] Die Verfasserin dieser Zeilen beschreibt weiter, mit welcher Methode man beim Erlernen der russischen Sprache unter Zuchthausbedingungen vorging. Im Zuchthaus war selbstverständlich kein

»Russisch-Lehrgang«, erschienen in der illegalen
Zeitschrift »Rudá Zár« (»Rote Glut«), Heft 50/1944

Russisch-Lehrbuch vorhanden. So nahm Josefka L.
Klučkova ein deutsches Lehrbuch zu Hilfe, aus dem sie
die Lektionen in die russische Sprache übersetzte. Sie
schrieb dazu noch die entsprechenden Vokabeln auf
und gab die Lektion dann illegal an andere Teilnehmerinnen des Kurses weiter.[346] Die tschechischen Antifaschistinnen sahen es als das wichtigste Ziel ihrer Bemühungen an, sich Grundlagen in der russischen Sprache an-

zueignen, um nach dem Kriegsende das Studium gezielt fortsetzen zu können. Ihre Zuversicht drückte sich in folgenden Worten aus: »Wir hoffen, daß wir in Zukunft viel Gelegenheit haben werden, russisch zu sprechen. Wir hoffen auch, daß wir zu Hause unsere russischen Genossen treffen werden, die wir kennen. Liebe Genossen, wir haben im Gefängnis gesessen und haben Russisch gelernt, um Euch zu sagen, daß wir in all den Jahren daran geglaubt haben, daß uns nur die Sowjetunion und ihre Rote Armee die Freiheit bringen wird. Aber nicht nur uns, sondern auch dem Proletariat der ganzen Welt! Und dann werden wir noch sehr viele Fehler berichtigen. Und darum haben wir die russische Sprache gelernt.«[347]

Diese Worte charakterisieren eindringlich die internationalistische Haltung der politischen Gefangenen gegenüber der Sowjetunion. Sie sind ein hervorragendes Zeugnis lebendigen proletarischen Internationalismus', wie er sich auch unter den schweren Bedingungen faschistischer Zuchthaushaft dokumentierte. Er trug dazu bei, feste und freundschaftliche Beziehungen zwischen den Antifaschisten herzustellen, die nach der Niederlage des Faschismus zum unerschütterlichen Fundament für den Kampf um Frieden und Sozialismus wurden.

Die Befreiung

Nach der militärischen Wende im zweiten Weltkrieg —
Ende 1942 bis Mitte 1943 — wurde der Zusammenbruch
des Faschismus immer deutlicher. Die Situation für das
faschistische Regime spitzte sich innen- und außenpoli-
tisch weiter zu. Mit neuen und noch drastischeren Bestimmungen versuchten die faschistischen Machthaber,
ihre Niederlage zu verhindern. Der von Hitler am 25. Juli
1944 erlassene Befehl zum »totalen« Kriegseinsatz war
die Reaktion auf die im Juni 1944 begonnene Sommer-
offensive der Roten Armee und auf die Errichtung der
zweiten Front durch die USA und Großbritannien am
6. Juni 1944. Mit diesem Erlaß begann ein neuer Abschnitt in der Entwicklung des faschistischen Terrors.
»Indem die Strafjustiz den Terror intensivierte und for-
cierte, rückte sie noch näher an die Polizeiorgane heran
und baute das Zusammenspiel aus.«[348] Dazu gehörte unter anderem, daß immer mehr Strafgefangene in die
Konzentrationslager überführt wurden. Exakte Zahlen
dafür ließen sich für das Zuchthaus Waldheim nicht er-
mitteln, aber auch hier war es übliche Praxis, ständig
neue Transporte für die Konzentrationslager zusammen-
zustellen. Dadurch »entledigte« man sich vor allem politischer Gefangener, die lange Haftstrafen zu verbüßen
hatten. Eine große Zahl politischer Gefangener wurde in
die »Bewährungs«bataillone 999 eingegliedert. Sie setz-

171

ten sich zu einem Großteil aus Gegnern der faschistischen Diktatur zusammen. Nachdem man diese auf Grund ihrer politischen Überzeugung vom Dienst in der faschistischen Wehrmacht »für dauernd« ausgeschlossen hatte, griff man nun auf diese »Wehrunwürdigen« zurück, um die drohende militärische Niederlage noch abzuwenden. Auch Waldheimer Häftlinge waren davon betroffen, wie zum Beispiel Albert Pretzsch und Fritz Knobel. Aber auch dieses Aufgebot konnte die militärische Niederlage des Faschismus nicht verhindern. Das Ende der faschistischen Kerkerhaft für die politischen Gefangenen rückte immer näher.

Immer häufiger trafen Transporte mit Gefangenen aus östlichen Haftanstalten in Waldheim ein. Sie befanden sich in einem körperlich sehr schlechten Zustand. Tagelang mußten sie auf dem Zuchthaushof kampieren, bis ihnen ein Notquartier zur Verfügung gestellt wurde. Viele wurden in der Anstaltskirche einquartiert, wo sie auf Strohmatten lagerten.[349] Der Platz im Zuchthaus reichte einfach nicht mehr aus und konnte auch durch die ständige Verlegung von Gefangenen in die Außenlager nicht gewonnen werden. So erinnert sich Charlotte Hartwig daran, daß im Frauenzuchthaus Zellen, die einmal für zwei Gefangene bestimmt waren, mit zwölf Gefangenen belegt wurden. Die Haftbedingungen waren katastrophal. Die Ernährung der Gefangenen konnte nicht mehr gesichert werden. Die Situation verschärfte sich noch, als eine Reihe von Beamten angesichts des nahenden Endes mehr und mehr Nahrungsmittel und Bekleidung beiseite schafften. Greta Kuckhoff berichtet, was sie in diesen Tagen beobachten konnte: »Da meine Kameradinnen meinten, ich besäße die Fähigkeit, um Ekken zu sehen, wurde mir das Putzen der Fenster aufgetragen, von denen aus sich ein weiter Blick ergab. Da gab es was zu sehen: Wäschekörbe voll Lebensmittel wurden vorbeigetragen. Ganze Speckseiten kamen hinterher. Dann roch es aus großen Tüten ganz aufregend nach frisch gebranntem Kaffee. Und Stoffe: herrliche Gabardine und Tuche, wahrscheinlich aus der Uniformschneiderei, die es in fast jedem Zuchthaus gab. Bettzeug in riesigen Ballen. Die Beamten richteten sich wohl gut ein für die ›Durststrecke‹, die sie nun, wo die Niederlage ganz nahe war, erwarteten.«[350]

Einige Beamte bemühten sich darum, sich rückzuversichern. Ihre Nervosität und Unsicherheit wuchsen von Tag zu Tag, so auch beim Anstaltsbaumeister Miliker. Gerhard Winkler erinnert sich an eine Begebenheit wenige Tage vor dem Zusammenbruch des faschistischen Zuchthausregimes: »Ab und zu kam der Anstaltsbaumeister Miliker, ein Mitläufer der Nazis, aufgeregt vorbei. Ich merkte das und fragte ihn: ›Herr Baumeister, was bedrückt sie denn?‹ Er stammelte: ›Winkler, hören sie nur, in Leipzig wird schon geschossen.‹ Ich konnte aber beim besten Willen nichts hören. Er sprach weiter: ›Winkler, Sie kommen frei. Aber was wird aus mir?‹ Er war zu einer hilflosen Kreatur geworden. Ich tröstete ihn, denn er hatte uns ›Politische‹ anständig behandelt.«[351]

In den ersten Maitagen des Jahres 1945 hatten die meisten Beamten das Zuchthaus verlassen. Allmählich brach das Zuchthausregime zusammen. Das bedeutete jedoch nicht, daß nun keinerlei Gefahr mehr für die politischen Gefangenen bestand. Im Gegenteil, die Anstaltsleitung stellte in diesen Tagen und Wochen Überlegungen an, wie man politische Gefangene rasch »loswerden« könnte. Man wollte sich aus der Verantwortung für die inhaftierten Antifaschisten davonstehlen. Dabei schreckten die Faschisten auch vor einer physischen Liquidierung ihrer Gegner nicht zurück. Nach Aussagen von Hans Ziller soll es im Zuchthaus Waldheim eine Liste gegeben haben, die etwa fünfzig Namen politischer Gefangener enthielt, die liquidiert werden sollten.[352] Sie konnte jedoch in den vorliegenden Akten nicht gefunden werden. Indirekt werden diese Angaben aber von Max Müller und Ferdinand Bartl bestätigt, die sich beide an eine Anordnung der Anstaltsleitung erinnern, wonach alle politischen Gefangenen mit mehr als fünf Jahren Strafe zu erschießen seien. Der Direktor des Zuchthauses soll das Vollstreckungsdatum zunächst auf den 5. Mai 1945 festgesetzt haben, später wurde es dann auf den 12. Mai verschoben. Max Müller berichtet in diesem Zusammenhang weiter: »Damit wurde uns auch klar, wofür die Gruben in der Gärtnerei hinter dem Zellenhaus, Ende April, ausgehoben wurden.«[353] Die Befreiung des Zuchthauses am 7. Mai verhinderte die schändlichen Mordabsichten der Faschisten. Die politischen Gefangenen waren von den geplanten Absichten der Anstaltsleitung durch den Hilfsbeamten Franke informiert worden.[354] Diese Informationen machten den Genossen deutlich, daß das Leben aller politischen Gefangenen in akuter Gefahr war. Man konnte nicht mit Sicherheit sagen, wie sich das Verhalten der Anstaltsleitung weiterentwickeln würde. Größte Vorsicht war darum das Gebot der Stunde. Noch war das faschistische Regime nicht am Ende.

Anfang April 1945 wurde der Volksgerichtshof in das Zuchthaus Waldheim verlegt. In Berlin konnte das faschistische Blutgericht nicht mehr zusammentreten.[355] Der Angriff der Roten Armee auf Berlin hatte bereits begonnen. Hier im Zuchthaus Waldheim fällte das oberste faschistische Sondergericht seine letzten Urteile. Die Verhandlungen fanden vom 11. bis 13. April statt. In großer Hast und Eile führte man den Prozeß gegen Willi Reinl und Genossen durch. Die Faschisten fürchteten, von den Amerikanern überrascht zu werden, die sich bereits in unmittelbarer Nähe der Stadt Waldheim befanden. Charlotte Hartwig, die noch – wie auch ihre Schwester Hilde Schönherr – im September 1944 von der Gestapo in Chemnitz verhaftet worden war, berichtet über die Verhandlungsführung: »Ihre Angst (der Angehörigen des Volksgerichtshofes) hatte sich bereits auf die Verhandlungsführung und auf die Urteile ausgewirkt, die sie in unserem Prozeß fällten.«[356] Charlotte Hartwig wurde zu sieben Jahren Zuchthaus verurteilt. Kurt Schubert erhielt die Todesstrafe.[357] Das waren die letzten Schandurteile der faschistischen Justiz, die vom sogenannten Volksgerichtshof verhängt wurden. Nach dem 13. April 1945 war von den faschistischen Blutrichtern nichts mehr zu sehen.[358]

Um in den letzten Tagen der faschistischen Herrschaft noch mehr politische Häftlinge »loszuwerden«, bediente sich die Anstaltsleitung einer recht merkwürdigen Methode. Sie sprach für politische Gefangene sogenannte Beurlaubungen aus, die mit der Auflage verbunden waren, sich in ihrem Heimatort bei der Gestapo zu melden.[359] Auf Grund all dieser Beobachtungen und in der Gewißheit, daß das Ende des faschistischen Zuchthausregimes unmittelbar bevorstand, beschlossen die eingekerkerten Genossen, Maßnahmen zu einer eventuell notwendig werdenden Verteidigung des Lebens der politischen Gefangenen zu ergreifen.[360] Die Mehrzahl der Beamten des Zuchthauses hatte sowohl eine Evakuierung der Gefangenen, als auch ihre Liquidierung abgelehnt. Ihre Furcht vor den anrückenden Truppen der Amerikaner und der Roten Armee hatte die Oberhand gewonnen. Zum Zeitpunkt der Beratungen der Anstaltsleitung über diese Maßnahmen standen die Amerikaner bereits bei Kriebstein, nur wenige Kilometer von Waldheim entfernt. Zum Zentrum der Vorbereitung der politischen Gefangenen auf die Befreiung des Zuchthauses wurde die Elektrikerwerkstatt. Walther Kirsten berichtet: »In Vorbereitung auf eine eventuelle Liquidierung der Insassen des Zuchthauses Waldheim beim Anrücken der Roten Armee hatten wir zum Teil hereingeschmuggelte Waffen und Munition versteckt. Unter anderem hatte ich im Bett in der Luftschutzwarnzentrale meines verantwortlichen Inspektors Siegert (dieser stand den politischen Gefangenen loyal gegenüber) mit seinem Wissen eine sowjetische Maschinenpistole mit entsprechender Munition versteckt. Als Feuerwerker des Bombenkommandos hatte ich diese Waffen, die ich zum Teil in den Trümmern beim Bombengraben gefunden hatte, hereingeschmuggelt. Des weiteren hatte ich Sprengsätze mit ins Zuchthaus Waldheim gebracht, um bei Gefahr das Maschinenhaus mit angrenzender Mauer in die Luft zu jagen und so eine Befreiung aller Häftlinge zu ermöglichen.«[361] Die Genossen der Werkstatt verfügten auf Grund ihrer Tätigkeit über gute Verbindungen zu allen Belegschaften des Zuchthauses und auch zu Gruppen von ausländischen Gefangenen. Walther Kirsten bestätigt, daß sich einige Beamte loyal verhielten, in der Mehrzahl der Fälle von ihrer Angst vor der Roten Armee getrieben.

Etwa um den 25. April 1945 herum fand eine weitere Beratung der Anstaltsleitung statt. Über den Inhalt der

Beratungen informierte der bereits erwähnte Inspektor Siegert Walther Kirsten.[362] Die Anstaltsleitung hatte dabei über das Schicksal der Insassen der Werkstatt beraten. Offensichtlich hatte man festgestellt, daß in der Werkstatt illegale Arbeit geleistet wurde. Zwei Möglichkeiten, diese Tätigkeit zu unterbinden, wurden verhandelt: erstens: die Erschießung der Gefangenen der Werkstatt und zweitens: die Entlassung der betreffenden Gefangenen. Die meisten der Beamten sprachen sich gegen eine Erschießung aus. So faßte man den Beschluß, die betreffenden Gefangenen zu entlassen. Man vertraute offensichtlich darauf, daß sie sowieso von Gestapo oder SS-Angehörigen aufgegriffen würden. Einen Tag nach dieser Beratung wurden Walther Kirsten und andere Genossen entlassen.

Eine wichtige Rolle bei der Vorbereitung auf die Befreiung des Zuchthauses spielte die Anstaltsfeuerwehr, in der sich ausnahmslos politische Gefangene befanden. Am 2./3. Mai 1945 fand die letzte Übung statt. Heftig wurde über die Probleme der unmittelbar bevorstehenden Befreiung des Zuchthauses diskutiert. Es war bekannt geworden, daß die SS Waldheim bereits verlassen hatte.[363] »Durch die illegale Partei wurde beschlossen, daß am 4. Mai 1945, 15.00 Uhr, bei den diensthabenden Amtmännern die Forderung nach Mitbestimmung durch einen politischen Gefangenenausschuß erhoben werden sollte«,[364] erinnert sich Erich Quade. Dieser Beschluß kam zustande, weil das Zuchthausregime schon merklich geschwächt und kaum damit zu rechnen war, daß die Beamten mit scharfen Maßnahmen reagieren würden. In wie vielen Abteilungen und Belegschaften die Forderung vorgetragen und realisiert wurde, läßt sich nicht mehr feststellen. Erich Quade trug die Forderung der politischen Gefangenen beim amtierenden Leiter des Schloßkomplexes, Herzog, vor. Nach seiner Erinnerung stimmte die Anstaltsleitung folgenden Festlegungen zu:

»– einem politischen Gefangenenausschuß wird die planmäßige Vorbereitung der Entlassung der Gefangenen ab 7. Mai 1945 mit sofortiger Wirkung übertragen;
– zu diesem Zwecke erhalten die Mitglieder des Gefan-

genenausschusses Schlüsselgewalt zur Durchführung entsprechender Beratungen.«[365]

Eine Beratung gleichen Inhalts fand am 4. Mai 1945 in der Schneiderei des Zuchthauses mit Otto Straube statt. Mit den übrigen Verwaltungsbereichen wurde für die Entlassung am 7. Mai 1945 folgende Reihenfolge festgelegt: 1. Entlassung aller Ausländer; 2. Entlassung aller deutschen politischen Gefangenen; 3. Entlassung krimineller Gefangener nur nach sorgfältiger Prüfung durch den Gefangenenausschuß.[366] Besonders der dritte Punkt dieser Festlegung konnte dann jedoch nicht realisiert werden, weil sich die Ereignisse überstürzten und der Gefangenenausschuß nicht verhindern konnte, daß die Kriminellen zunächst alle entlassen und außerdem eine große Anzahl von Akten vernichtet wurde.

Im Frauenzuchthaus hat es keine solchen konkreten Vorbereitungen auf die Befreiung gegeben. Aber auch dort spürten die politischen Gefangenen, daß das Ende der faschistischen Herrschaft in greifbare Nähe rückte. Die diensthabenden Wachtmeisterinnen konnten sich nur noch selten in gewohnter Weise durchsetzen. Immer häufiger wurde von den Frauen die Frage diskutiert, wie es nach der Befreiung weitergehen würde. Wie schwer es die Aufseherinnen in diesen letzten Tagen und Wochen ihrer Herrschaft hatten, schildert Greta Kuckhoff: »Sobald sich eine Wachtmeisterin Gehör verschaffen wollte, zerschnitt ein ohrenbetäubendes Feilen, Sägen, Hämmern und Klappern die noch eben herrschende Stille. Von der Tür aus, wo die Wachtmeisterin stehenblieb, drang kein Wort zu uns, mochte sie auch noch so sehr schreien, so eifrig waren wir bei unserer Arbeit. Sie wiederholten ihre Versuche nicht oft. Unsere Taktik hatte sich ganz von selbst entwickelt, sie bedurfte keiner vorherigen Vereinbarung.«[367] Immer komplizierter gestalteten sich die Arbeitsbedingungen und Möglichkeiten der Produktion. Auch daran erkannten die politischen Gefangenen, daß der Faschismus seinem Ende entgegenging. Greta Kuckhoff schildert die Schwierigkeiten, die bei der Herstellung beziehungsweise bei der Montage von Schreibmaschinen auftraten: »Wir lernten allmählich die Entstehung von Überplanbeständen kennen. Erst kamen nicht ausreichend Kugellager, bestimmte Tasten und Kurbeln fielen aus, dann klappte die Versorgung mit den Schlitten nicht mehr — die Reihe der dreiviertelfertigen, der halb- und viertelfertigen Maschinen nahm zu. Bald reichte der Lagerplatz für die unnütze Produktion, mit der niemand in diesem Zustand etwas anfangen konnte, nicht mehr. Und schließlich war Schluß.«[368]

Von den konkreten Plänen der politischen Gefangenen des Männerzuchthauses war den Frauen nur sehr wenig oder gar nichts bekannt. In den letzten Wochen und Monaten des faschistischen Zuchthausregimes gestaltete sich die Aufrechterhaltung und das Knüpfen von Kontakten nicht einfacher. Immer weniger politische Gefangene gingen auf Außenkommando. Das brachte Informationseinbußen mit sich. Kontakte, die sich früher aus der laufenden Produktion im Zuchthaus ergeben hatten, fielen in zunehmendem Maße aus.

Im Zuge ihres Vormarsches näherten sich die Truppen der Roten Armee am 6. Mai 1945 der Stadt Waldheim. In der Nacht vom 6. zum 7. Mai 1945 sollte für die politischen Gefangenen des Zuchthauses die lang ersehnte Stunde der Befreiung kommen. Obwohl sich bereits zwei Tage vorher amerikanische Militärpolizei im Anstaltsgelände aufhielt, zeigte es sich, daß die Amerikaner kein Interesse an der Befreiung der politischen Gefangenen des Zuchthauses hatten.[369] Am Abend des 6. Mai herrschte unter den Gefangenen und unter den Beamten eine nicht zu verbergende Aufregung. Es war zu spüren, in dieser Nacht würde etwas Entscheidendes geschehen. Der immer näher kommende Geschützdonner verstärkte sich zusehends. Ferdinand Bartl konnte vom Fenster seiner Zelle aus beobachten, wie etliche Beamte das Zuchthaus verließen. Schließlich war das Kettengerassel von Panzerfahrzeugen zu hören. Die Wachen wurden immer unruhiger. Ein Knall war zu hören, der die allgemeine Unruhe verstärkte. Sowjetsoldaten hatten das Schloß des Eingangstores zerschossen. Die noch anwesenden Beamten leisteten keinerlei Widerstand. Die meisten von ihnen waren bereits geflohen. Die Bereitschaftsbeamten übergaben die Schlüssel und ihre Waffen und zogen sich zurück. Ferdinand Bartls Zelle lag im Erdgeschoß des Zellenhauses. Er wurde als einer der ersten im Männerzuchthaus befreit. Ein alter Beamter öffnete die Zelle, und Genosse Bartl wurde von zwei Rotarmisten und einer Panzerfahrerin begrüßt. Zwölf Jahre Haft waren für ihn zu Ende. Die Gefühle und Gedanken, die einen politischen Gefangenen in dieser Situation bewegten, lassen sich nicht in Worten ausdrücken. In der Wachstube nahm Bartl sämtliche Schlüssel an sich, und dann wurde mit dem Aufschließen aller Zellen begonnen.[370] Durch den Lärm und den Jubel der Gefangenen waren in anderen Belegschaften unterdessen schon die Türen zu den Schlafsälen gewaltsam geöffnet worden.[371] Der Ablauf der Ereignisse gestaltete sich sehr rasch, und die Befreiung der Gefangenen konnte nicht wie geplant realisiert werden. Zunächst wurden alle Gefangenen, einschließlich der Kriminellen, befreit. Es kam zu tumultartigen Szenen, und der Überblick ging zeitweilig völlig verloren. Das erste Interesse der Freigelassenen galt der Suche nach etwas Eßbarem. Noch in der Nacht konstituierte sich das Revolutionäre Gefangenenkomitee, in dem sowohl deutsche als auch tschechische Antifaschisten arbeiteten. Aufgabe dieses Komitees war es, in erster Linie weitere Plünderungen von Nahrungsmittelvorräten und der Kleidungskammern zu verhindern sowie die Organisation der Entlassung in die Hand zu bekommen. Das Komitee wurde zum politischen Führungsorgan der Antifaschisten. Ihm gehörten unter anderen die Genossen Ferdinand Bartl, Hugo Bergmann, Fritz Dettmann, Eugen Lange, Erich Quade, Ernst Wabra, Kurt Wagner, Hans Ziller und Greta Kuckhoff an. Eine der ersten Maßnahmen des Komitees war, die Bäckerei vor Plünderungen zu sichern. Diese Aufgabe übernahm Ernst Wabra mit einer Gruppe Antifaschisten. In der Anstaltsdruckerei wurden Plakate gedruckt, die vor Plünderern und Marodeuren warnten;[372] Beamte, die als Scharfmacher bekannt waren, wurden vorläufig festgesetzt. Am 7. Mai 1945 fand die erste Versammlung der politischen Gefangenen in der Anstaltskirche statt. Es sprach unter anderen Karl Dettmann. Er dankte den Soldaten der Roten Armee für ihren heroischen Kampf gegen den Faschismus und bekundete zugleich den Willen der Antifaschisten, alles zu tun, um ein neues, demokratisches Deutschland aufzubauen, in dem der Faschismus mit der Wurzel ausgerottet wird.

Im Männerzuchthaus gelang es den politischen Gefangenen, die Verpflegung zu kontrollieren und den Plünderungen ein Ende zu setzen. Die wichtigsten Stellen im Zuchthaus wurden mit Genossen besetzt. Nun war auch die Stunde der Befreiung für die Frauen und Mädchen des Zuchthauses gekommen. Charlotte Hartwig erinnert sich: »In der Nacht vom 6. zum 7. Mai wachte ich plötzlich auf. Ich hörte Singen und Rufen. Die gefangenen Französinnen, die im Schlafsaal über meiner Zelle lagen, sangen die Marseillaise und riefen: ›Vive l'Amerique!‹ Sie glaubten, daß die Amerikaner kämen, denn diese hielten sich schon seit Wochen in der Nähe der Stadt Waldheim auf. Jetzt hörte ich, erst aus der Ferne, dann immer näher kommend, das Motorengeräusch und Anrollen von Fahrzeugen auf der in der Nähe vorüberführenden Landstraße. Ich tastete mich durch die finstere Zelle zur Wand und kletterte zu dem Gitterfenster hinauf. Alles schwarz, nichts zu sehen. Doch dann blinkten Lichter im Zuchthaushof auf. Stimmen wurden laut. Plötzlich – hörte ich recht? – mir stockte das Herz vor Freude – russische Laute! Was nun geschah, werde ich nie im Leben vergessen. Was wir in den kühnsten Träumen, in langen bitteren Zuchthausnächten nicht zu hoffen gewagt hatten, wurde Wirklichkeit. Die Ereignisse überstürzten sich jetzt. Erst im Erdgeschoß, dann im ersten Stock, wo meine Zelle lag, waren eilige, feste Schritte zu hören. Ehe ich noch recht begriff, was vor sich ging, donnerte ein wuchtiger Schlag gegen die Zellentür. Sie sprang auf, und vor mir stand ein Rotarmist mit dem Sowjetstern an der Mütze. Bevor wir alle etwas sagen konnten und zur Besinnung kamen, war er schon weitergeeilt, um die nächsten Zellentüren zu öffnen. Im Nu strömten aus allen Zellen und den Schlafsälen die Gefangenen und füllten die langen Zuchthausgänge. Lachend und weinend fielen wir uns in die Arme. Von wenigen Stimmen begonnen, in die nach und nach immer mehr einfielen, sangen wir gemeinsam mit unseren Befreiern die Internationale.«[373]

Den Trubel der Begeisterung nutzten kriminelle Gefangene aus, um mißliebige Akten zu beseitigen und Vorräte an Kleidung und Nahrungsmitteln zu plündern.[374] Deshalb sahen es die politischen Gefangenen als eine der vordringlichsten Aufgaben an, die Verbindung zu den Genossen im Männerzuchthaus herzustellen, um die Entlassung der Gefangenen in geordneter Weise durchführen und kontrollieren zu können. Greta Kuckhoff, Mitglied des Revolutionären Gefangenenkomitees, berichtet, daß die Verbindung zum Männerzuchthaus schnell hergestellt wurde. Gemeinsam mit einer Kameradin hatte sie das Büro der Vorsteherin der Belegschaft besetzt, um die Vernichtung von Akten zu verhindern. Aber das gelang nur zu einem ganz geringen Teil. Auf dem Gelände des Zuchthaushofes hatten kriminelle Gefangene längst ein loderndes Feuer entfacht, das mit Zuchthausakten genährt wurde.[375] So erklärt sich auch manche Lücke, die sich uns heute bei der Erforschung der damaligen Geschehnisse auftut. Nachdem die Verbindung zwischen Männer- und Frauenzuchthaus hergestellt worden war, begann die koordinierte Arbeit des Gefangenenkomitees. Zahlenmäßig waren die politischen Gefangenen im Frauenzuchthaus sehr deutlich in der Minderheit. Deshalb wurden sie von den Männern aktiv, vor allem bei der Verhinderung von Plünderungen, unterstützt. Max Müller schildert eine der Aktionen: »Nach der Parteiversammlung (gemeint ist die Versammlung der politischen Gefangenen in der Anstaltskirche am 7. Mai 1945) erhielten der Genosse Schönherr und ich den Auftrag, in das Frauenzuchthaus zu gehen, um dort zu helfen, denn die Kriminellen hatten sich der Kleidersäcke unserer Genossinnen bemächtigt und wollten sich die besten Stücke aneignen. Als wir dort ankamen, herrschte ein wüstes Durcheinander. Die Kriminellen prügelten sich um die einzelnen Stücke, rissen sich die Kleider vom Leibe. Wir mußten uns nicht gerade höflich Geltung verschaffen. Die meisten unserer Frauen hatten sich in ihre Zellen zurückgezogen. Nach langer Zeit gelang es uns, eine geregelte Ausgabe sicherzustel-

Vom Revolutionären Gefangenen-Komitee
ausgestellter Ausweis
für die befreiten politischen Gefangenen

Wortlaut des Vordruckes:
Inhaber dieses .... aus ....
ist aus der Strafanstalt Waldheim/Sa. entlassen worden und
befindet sich auf der Heimreise nach ....
Er verbüßte eine Strafe, die ihm die faschistische Klassenjustiz
auferlegt hatte. Straftat: ....
Er wurde vom Gefangenen-Komitee ordnungsgemäß freigelassen. Es wird vor allem hervorgehoben, daß er sich bei der Bewältigung der (...) politischen und organisatorischen Arbeiten persönlich hervorragend in leitender Stellung beteiligt hat.
Waldheim/Sa.,   Revolutionäres Gefangenen-Komitee
9. 5. 1945

len, nicht ohne die Hilfe eines sowjetischen Postens. Am Nachmittag mußten wir abgelöst werden. Wir waren heiser und hatten allerhand blaue Flecken. Unsere Genossinnen nahmen wir mit in unser Zellenhaus.«[376]

Im Verlaufe der Befreiungsaktion entdeckten die politischen Gefangenen die im Zuchthaus vorhandenen Vorräte an Medikamenten und Stärkungsmitteln, die durchaus ausgereicht hätten, um alle Gefangenen gesund zu erhalten und ihnen die nötige medizinische Hilfe zukommen zu lassen. Ein weiterer Beweis für die Unmenschlichkeit des faschistischen Zuchthausregimes.[377] An den folgenden Tagen nach der Befreiung wurde die Mehrzahl der Gefangenen entlassen. Jeder erhielt sein Geld und die Entlassungspapiere. Das Gefangenenkomitee organisierte die Entlassungsformalitäten. Die ausländischen Gefangenen wurden durch das Rote Kreuz abtransportiert. Als letzte der politischen Gefangenen verließen die Genossen Eugen Lange, Eva Schulze-Knabe, Ernst Wabra und Hans Ziller das Zuchthaus.

Die politischen Gefangenen schlossen sich in größeren Gruppen zusammen und begaben sich gemeinsam auf den Heimweg. Zur Gruppe der Leipziger Antifaschisten gehörten unter anderen Änne Hoppe, Else Haucke, Kurt Maslow, Erich Quade, Helene Schmidt, Hans Stein, Lotte und Walter Zimmermann. Zu Hause angekommen, stellten sie sich sofort der antifaschistischen Aufbauarbeit zur Verfügung.[378] Auch eine Gruppe Antifaschisten aus Chemnitz fand sich zusammen. Zu ihnen gehörten neben anderen Ernst Wabra, Kurt Wagner, Ferdinand Bartl, Alfred Schönherr und Eugen Lange. Schon am 15. Mai 1945 übernahm Ernst Wabra die Leitung der Kriminalpolizei in Chemnitz, Kurt Wagner wurde Kriminaldirektor und Hans Ziller Leiter der Fahndungsabteilung.[379] So trugen die Antifaschisten sofort nach der Befreiung wieder politische Verantwortung. Das war Beweis dafür, daß sie trotz jahrelanger Zuchthaushaft ihrer politischen Überzeugung treu geblieben waren. Walther Kirsten wurde wenige Wochen nach der Befreiung erster kommunistischer Bürgermeister der Stadt Waldheim.[380]

Die Befreiung des Zuchthauses Waldheim durch die Rote Armee war der Schlußpunkt eines 12 Jahre währenden Kampfes der politischen Gefangenen gegen faschistischen Terror und Willkür. Ihren Möglichkeiten entsprechend hatten sie sich auf die Befreiung vorbereitet. Dabei wirkte sich der allmähliche Zusammenbruch des faschistischen Zuchthausregimes positiv aus. Blutvergießen und gewaltsame Aktionen konnten vermieden werden. Die Faschisten hatten es vorgezogen, zu fliehen oder ihrem Leben selbst ein Ende zu setzen, wie der Direktor des Zuchthauses, Schiefer, der Anstaltsarzt, Dr. Rath, und der Oberwachtmeister Hähnel.[381] Der rasche Vormarsch der Roten Armee verhinderte die physische

Vernichtung eines Teils der politischen Gefangenen, die die Anstaltsleitung geplant hatte. Daß die Entlassungsaktion trotz anfänglicher Schwierigkeiten schließlich doch in organisierter Weise vollzogen werden konnte, ist das Verdienst der Arbeit des Revolutionären Gefangenenkomitees und aller politischen Gefangenen, die es aktiv unterstützten. Das Komitee war nicht zuletzt Ausdruck des kontinuierlichen Kampfes der Genossen der KPD während der gesamten Zeit des faschistischen Zuchthausregimes in Waldheim.

Das Vermächtnis

Unmittelbar nach der Befreiung des Zuchthauses Waldheim am 7. Mai 1945 begann für die ehemaligen politischen Gefangenen ein neuer Kampfabschnitt. Der Faschismus war militärisch zusammengebrochen, aber es galt, seine Wurzeln und seine Auswirkungen zu beseitigen. Jahre des harten Ringens um die Durchsetzung der Ziele der antifaschistisch-demokratischen Umwälzung auf dem Gebiet der heutigen DDR begannen. Aber viele Antifaschisten konnten diesen bedeutungsvollen Abschnitt unserer Geschichte nicht mehr miterleben. Der Faschismus hatte von ihnen das größte Opfer abverlangt, das höchste Gut, was sie besaßen, ihr Leben. Eine große Zahl politischer Gefangener des Zuchthauses Waldheim ist während der faschistischen Herrschaft verstorben. Ursache war sehr oft die typische Zuchthauskrankheit, die Tuberkulose. Ihre Ausbreitung wurde zweifellos durch die vorherrschenden Bedingungen in der Haft begünstigt. Blieb dann noch die notwendige ärztliche Versorgung und Betreuung aus — und davon muß man ausgehen —, dann nahm die »schleichende Hinrichtung« ihren Lauf. Sucht man heute nach den Todesursachen im faschistischen Strafvollzug, dann ist zu bedenken, daß die Beamten keine Schwierigkeiten hatten, eine ihnen genehme Todesursache in den Akten zu vermerken. Zu den im Zuchthaus Waldheim verstorbenen Antifaschisten gehören unter anderen Otto Hempel, Paul Popp, Anna Schumann, Kurt Biedermann, Kurt Gittel, Friedrich Knöfler und Heinrich Budde. Budde wurde hingerichtet, jedoch nicht im Zuchthaus Waldheim.[382] In den Akten ist nur eine Mitteilung an Frau Else Budde enthalten mit dem Vermerk, daß die Hinrichtung ihres Mannes am 27. November 1944 erfolgt sei.[383]

Nach überstandener Zuchthaushaft verschleppten die Faschisten viele aufrechte Antifaschisten in eines der zahlreichen Konzentrationslager. Dort erwartete sie ein Martyrium, das in vieler Hinsicht noch schlimmer war als das, was sie im Zuchthaus hatten ertragen müssen. Zu den Opfern dieser Vernichtungspolitik gehört Ernst Schneller. Die Faschisten ermordeten ihn im Konzentrationslager Sachsenhausen. Im Konzentrationslager Ravensbrück starb Dr. Maria Grollmuß infolge völliger Entkräftung. Viele andere Antifaschisten ereilte das gleiche Schicksal. Ihre aufrechte Haltung bezahlten sie mit ihrem Leben. In den Konzentrationslagern setzten die Antifaschisten ihren Kampf gegen den Faschismus fort, unter ihnen Fritz Selbmann und Horst Sindermann. Sie gehörten illegalen Widerstandsgruppen in den Lagern oder Lagerkomitees an.

Nicht vergessen sind auch jene Widerstandskämpfer, die unmittelbar nach ihrer Entlassung aus faschistischer Haft den Kampf wieder aufnahmen. Ein Beispiel dafür sind die Genossen der Leipziger Widerstandsorganisation um Georg Schumann. Erst im Januar 1945 fielen sie der faschistischen Terrorjustiz zum Opfer.

Es ist nicht möglich, alle ehemaligen politischen Gefangenen des Zuchthauses Waldheim namentlich zu nennen, die sich nach der Befreiung vom Faschismus aktiv und selbstlos für den Wiederaufbau unseres Landes eingesetzt haben. Sie alle haben ihren persönlichen Beitrag zu unserer erfolgreichen Nachkriegsentwicklung geleistet. Viele von ihnen hat der Tod inzwischen aus unserer Mitte gerissen. Jedoch erhielten sie in den Jahren unseres sozialistischen Aufbaus die Gewißheit, daß ihre Opfer und Taten nicht umsonst waren, daß sie im Bewußtsein der Generationen lebendig bleiben.

Die nachfolgenden Namen sollen stellvertretend für

alle Antifaschisten stehen, die — teilweise bis zum heutigen Tage — aktiv unsere entwickelte sozialistische Gesellschaft mitgestaltet haben:

Zu den politischen Gefangenen des Zuchthauses Waldheim gehörte unser heutiger Präsident der Volkskammer, Horst Sindermann. Sein gesamtes Wirken nach 1945 galt der Verwirklichung der Ziele und Ideale der antifaschistischen Widerstandsbewegung. Im antifaschistischen Kampf erwarb er sich die Eigenschaften, die ihn heute als eine der führenden Persönlichkeiten unseres Landes auszeichnen. Die Jahre der Kerkerhaft waren für ihn und viele andere Genossen Jahre der Entbehrungen und größter psychischer und physischer Belastung, aber auch des Lernens, des Vertiefens politischer Grundsätze und Überzeugungen, der Stärkung des Selbstvertrauens und des Mutes. Auch die jahrelange Haft im Konzentrationslager Sachsenhausen konnten Horst Sindermann nicht von seiner politischen Überzeugung abbringen.

Fritz Selbmann, vor 1933 Reichs- und Landtagsabgeordneter der KPD und Sekretär der Bezirksleitung Leipzig-Westsachsen, wirkte nach 1945 in vielen Partei- und Staatsfunktionen. Als Minister für Schwerindustrie erwarb er sich bleibende Verdienste beim Aufbau der materiell-technischen Basis des Sozialismus in der DDR. Ein Großteil seiner naturwissenschaftlichen und philosophischen Kenntnisse, um deren Vertiefung er weiter stets bemüht blieb, hatte er sich während seiner Zuchthaushaft angeeignet.

Gleich nach der Befreiung vom Hitlerfaschismus übernahm auch Walther Kirsten eine wichtige Staatsfunktion; er trat im Juni 1945 das Amt des ersten Bürgermeisters in Waldheim an. Keine leichte Aufgabe unter den damaligen Bedingungen. Später wurde er Beauftragter des Ministerpräsidenten Sachsens und Sonderkommissar des Ministerpräsidenten Otto Grotewohl. Seine Arbeit trug wesentlich dazu bei, wirtschaftliche Großvorhaben wie den Bau des Kombinates »Schwarze Pumpe«, der Kraftwerke Lübbenau und Vetschau, der Werke in Schwedt, Guben und der Hohenwarte-Talsperre zu realisieren. Damit wurde die Volkswirtschaft der DDR entscheidend gestärkt.

Greta Kuckhoff stand nach der Gründung der DDR der Deutschen Notenbank als Präsidentin vor. 1958 wählte man sie zur Vizepräsidentin des Friedensrates der DDR. In diesen Funktionen gab sie ihre reichen politischen Erfahrungen weiter und stellte sie in den Dienst des sozialistischen Aufbaus.

Ehemalige »Waldheimer« traten den neu geschaffenen bewaffneten Organen bei, um die Errungenschaften des Sozialismus wirkungsvoll zu schützen. Bereits am 15. Mai 1945 übernahm Ernst Wabra die Leitung der Kriminalpolizei in Chemnitz. Ihm zur Seite standen Kurt Wagner und Hans Ziller. Kurt Wagner war später stellvertretender Verteidigungsminister der DDR.

Und selbstverständlich in der Justiz arbeiteten ehemalige politische Gefangene. Sie setzten sich mit ganzer Kraft für die Wahrung sozialistischer Gesetzlichkeit und Ordnung ein. Kurt Brünner aus Leipzig war viele Jahre Rechtsanwalt und leistete seinen Beitrag zur Durchsetzung des sozialistischen Rechts.

Im einzelnen ist es unmöglich, auf die vielfältigen gesellschaftlichen Aktivitäten der ehemaligen »Waldheimer« einzugehen. Bis heute arbeiten sie in unserer Partei, in der Nationalen Front, in Wohnbezirksausschüssen, in den verschiedensten Massenorganisationen und nicht zuletzt in den Komitees der Antifaschistischen Widerstandskämpfer und in Geschichtskommissionen und in Kommissionen zur Traditionspflege mit. Häufig haben unsere verdienten Antifaschisten Kontakt zur jüngeren Generation. In Jugendstunden, Foren, Diskussionsrunden und bei Besuchen von Stätten des revolutionären Kampfes vermitteln sie ihren reichen Erfahrungsschatz und die Lehren ihres Lebens. Sie leisten einen wertvollen Beitrag zur Vervollkommnung des marxistisch-leninistischen Geschichtsbildes und zur Herausbildung von revolutionären Überzeugungen und Haltungen.

Wenn die Ziele und Ideale des antifaschistischen Widerstandskampfes in der DDR reale Gestalt angenommen haben, dann nicht zuletzt deshalb, weil ehemalige politische Gefangene des Zuchthauses Waldheim und alle anderen Kämpfer gegen den Faschismus ihre ganze Kraft für den Aufbau einer neuen Gesellschaft eingesetzt haben. Sie alle haben, gleich an welchem Platz, ihr Bestes für das Aufblühen unseres Landes gegeben und damit das Vermächtnis aller Angehörigen der Widerstandsbewegung in Ehren erfüllt.

1 Siehe Der Stufenstrafvollzug in Deutschland von den Reichsrätegrundsätzen bis zum Entwurf eines Strafvollzugsgesetzes, Kiel 1929, S. 132.

2 Siehe Alfred Resch: Der Stufenstrafvollzug. Rückblick und Ausblick. In: Roland Freisler u. a.: Zur Neugestaltung des Strafverfahrens und des Strafvollzuges, Berlin 1935, S. 130/131.

3 Siehe Lebendig begraben. Tatsachen aus deutschen Zuchthäusern und Gefängnissen, Berlin 1932, S. 6.

4 Siehe Fritz Hauptvogel: Welche Zielrichtung ist dem künftigen Strafvollzug zu setzen? In: Roland Freisler u. a.: Zur Neugestaltung des Strafverfahrens und des Strafvollzuges, S. 98/99.

5 Justiz im Dritten Reich. Eine Dokumentation, hrsg. von Ilse Staff, Frankfurt (Main) 1978, S. 39.

6 Heinz Bergschicker: Deutsche Chronik 1933–1945. Ein Zeitbild der faschistischen Diktatur, Berlin (1981), S. 48.

7 Siehe Kurt Pätzold/Manfred Weißbecker: Hakenkreuz und Totenkopf. Die Partei des Verbrechens, Berlin 1981, S. 210.

8 Strafvollzugsordnung. Vereinheitlichung der Dienst- und Vollzugsvorschriften für den Strafvollzug im Bereich der Reichsjustizverwaltung vom 22. 7. 1940, Berlin 1940, S. 27.

9 Roland Freisler: Zur Neugestaltung des Strafverfahrens und des Strafvollzuges. In: Roland Freisler u. a.: Zur Neugestaltung des Strafverfahrens und des Strafvollzuges, S. 1.

10 Siehe Strafgesetzbuch für das Deutsche Reich mit Erläute

rungen und einem Anhang, enthaltend strafrechtliche Nebengesetze und Notverordnungen, München – Berlin 1934.

11 Frank Gürtner/Roland Freisler: Das neue Strafrecht. Grundgedanken zum Geleit, Berlin 1936, S. 18.

12 Justiz im Dritten Reich ..., S. 57.

13 Siehe Fritz Hauptvogel: Welche Zielrichtung ... In: Roland Freisler u. a.: Zur Neugestaltung des Strafverfahrens und des Strafvollzuges, S. 103.

14 Siehe Strafvollzugsordnung ..., S. 89.

15 Fritz Hauptvogel: Welche Zielrichtung ... In: Roland Freisler u. a.: Zur Neugestaltung des Strafverfahrens und des Strafvollzuges, S. 103.

16 Siehe Max Frenzel/Wilhelm Thiele/Artur Mannbar: Gesprengte Fesseln. Ein Bericht über den antifaschistischen Widerstand und die Geschichte der illegalen Parteiorganisation der KPD im Zuchthaus Brandenburg-Görden von 1933 bis 1945, Berlin 1976, S. 87.

17 Friedrich Schlotterbeck: Je dunkler die Nacht, desto heller die Sterne. Erinnerungen eines deutschen Arbeiters, Halle 1969, S. 84/85.

18 Fritz Selbmann: Alternative, Bilanz, Credo. Versuch einer Selbstdarstellung, Halle 1969, S. 271/272.

19 Zentrales Staatsarchiv Potsdam (im folgenden: ZStA Potsdam), Reichsjustizministerium, 30.01, Film Nr. 22963.

20 Siehe ebenda.

21 Bericht Kurt Brünner, o. O. u. J., S. 15. (In dieser Weise werden die Erlebnisberichte ehemaliger Waldheimer Häftlinge angegeben, die dem Verfasser zur Verfügung standen.)

22 Siehe Staatsarchiv Dresden (im folgenden StA Dresden), Zuchthaus Waldheim, Akte Nr. 1169.

23 Siehe Protokoll des Gesprächs mit Paul Großmann vom 18. Mai 1982, S. 1.

24 Bericht Kurt Brünner ..., S. 13.

25 Siehe Bericht Johanna Nötzold vom 1. August 1976, S. 2/3.

26 Bericht Eva Schulze-Knabe vom 30. Juli 1976, S. 2.

27 Siehe Bericht Kurt Müller vom 10. November 1975, S. 3.

28 Siehe Bericht Gertrud Keller vom 5. August 1976, S. 4.

29 Siehe Bericht Max Kästner, o. O. u. J., S. 4.

30 Siehe Tonbandaufzeichnung eines Gesprächs ehemaliger weiblicher Gefangener des Zuchthauses Waldheim.

31 Siehe Protokoll des Gesprächs mit Horst Sindermann vom 27. November 1981, S. 1.

32 Siehe Manfred Drews/Max Stoll: Soldaten der ersten Stunde. Fünf Lebensbilder, Berlin 1981, S. 159.

33 Siehe Deutsche Widerstandskämpfer 1933–1945, Bd. 2, Berlin 1970, S. 188.

34 Verhaltensvorschriften für die Häftlinge. Auszug aus der Strafvollzugsordnung vom 22. 7. 1940, S. 1. (Diese Vorschrift hing in jeder Zelle aus.)

35 Ebenda.

36 Siehe StA Dresden, Zuchthaus Waldheim, Akte Nr. 63, Bl. 69 u. Bl. 189.

37 Siehe Bericht Franz Walther vom März 1975, S. 4.

38 Manfred Drews/Max Stoll: Soldaten der ersten Stunde ..., S. 156.

39 Fritz Selbmann: Alternative, Bilanz, Credo ..., S. 268.

40 Siehe StA Dresden, Zuchthaus Waldheim, Akte Nr. 1153, Bl. 17.

41 Siehe Materialien des Bezirkskomitees der Antifaschistischen Widerstandskämpfer Leipzig/Arbeitsgruppe Waldheim, Leipzig 1976.

42 Siehe Bericht Ehrenfried Voigt vom 25. Oktober 1975, S. 2.

43 Strafvollzugsordnung ..., S. 38.

44 Bericht Johanna Nötzold ..., S. 3.

45 Siehe ZStA Potsdam, Reichsjustizministerium, 30.01, Film-Nr. 22962.

46 Siehe StA Dresden, Zuchthaus Waldheim, Akte Nr. 1202 u. 1178.

47 Siehe Bericht Elsa Eppich, o. O. 1976, S. 2.

48 Siehe StA Dresden, Zuchthaus Waldheim, Akte Nr. 792.

49 Siehe ebenda, Akte Nr. 1153, Bl. 23.

50 Bericht Paul Auerswald, Lauer o. J., S. 18.

51 Siehe Schreiben Willi Grünerts an den Autor vom 3. Februar 1981, S. 1.

52 StA Dresden, Zuchthaus Waldheim, Akte Nr. 796, Bl. 189.

53 Bericht Walter Kramer vom 24. September 1977, S. 413 u. 415.

54 Bericht Irmgard Reich vom 1. Juli 1976, S. 2. (Siehe auch Anmerkungen 29 und 310.)

55 Ebenda, S. 1.

56 Siehe Bericht Walter Friedrich vom 4. Mai 1976, S. 6.

57 Siehe StA Dresden, Zuchthaus Waldheim, Akte Nr. 34060, Bl. 198. – Siehe Wolfgang Kießling: Ernst Schneller. Lebensbild eines Revolutionärs, Berlin 1974, S. 297.

58 Siehe Bezirksleitung Leipzig der SED, Bezirksparteiarchiv (im folgenden: BL Leipzig, BPA), V/5/043, V/5.3/0761.

59 Siehe Bericht des VVN-Komitees Waldheim vom 9. Juli 1948.

60 Siehe BL Leipzig, BPA, V/5/043 u. V/5.3/0761.

61 Siehe Bericht Ferdinand Bartl, o. O. u. J., S. 6.
62 Siehe ebenda.
63 Siehe StA Dresden, Zuchthaus Waldheim, Akte Nr. 797, Bl. 3, 43 u. 44.
64 Siehe ebenda, Akte Nr. 804, Bl. 21.
65 Siehe Strafvollzugsordnung ..., S. 78.
66 Siehe Bericht Max Kästner ..., S. 2.
67 Siehe Bericht Kurt Brünner ..., S. 8.
68 Siehe BL Leipzig, BPA, V/5/043, V/5.3/0761.
69 Bericht Richard Thiede vom Januar 1976, S. 1.
70 Siehe ebenda, S. 3.
71 Siehe Bericht Walter Friedrich ..., S. 3.
72 Siehe Bericht Kurt Brünner ..., S. 12.
73 Siehe Friedrich Schlotterbeck: Je dunkler die Nacht ..., S. 89.
74 Siehe Bericht Kurt Brünner ..., S. 13.
75 Siehe Bericht Kurt Müller ..., S. 2.
76 Siehe Bericht Hans Ziller vom 19. Februar 1976, S. 4. – Siehe Bericht Hans Lauter vom 21. April 1982, S. 5.
77 Siehe Bericht Rudolf Divis vom März 1975, S. 4. – Siehe Bericht des VVN-Komitees Waldheim ...
78 Siehe Bericht Hugo Puff, o. O. u. J., S. 5.
79 Siehe Bericht des VVN-Komitees Waldheim ...
80 Bericht Paul Auerswald ..., S. 18.
81 Siehe StA Dresden, Zuchthaus Waldheim, Akte Nr. 444.
82 Siehe Bericht Martha Rossmanit vom 22. Januar 1976, S. 1.
83 Siehe Bericht Gertrud Keller ..., S. 1.
84 Hingewiesen sei auf den erfolgreichen DEFA-Film »Die Verlobte«, dessen Drehbuch auf Eva Lippolds Roman »Leben, wo gestorben wird« beruht.
85 Siehe Bericht Walter Hanig vom 15. Januar 1975, S. 6.
86 Siehe Fritz Selbmann: Alternative, Bilanz, Credo ..., S. 281/282.
87 Siehe Bericht Ferdinand Bartl ..., S. 6.
88 Siehe Fragebogen Otto Brödner von 1975, S. 1.
89 Siehe BL Leipzig, BPA, V/5/043, V/5.3.0.
90 Siehe Bericht Gertrud Wohlrath, o. O. u. J., S. 1. – Siehe Bericht Johanna Kretzschmar, o. O. u. J., S. 4.
91 Verwiesen sei auf folgende Publikationen: Jahrbuch zur Geschichte der Stadt Leipzig, Leipzig 1975. – Zum Höchsten der Menschheit. Chronik zur Geschichte des antifaschistischen Widerstandskampfes im Bezirk Dresden 1933–1945, Dresden 1977. – Beiträge zur Geschichte des KJVD in Chemnitz, Karl-Marx-Stadt 1981. – Biographische

Skizzen, hrsg. von der Bezirksleitung Karl-Marx-Stadt der SED, o. O. u. J.

92 Siehe Statistische Auswertung der Fragebögen. In: Materialien des Bezirkskomitees der Antifaschistischen Widerstandskämpfer Leipzig/Arbeitsgruppe Waldheim.

93 Siehe Bericht Gerhard Winkler, o. O. 1976, S. 1.

94 Institut für Marxismus-Leninismus beim ZK der SED, Zentrales Parteiarchiv (im folgenden: IML/ZPA), NJ 15627, Bl. 51.

95 Ebenda, NJ/1602/1/1−10, S. 39.

96 StA Dresden, Zuchthaus Waldheim, Akte Nr. 4722, Bl. 47/48.

97 Siehe ebenda, Akte Nr. 804, Bl. 30, 59 u. 71.

98 Ebenda, Zeitungsausschnittsammlung, Findbuch, Nr. 637.

99 Ebenda, Akte Nr. 35006, Bl. 10.

100 Die Akte mit dem zitierten Vermerk befindet sich im Besitz von Hans Ziller.

101 Bericht Franz Walther ..., S. 8.

102 StA Dresden, Zuchthaus Waldheim, Akte Nr. 34060, Bl. 12 B.

103 Ebenda, Akte Nr. 3600, Bl. 6 A.

104 Bericht Dora Parade vom 25. Mai 1975, S. 3.

105 StA Dresden, Zuchthaus Waldheim, Akte Nr. 34060, Bl. 137.

106 Bericht Walter Friedrich ..., S. 4.

107 Bericht Paul Großmann ..., S. 1.

108 Siehe Bericht Charlotte Fischer vom 8. Februar 1977, S. 6.

109 Bericht Gustel Ritscher vom 15. Juni 1976, S. 2.

110 Siehe StA Dresden, Zuchthaus Waldheim, Akte Nr. 797, Bl. 226 u. Bl. 228.

111 Ebenda, Akte Nr. 806, Bl. 61/62.

112 Siehe ebenda, Bl. 104, 105, 107, 121 u. 122.

113 Ebenda, Bl. 151.

114 Ebenda, Akte Nr. 4722, Bl. 110.

115 Siehe ZStA Potsdam, Reichsjustizministerium, Film Nr. 22949.

116 Ebenda.

117 Siehe StA Dresden, Zuchthaus Waldheim, Akte Nr. 896, Bl. 15.

118 Siehe Walther Kirsten: Übungsheft für dekorative Schriften, S. 7. Das Heft befindet sich im Besitz von Walther Kirsten.

119 StA Dresden, Zuchthaus Waldheim, Akte Nr. 866, Bl. 31.

120 Siehe ebenda, Bl. 65.

121 Siehe Bericht Franz Walther ..., S. 8.

122 Siehe Bericht Hans Lauter vom 25. November 1982, S. 6.
123 Siehe Protokoll des Gesprächs mit Horst Sindermann ...
124 Siehe StA Dresden, Zuchthaus Waldheim, Akte Nr. 34060, Bl. 38.
125 Siehe Wolfgang Kießling: Ernst Schneller ..., S. 289/290.
126 Bericht Elfriede Bochmann vom 12. Januar 1976, S. 2.
127 Bericht Ferdinand Bartl ..., S. 4/5.
128 Bericht Kurt Brünner ..., S. 3.
129 Siehe ebenda, S. 7.
130 Bericht Walter Kramer ..., S. 408.
131 Siehe Protokoll des Gesprächs mit Walther Kirsten vom 12. Januar 1982, S. 2.
132 Siehe Bericht Paul Eichler, o. O. u. J., S. 2.
133 Bericht Kurt Brünner ..., S. 5.
134 Wolfgang Kießling: Ernst Schneller ..., S.285.
135 Bericht Kurt Müller ..., S. 1.
136 Siehe Bericht Paul Auerswald ..., S. 18.
137 Bericht Walter Hanig vom 15. Januar 1975, S. 5.
138 Siehe Kurt Kühn: Georg Schumann. Eine Biographie, hrsg. von Wolfgang Kießling, Berlin 1965, S. 247/248.
139 Bericht Hans Lauter vom 24. August 1982.
140 Bericht Ferdinand Bartl ..., S. 3.
141 Bericht Hans Ziller ..., S. 3.
142 Bericht Kurt Brünner ..., S. 4.
143 Verhaltensvorschriften für die Häftlinge. Auszug aus der Strafvollzugsordnung, S. 2.
144 Ebenda.
145 Bericht Richard Thiede ..., S. 1.
146 Alexander und Gertrud Neroslow, hrsg. von der SED-Kreisleitung Döbeln. Kreiskommission zur Erforschung der Geschichte der Arbeiterbewegung, Döbeln 1973, S. 24.
147 Ebenda.
148 Siehe Protokoll des Gesprächs mit Walther Kirsten ..., S. 2/3.
149 Wolfgang Kießling: Ernst Schneller ..., S. 292/293.
150 Friedrich Schlotterbeck: Je dunkler die Nacht ..., S. 96.
151 Fritz Selbmann: Alternative, Bilanz, Credo ..., S. 287.
152 Eva Lippold: Leben, wo gestorben wird, Berlin 1974, S. 28.
153 Bericht Gertrud Keller ..., S. 2/3.
154 Siehe Bericht Irmgard Reich ..., S.4.
155 Siehe Bericht Elly Pippig vom 1. Februar 1976, S. 3.
156 Siehe Bericht Fritz Müller vom 25. Januar 1981, S. 1.
157 Bericht Hilde Lange vom 1. Dezember 1982, S. 5.
158 Ebenda.
159 Bericht Martha Rossmanit ..., S. 1.

160 Bericht Ilse Thäle vom 23. März 1975, S. 3/4.
161 Siehe StA Dresden, Zuchthaus Waldheim, Akte Nr. 569, Bl. 1.
162 Ebenda, Akte Nr. 934, Bl. 13.
163 Siehe ebenda, Akte Nr. 34060, Bl. 176.
164 Maria Kubašec: Sterne über dem Abgrund. Aus dem Leben der Antifaschistin Dr. Maria Grollmuß, Bautzen 1961, S. 124/125.
165 Milada Marešova: Waldheimer Idyll, Waldheim, Druckerei der Strafvollzugsanstalt o. J., S. 63/64.
166 Siehe StA Dresden, Zuchthaus Waldheim, Akte Nr. 934, Bl. 66.
167 Siehe Bericht Paul Eichler ..., S. 2.
168 Siehe Bericht Kurt Brünner ..., S. 9.
169 Siehe Strafvollzugsordnung ..., S. 70.
170 Bericht Kurt Brünner ..., S. 2.
171 Siehe StA Dresden, Zuchthaus Waldheim, Akte Nr. 825, Bl. 34.
172 Strafvollzugsordnung ..., S. 44.
173 Siehe Schreiben von Fritz Müller vom 25. Januar 1981 an den Autor.
174 Siehe Der Leuchtturm, Ausgaben vom August 1936, 25. Oktober 1936, 1. November 1936, 14. Februar 1937, 10. Oktober 1937, 9. Januar 1938 u. 25. Juni 1939.
175 Siehe Protokoll des Gesprächs mit Hans Ziller vom 9. September 1981, S. 1.
176 Siehe StA Dresden, Zuchthaus Waldheim, Akte Nr. 788.
177 Siehe ebenda, Akte Nr. 1019, Bl. 335.
178 Siehe Protokoll des Gesprächs mit Horst Sindermann ..., S. 2.
179 Bericht Walter Hanig vom 15. Januar 1975, S. 10.
180 Ebenda, S. 6.
181 Bericht Gerhard Winkler vom 4. Februar 1976, S. 3.
182 Siehe Fritz Selbmann: Alternative, Bilanz, Credo ..., S. 287.
183 Siehe Bericht Hans Lauter vom 20. Februar 1983, S. 4.
184 Bericht Gertrud Keller ..., S. 3.
185 Siehe Bericht Hans Lauter vom 11. Mai 1982, S. 3.
186 Siehe Die illegale Tagung des ZK der KPD am 7. Februar 1933 in Ziegenhals bei Berlin, Berlin 1981, S. 25/26.
187 Bericht Elly Pippig vom 15. Februar 1976, S. 3.
188 Siehe Der Leuchtturm, Jahrgänge 1936–1939. – Siehe Friedrich Schlotterbeck: Je dunkler die Nacht ..., S. 107.
189 Siehe Bericht Hans Lauter vom 11. Mai 1982, S. 5.
190 Bericht Marga Jung, Berlin o. J., S. 3.
191 Fritz Selbmann: Alternative, Bilanz, Credo ..., S. 295.

192 Die Berner Konferenz der KPD (30. Januar—1. Februar 1939), hrsg. und eingel. von Klaus Mammach, Berlin 1974, S. 117.

193 Klaus Drobisch: Über den Terror und seine Institutionen in Nazideutschland. In: Faschismus-Forschung, Positionen, Probleme, Polemik, Berlin 1980, S. 168.

194 Heinz Bergschicker: Deutsche Chronik 1933—1945 ..., S. 310.

195 Siehe Statistisches Material zum Männerzuchthaus Waldheim 1939—1944. In: Materialien des Bezirkskomitees der Antifaschistischen Widerstandskämpfer Leipzig/Arbeitsgruppe Waldheim, S. 1. — Siehe StA Dresden, Zuchthaus Waldheim, Akte Nr. 1140, 1146 u. 1149.

196 Siehe Statistisches Material zum Männerzuchthaus ..., S. 1.

197 Siehe ebenda, S. 4.

198 Siehe Reichsgesetzblatt, Teil 1, Jg. 1940, S. 877.

199 Siehe StA Dresden, Zuchthaus Waldheim, Akte Nr. 975, 983 u. 985.

200 Siehe Der Leuchtturm, 17. September 1939.

201 Siehe Bericht Ferdinand Bartl ..., S. 4.

202 Siehe Eva Lippold: Leben, wo gestorben wird, S. 90.

203 Bericht Otto Werner vom 16. Mai 1975, S. 3.

204 Siehe BL Leipzig, BPA, V/5/043, V/5.3/0761.

205 Siehe Bericht Richard Thiede ..., S. 2/3.

206 StA, Zuchthaus Waldheim, Akte Nr. 796, Bl. 69.

207 Siehe ebenda, Bl. 107.

208 Siehe ebenda, Bl. 17.

209 Siehe ebenda, Akte Nr. 800, Bl. 162.

210 Siehe Bericht Hans Lauter vom 11. Mai 1982, S. 5.

211 Kurt Pätzold/Manfred Weißbecker: Hakenkreuz und Totenkopf ..., S. 328.

212 Bericht Erich Quade vom Dezember 1975, S. 4.

213 Siehe Der Leuchtturm, 27. Juli 1941.

214 Siehe ebenda, 9. November 1941.

215 Siehe Kurt Pätzold/Manfred Weißbecker: Hakenkreuz und Totenkopf ..., S. 330.

216 Der Leuchtturm, 12. April 1942.

217 Bericht Hans Ziller ..., S. 6.

218 Siehe Bericht Walther Kirsten vom 12. Januar 1982, S. 1.

219 Siehe Bericht Gerhard Winkler, S. 3.

220 Ebenda.

221 Bericht Ferdinand Bartl ..., S. 8.

222 Ebenda.

223 Siehe Bericht Paul Großmann vom April 1982, S. 1.

224 Siehe ebenda.
225 Bericht Herbert Hilse vom 31. Januar 1982, S. 2.
226 Siehe Protokoll des Gesprächs mit Paul Eichler vom 14. Oktober 1981, S. 1.
227 Bericht Willy Kaden vom 8. März 1976, S. 1/2.
228 Siehe ebenda.
229 Bericht Hugo Puff, Leipzig o. J., S. 4.
230 Bericht Richard Thiede ..., S. 4.
231 Bericht Hans Ziller ..., S. 3.
232 Siehe IML/ZPA, NJ 3851/5.
233 Bericht Rudolf Eichler vom 2. Januar 1977, S. 2.
234 Siehe Protokoll des Gesprächs mit Reinhold Hentschke vom 26. August 1982, S. 2.
235 Siehe ebenda.
236 Siehe ebenda.
237 Bericht Walter Hanig vom 23. Dezember 1981, S. 2.
238 Beschluß der Anstaltsleitung vom 28. Januar 1935. Eine Kopie dieses Beschlusses befindet sich im Besitz des Autors.
239 Bericht Walter Hanig vom 23. Dezember 1981, S. 3.
240 StA Dresden, Zuchthaus Waldheim, Akte Nr. 34323, Bl. 58.
241 Siehe ebenda, Bl. 63.
242 Siehe Bericht Walter Hanig vom 23. Dezember 1981, S. 4.
243 Siehe ebenda, S. 9.
244 Bericht Ferdinand Bartl ..., S. 1/2.
245 Über den genauen Zeitpunkt dieses Vortrages existieren unterschiedliche Angaben. Die Mehrzahl ehemaliger politischer Gefangener gibt Ende 1935 an. Friedrich Schlotterbeck verzichtet in seinem Buch »Je dunkler die Nacht, desto heller die Sterne« auf eine Zeitangabe (S. 97ff.). Fritz Selbmann datiert das Ereignis gar auf das Jahr 1937. In den Zuchthausakten finden sich keine Angaben. – Siehe Max Laue: Unser Platz ist an der Seite der Sowjetunion. In: Leipziger Volkszeitung, 10. September 1957. – Siehe Fritz Selbmann: Alternative, Bilanz, Credo ..., S. 277ff. – Siehe Bericht Franz Walther vom März 1975, S. 8/9. – Siehe Bericht Hugo Puff ..., S. 4. – Siehe Bericht Walter Hanig vom 23. Dezember 1981, S. 8ff. – Fragebögen Herbert Laue, Kurt Leonhardt, Fritz Heinzmann, Alfred Weiße, Hans Mehnert und Erich Rohr. In: Materialien des Bezirkskomitees der Antifaschistischen Widerstandskämpfer Leipzig/Arbeitsgruppe Waldheim.
246 Bericht Walter Hanig vom 12. Juli 1970, S. 1/2.
247 Siehe Friedrich Schlotterbeck: Je dunkler die Nacht ..., S. 98.
248 Bericht Walter Hanig vom 12. Juli 1970, S. 1.

249 Max Laue: Unser Platz ... In: Leipziger Volkszeitung, 10. September 1957.
250 Ebenda.
251 Siehe Bericht Walter Hanig vom 12. Juli 1970, S. 4. Die Strafakte des Gefangenen Pietsch war nicht auffindbar.
252 Max Laue: Unser Platz ... In: Leipziger Volkszeitung, 10. September 1957.
253 Bericht Werner Pufe vom 22. Dezember 1975, S. 1.
254 Siehe Bericht Rudolf Lemmer vom März 1975, S. 5.
255 Siehe Bericht Hans Ziller ..., S. 4.
256 Ebenda.
257 Siehe Schreiben von Walther Kirsten an Fritz Kaufmann vom 24. Januar 1973, S. 2.
258 Bericht Hans Ziller ..., S. 4. – Siehe Protokoll des Gesprächs mit Hans Ziller vom 14. September 1981.
259 Siehe Walter A. Schmidt: Damit Deutschland lebe! Ein Quellenwerk über den antifaschistischen Widerstandskampf 1933–1945, Berlin 1958, S. 610.
260 Schreiben Willi Grünerts an den Autor.
261 Ebenda.
262 Siehe Bericht Erich Quade ..., S. 3.
263 Bericht Max Kästner ..., S. 2.
264 Siehe Protokoll des Gesprächs mit Walther Kirsten, S. 2.
265 Schreiben Walther Kirstens an Fritz Kaufmann ...
266 Siehe Bericht Erich Quade ..., S. 3.
267 Bericht Kurt Brünner ..., S. 10.
268 Bericht Gerhard Winkler ..., S. 2.
269 Bericht Franz Walther ..., S. 6.
270 Bericht Rudolf Divis ..., S. 2.
271 Bericht Gotthard Held vom 31. Mai 1975, S. 2.
272 Bericht Paul Großmann ..., S. 2.
273 Siehe Bericht Karl Liebermann, Dresden o. J., S. 1.
274 Siehe Protokoll des Gesprächs mit Horst Sindermann ..., S. 1.
275 Bericht Wilhelm Dewender und Alfred Weiße vom 5. Juli 1975, S. 2.
276 Siehe Wolfgang Kießling: Ernst Schneller ..., S. 291/292.
277 Siehe StA Dresden, Zuchthaus Waldheim, Akte Nr. 1170. – Siehe Verzeichnis der selbständigen Vollzugsanstalten der Reichsjustizverwaltung, Stand 1. 2. 1941, Berlin 1941.
278 Siehe StA Dresden, Zuchthaus Waldheim, Akte Nr. 804, Bl. 52, 58, 59 und 114.
279 Siehe Bericht Johanna Kretzschmar ..., S. 2.
280 Siehe Bericht Charlotte Fischer ..., S. 9.
281 Maria Kubašec: Sterne über dem Abgrund ..., S. 119.

282 Siehe Bericht Johanna Kretzschmar ..., S. 3.
283 Siehe Bericht Ilse Thäle ..., S. 2. – Siehe auch Anmerkung 160.
284 Siehe ebenda.
285 Bericht Johanna Nötzold ..., S. 3.
286 Bericht Ilse Thäle ..., S. 3.
287 Bericht Elfriede Bochmann ..., S. 3.
288 Bericht Johanna Kretzschmar ..., S. 1.
289 Siehe ebenda.
290 Ebenda, S. 3.
291 Bericht Irmgard Reich ..., S. 3.
292 Bericht Jutta Joos vom 28. September 1977, S. 2.
293 Siehe Bericht Ilse Thäle ..., S. 1.
294 Bericht Johanna Kretzschmar ..., S. 3.
295 Siehe Bericht Marga Jung ..., S. 2.
296 Siehe Bericht Charlotte Fischer ..., S. 8.
297 Bericht Johanna Nötzold ..., S. 3/4. – Siehe Bericht Irmgard Reich ..., S. 3.
298 Siehe Bericht Elfriede Bochmann ..., S. 4.
299 Bericht Gertrud Keller ..., S. 2.
300 Bericht Jutta Joos ..., S. 3.
301 Ebenda.
302 Bericht Hans Lauter vom 28. Mai 1983, S. 1 ff.
303 Siehe StA Dresden, Zuchthaus Waldheim, Akte Nr. 4815.
304 Siehe Bericht Dora Parade ..., S. 4.
305 Bericht Irmgard Reich ..., S. 2.
306 Siehe StA Dresden, Zuchthaus Waldheim, Akte Nr. 4815, Bl. 28.
307 Siehe ebenda, Bl. 29.
308 Siehe ebenda, Bl. 90.
309 Bericht Elly Pippig vom 15. Februar 1976, S. 4.
310 Siehe Eva Lippold: Leben, wo gestorben wird ..., S. 247/248.
311 Siehe ebenda, S. 214 ff.
312 Siehe ebenda, S. 264 ff.
313 Ebenda, S. 265.
314 Siehe ebenda, S. 271/272.
315 Siehe Protokoll des Gesprächs mit Walther Kirsten, S. 2.
316 Siehe Bericht Elly Pippig vom 15. Februar 1976, S. 4.
317 Siehe StA Dresden, Zuchthaus Waldheim, Akte Nr. 1172.
318 Siehe Statistisches Material zum Männerzuchthaus ..., S. 3. – Siehe StA Dresden, Zuchthaus Waldheim, Akte Nr. 866.
319 Siehe ebenda, Bl. 77 und 82.
320 Siehe ebenda, Akte Nr. 802.

321 Siehe ebenda, Akte Nr. 1140, 1146 und 1149.

322 Siehe ebenda, Akte Nr. 796, Bl. 234.

323 Siehe Bericht Ferdinand Bartl ..., S. 4.

324 Siehe Bericht Erich Quade ..., S. 4.

325 Siehe Bericht Bedrich Pauer, o. O. u. J., S. 28.

326 Ebenda.

327 Ebenda, S. 30.

328 Bericht Hans Ziller ..., S. 6.

329 Bericht Paul Auerswald ..., S. 20.

330 Bericht František Holicky, Hradec Kralove o. J., S. 22.

331 Bericht Jaroslav Steiner, Prag o. J., S. 25/26.

332 Hans Lauter: Die rote Fahne im Zuchthaus Waldheim. In: Universitätszeitung der Karl-Marx-Universität Leipzig, 1. Mai 1957, S. 3.

333 Ebenda.

334 Siehe Der Leuchtturm, 12. April 1942.

335 Siehe Bericht Jaroslav Steiner ..., S. 26.

336 Ebenda, S. 27.

337 Bericht Erich Quade ..., S. 4.

338 Siehe Bericht Eva Schulze-Knabe ..., S. 3.

339 Ebenda.

340 Siehe Statistisches Material zum Männerzuchthaus ..., S. 2.

341 Greta Kuckhoff: Vom Rosenkranz zur Roten Kapelle. Ein Lebensbericht, Berlin 1972, S. 417 ff

342 Bericht Charlotte Georgi vom 20. März 1975, S. 2.

343 Ebenda.

344 Ebenda.

345 Russisch-Lehrgang: Warum wir die russische Sprache lernen. Auszug aus einem Artikel in der illegalen Zeitschrift »Rudá Zář«, (Waldheim), August 1944, Nr. 50.

346 Siehe ebenda.

347 Ebenda.

348 Klaus Drobisch: Über den Terror und seine Institutionen in Nazideutschland. In: Faschismus-Forschung ..., S. 174.

349 Siehe Bericht Ferdinand Bartl ..., S. 9. – Siehe Bericht Charlotte Georgi ..., S. 1.

350 Greta Kuckhoff: Vom Rosenkranz zur Roten Kapelle ..., S. 423.

351 Bericht Gerhard Winkler ..., S. 4.

352 Siehe Protokoll des Gesprächs mit Hans Ziller vom 15. September 1981, S. 2.

353 Bericht Max Müller o. O. u. J., S. 2. – Siehe Bericht Ferdinand Bartl ..., S. 1.

354 Siehe Bericht Hans Ziller ..., S. 6.

355 Siehe BL Leipzig, BPA, V/5/028.

356 Bericht Charlotte Hartwig, o. O. u. J., S. 2.

357 Die Anklageschrift des Prozesses datiert vom 21. Februar 1945. Nach Auskunft des Staatsarchivs Dresden fand die Verhandlung am 13. April 1945 in Waldheim statt. Dieses Datum trägt auch die Strafmitteilung. — Siehe Schreiben des Direktors des Staatsarchivs Dresden vom 23. Juli 1982 an den Autor. Ein Exemplar der Anklageschrift befindet sich beim Stadtkomitee der Antifaschistischen Widerstandskämpfer in Karl-Marx-Stadt.

358 Siehe Bericht Max Müller ..., S. 1.

359 Siehe Bericht Hans Ziller ..., S. 7.

360 Siehe ebenda, S. 6.

361 Schreiben von Walther Kirsten an Fritz Kaufmann, S. 1.

362 Siehe ebenda, S. 2. — Siehe Protokoll des Gesprächs mit Walther Kirsten, S. 2.

363 Siehe Bericht Erich Quade ..., S. 4.

364 Ebenda, S. 5.

365 Ebenda.

366 Siehe ebenda.

367 Siehe Greta Kuckhoff: Vom Rosenkranz zur Roten Kapelle ..., S. 420.

368 Ebenda, S. 422.

369 Siehe Bericht Ferdinand Bartl ..., S. 9. — Siehe Bericht Max Müller ..., S. 1.

370 Siehe Bericht Ferdinand Bartl ..., S. 11.

371 Siehe Bericht Gerhard Winkler ..., S. 4. — Siehe Bericht Hans Ziller ..., S. 7.

372 Siehe Bericht Erich Quade ..., S. 6.

373 Bericht Charlotte Hartwig ..., S. 3.

374 Siehe Bericht Charlotte Georgi ..., S. 4.

375 Siehe Greta Kuckhoff: Vom Rosenkranz zur Roten Kapelle ..., S. 426/427.

376 Max Müller ..., S. 3.

377 Siehe Greta Kuckhoff: Vom Rosenkranz zur Roten Kapelle ..., S. 424.

378 Siehe BL Leipzig, BPA, V/5/017. — Siehe Änne Hoppe: Der Heimweg vor 20 Jahren. Erinnerungen einer Leipziger Antifaschistin. In: Leipziger Volkszeitung, 21. Mai 1965.

379 Siehe Bericht Hans Ziller ..., S. 7.

380 Siehe Protokoll des Gesprächs mit Walther Kirsten vom 12. Januar 1982, S. 3.

381 Siehe Bericht des VVN-Komitees Waldheim ...

382 Siehe StA Dresden, Zuchthaus Waldheim, Akte Nr. 34993, Bl. 54; — Akte Nr. 34323, Bl. 63; Akte Nr. 4681, Bl. 16. —

Siehe BL Leipzig, BPA, V/5/073. – Siehe Staatsarchiv Leipzig, Polizeipräsidium Leipzig, S. 89, Bl. 97.

383 Siehe BL Leipzig, BPA, V/5/073. – Siehe Schreiben des Leiters des Staatsarchivs Dresden vom 23. Juli 1982 an den Autor.

Personenverzeichnis

(von Häftlingen, Zuchthauspersonal und mit der Thematik
im engen Zusammenhang stehenden Personen)

Nicht näher gekennzeichnete Personen sind politische Häftlinge.

Bei Frauennamen kann es sich sowohl um den heutigen Namen als auch um den Mädchennamen handeln.

Das Personenverzeichnis erhebt keinen Anspruch auf Vollständigkeit.

Statistisches Material
zum
Zuchthaus Waldheim
1939–1944

Entnommen aus: Materialien des Bezirkskomitees
der Antifaschistischen Widerstandskämpfer Leipzig/
Arbeitsgruppe Waldheim, Leipzig 1976.

Strafen für politische Delikte

Jahr	lebens-länglich	Strafzeit insgesamt	KVO[1]	SV[2]	Todesstrafe ausgesetzt
1939	1	373 Jahre 8 Monate	–	–	–
1940	11	2 709 Jahre	–	1	–
1941	5	2 225 Jahre 6 Monate	–	–	–
1942	12	2 021 Jahre 10 Monate	98	–	–
1943	23	1 654 Jahre 9 Monate	20	–	–
1944	21	3 225 Jahre 1 Monat	90	2	2
1939 bis 1944	73	12 209 Jahre 10 Monate	208	3	2

1 Verordnung über die Vollstreckung von Freiheitsstrafen wegen einer während des Krieges begangenen Tat (»Kriegsschädlingsverordnung«) – erlassen am 11. Juni 1940 *(M. H.)*.
2 Sofortvollzug *(M. H.)*.

Höhe der im einzelnen ausgeworfenen Strafen

Strafmaß	1939	1940	1941	1942	1943	1944	1939–1944
1 Jahr	10	134	59	45	22	29	299
2 Jahre	29	162	319	89	73	67	739
3 Jahre	26	163	200	64	68	85	606
4 Jahre	16	99	81	40	42	68	346

5 Jahre	10	73	27	36	27	52	225
6 Jahre	1	46	10	33	10	42	142
7 Jahre	5	17	6	10	4	15	57
8 Jahre	1	12	9	16	10	39	87
9 Jahre	0	1	1	3	4	5	14
10 Jahre	2	17	6	28	26	39	118
11 Jahre	0	0	0	1	0	2	3
12 Jahre	1	9	1	12	21	28	72
13 Jahre	0	0	0	0	1	2	3
14 Jahre	0	0	0	0	0	3	3
15 Jahre	1	6	2	23	20	39	91
lebensl.	1	11	6	12	23	21	74
Todesstr. ausgesetzt	0	0	0	0	0	2	2
ohne Angabe	0	1	8	0	0	3	12
insgesamt:	103	751	735	412[1]	351	541[2]	2 893

1 Die Gesamtzahl von 412 (statt 411) ergibt sich daraus, daß neben einer Strafe von lebenslangem Zuchthaus wegen eines weiteren Delikts noch eine Strafe von 4 Jahren Zuchthaus ausgeworfen wurde.

2 Die Gesamtzahl von 541 (statt 539) ergibt sich daraus, daß in 2 Fällen noch eine weitere Strafe ausgeworfen wurde, wobei beide Strafen addiert mehr als 15 Jahre Zuchthaus ergaben, so daß sie getrennt gezählt werden mußten.

Staatsangehörigkeit beziehungsweise Nationalität der Verurteilten

	1939	1940	1941	1942	1943	1944	1939–1944
Deutsche	98	160 (2)	151 (2)	253 (1)	158 (1)	270	1 099 (6)
Tschechen	3	572 (8)	556 (11)	136 (2)	124	101	1 492 (21)
Österreicher	—	—	—	2	2	9	13
Polen	1(1)	7	16(1)	—	6	3	33(2)
Serben	—	—	—	—	—	10	10
Esten*	—	—	—	—	—	19	19
Litauer*	—	—	—	—	1	13	14
Sowjetbürger	—	—	1	2	2	4	9
Slowaken	—	—	—	2	1	1	4

Belgier	—	—	—	2	7	8	17
Holländer	—	—	7	4(1)	6	17	34(1)
Franzosen	—	—	1	9	37	43	90
Ungarn	1(1)	3(2)	1	—	—	1	6(3)
Schweizer	—	—	—	—	1	—	1
Luxem-burger	—	—	—	—	1	—	1
Engländer	—	—	—	—	—	2	2
USA-Bürger	—	—	—	—	—	2	2
Italiener	—	—	—	—	—	5	5
Irländer	—	—	—	—	—	1	1
Norweger	—	—	—	—	—	21	21
Kroaten	—	—	—	—	—	1	1
Rumänen	—	—	1(1)	—	—	—	1
Staaten-lose	—	—	1(1)	1	5	8	15(1)
	103 (2)	751 (12)	735 (16)	411 (4)	351 (1)	539	2 890 (34)

Die eingeklammerten Zahlen geben die jeweilige Anzahl der jüdischen Verurteilten an.
* Am 21. Juli 1940 wurden Estland und Litauen Sowjetrepubliken *(M. H.)*.

Art des Delikts, das der Verurteilung zugrunde lag

.	1939	1940	1941	1942	1943	1944	1933–1944
Hochverrat	78	495	562	229	167	172	1 703
Landesverrat	11	24	5	19	56	26	142
Sabotage	—	3	—	3	1	14	21
Spionage	2	2	1	—	—	15	20
Wehrmittel-beschädigung	—	—	—	1	—	8	9
Heimtückegesetz	1	5	2	1	2	3	14
Feindbegünstigung	—	26	6	4	9	38	83
Verrat milit. Geheimnisse	1	—	—	2	5	4	12
Wehrdienstentzug	—	—	—	—	2	8	10
Grenzverletzung	—	—	—	1	—	6	7
Angriff auf Vorgesetzte	—	—	1	5	1	7	14

	1939	1940	1941	1942	1943	1944	1933–1944
Fahnenflucht	—	3	10	29	9	40	91
unerlaubte Entfernung	—	—	2	6	2	6	16
Wachvergehen	—	—	—	2	—	—	2
Meuterei	—	—	—	1	1	4	6
Selbstverstümmelung	—	—	—	3	3	6	12
Zersetzung der Wehrkraft	—	—	5	14	21	93	133
staatsverleumder. Propaganda	—	—	11	3	1	3	18
Befehlsverweigerung	—	—	3	1	3	36	43
Landfriedensbruch	—	—	—	—	—	2	2
Geheimbündelei	—	—	—	—	—	1	1
unerlaubter Waffenbesitz	—	2	6	7	3	25	43
verbotener Umgang m. Kriegsgef.	—	—	2	2	34	15	53
Rassenschande	—	—	1	2	—	—	3
Ausweismißbrauch	—	—	—	—	1	—	1
Rundfunkverbrechen	1	132	29	86	75	66	389
Aufruhr	—	—	—	—	1	—	1
Mord	—	—	—	—	3	1	4
Totschlag	—	—	—	—	—	1	1
Volksverrat	—	—	1	—	1	5	7
Nichtanzeige	—	—	—	—	2	2	4
Arbeitspflichtentzug	—	—	—	—	—	1	1
Wirtschaftsverbrechen	1	54	71	—	—	—	126
Devisenverbrechen	—	5	3	—	—	—	8
Volksschädling ohne Angabe	8	—	9	—	—	—	17
	103	751	734	421	403	608	3 021

In der Tabelle sind die offiziellen faschistischen Begriffe verwendet worden *(M. H.)*.

In den Jahren 1942–1944
waren folgende Transporte von Strafgefangenen,
die aus anderen Zuchthäusern nach Waldheim
verlegt wurden, festzustellen:

		Personen
12. 9. 42	offenbar aus einer Anstalt im südwestdeutschen Raum	57
3. 10. 42	von Siegburg (Rheinland)	18
10. 10. 42	von Siegburg (Rheinland)	9
10. 10. 42	von Wohlau	6
14. 10. 42	von Kassel	5
18. 8. 43	von Rendsburg	99
8. 9. 43	von Brandenburg	300
18. 5. 44	von Hamburg-W.	25
18. 5. 44	von Hamburg-Fuhlsbütttel	74
20. 5. 44	von Bremen	190
6. 6. 44	von Bremen	4
23. 9. 44	von Wartenburg (Ostpreußen)	217
26. 10. 44	von Reval (Estland)	64
29. 10. 44	von Wartenburg (Ostpreußen)	78
14. 12. 44	von Kassel	50

Inhalt

Martin Habicht, geboren 1952 in Neukirchen (Kreis Werdau), schloß 1971 seine Berufsausbildung mit Abitur als Chemielaborant im VEB Kombinat »Otto Grotewohl« Böhlen ab. Nach seinem Armeedienst begann er 1974 ein Diplomlehrerstudium für Marxismus-Leninismus/Geschichte der Arbeiterbewegung an der Sektion Geschichte der Karl-Marx-Universität Leipzig, das er 1979 erfolgreich beendete. Nach einer Assistentenzeit am Franz-Mehring-Institut der Universität promovierte er 1983 mit seiner Arbeit »Haftbedingungen und antifaschistischer Kampf im Zuchthaus Waldheim 1933 bis 1945«, die die Grundlage der vorliegenden Publikation bildet. Der Autor hat mehrere Beiträge zur gleichen Thematik in verschiedenen Zeitschriften publiziert. Er ist Aspirant am Franz-Mehring-Institut der Karl-Marx-Universität Leipzig.